파멸의 묵시록

파멸의 묵시록 과학적 패러다임과 일상의 사유양식

초판 1쇄 펴낸날 2009년 12월 28일

지은이 에롤 E. 해리스
옮긴이 이현휘
펴낸이 강수걸
펴낸곳 산지니
등록 2005년 2월 7일 제14-49호
주소 부산광역시 연제구 거제1동 1493-2 효정빌딩 601호
전화 051-504-7070 | **팩스** 051-507-7543
sanzini@sanzinibook.com
www.sanzinibook.com

ISBN 978-89-92235-81-5 93130

값 20,000원

* 이 도서의 국립중앙도서관 출판시도서목록(CIP)은 e-CIP 홈페이지(http://www.
nl.go.kr/cip.php)에서 이용하실 수 있습니다. (CIP 제어번호 : CIP 2009004184)

파멸의 묵시록

과학적 패러다임과 일상의 사유양식

에롤 E. 해리스 지음 | 이현휘 옮김

APOCALYPSE AND PARADIGM

Science and Everyday Thinking

Errol E. Harris

산지니

<h1 style="text-align:center">한국어판 머리말 [1]</h1>

에롤 해리스(Errol E. Harris)는 약 10여 년 전에 쓴 이 책에서 인류의 미래를 가로막는 심각한 문제들을 경고한 바 있다. 그러나 그런 문제들은 아직까지 별달리 해결되지 않은 채 인류의 미래를 더욱 어둡게 만들고 있다. '유엔 기후변화에 관한 정부 간 패널(UNIPCC)'이 2007년에 출간한 제4차 기후변화 평가 자료는 기후변화의 역사적 추세와 현재의 기후조건을 가장 정확하게 평가한 자

---

1) 이 책의 저자인 에롤 해리스는 2009년 4월 현재 101세의 고령이며, 건강이 좋지 않아서 한국어판 머리말을 쓸 수 있는 형편이 못 되었다. 그래서 해리스는 필립 그리어에게 한국어판 머리말의 대필을 부탁했다. 해리스의 부탁을 흔쾌히 수락한 그리어는 한국어판 머리말을 작성한 후 해리스의 조회를 거쳐 한국에 보내왔다(2009년 4월). 해리스는 그로부터 2개월이 지난 6월 21일 숨을 거두었다. 따라서 "한국어판 머리말"이 해리스의 마지막 작품이 된 셈이다. 옮긴이의 게으름 때문에 한국어 번역본을 보지 못한 채 숨을 거둔 해리스에게 미안한 마음을 전할 길이 없어 여기에 대신 기록한다(2009년 11월). – 옮긴이.

료로 간주된다. 아울러 앞으로 전개될 기후조건의 향방을 가장 확실하게 예측할 수 있는 자료라고도 평가된다. 이 자료는 인류가 날로 심각해지는 지구 온난화와 그것의 파급효과를 상당 수준 누그러뜨릴 수 있을 것이라는 가능성을 다양하게 고려한 상태에서 작성되었다.

이 자료에 따르면, 현재 진행 중인 지구 온난화 추세를 완화시킬 수 있는 근본적인 대책이 마련되지 않을 경우, 21세기 말경 지구 전체의 온도는 20세기 말 20년간의 온도보다 약 1.8℃에서 6.4℃까지 증가할 것으로 예측되었다. 자료에서 사용한 6개의 상이한 모델 모두가 이런 예측을 내놓았다. 예측 범위의 중간치만을 선택하더라도 지구 전체의 평균 온도는 2100년까지 약 4℃나 증가하는 셈이 된다. 지구 전체의 온도가 이처럼 '조금만' 증가해도 인류는 엄청난 재앙에 직면하게 된다. 지구 전체의 온도가 평균 4℃ 증가할 경우 인류에게 초래될 참상을 시뮬레이션해본 보고서가 있다.[2] 이에 따르면 북위 30도와 남위 30도 사이에 위치한 '모든' 대륙은 사람이 살 수 없는 사막으로 변해버리고 만다. 이 얘기는 중국, 한반도, 인도, 중앙아시아, 중동, 남부 유럽, 그리고 미국의 모든 영토가 사막에 묻혀버린다는 것을 의미한다. 지구상에서 살아가는 인류에게 이처럼 끔찍한 일이 닥칠 수 있다는 사실을 누가 감히 상상이나 할 수 있겠는가?

UNIPCC가 제4차 기후변화 평가 자료를 준비할 때 활용한 문헌들은 모두 2005년 이전에 출간되었다. 따라서 2005년 이후에 출간

---

2) *New Scientist*, February 28, 2009.

된 문헌들은 예측에 전혀 반영되지 않았다. 그러나 놀랍게도 2007년 평가 자료가 출간된 이후 전개된 사태를 보면, 특히 북극해의 얼음과 그린란드의 빙하가 녹아내리는 속도를 보면, 평가 자료에서 가장 비관적으로 전망했던 추세를 조만간 따라잡을 것으로 보인다. 실제로 적지 않은 기상학자들은 인류가 이미 결정적인 '티핑 포인트(tipping point)'를 지나쳤기 때문에 미래의 기상조건은 이미 돌이킬 수 없는 길로 접어들었으며, 따라서 인류 역사에서 대체로 유지되었던 온대성의 기상조건을 다시 회복할 가능성은 완전히 사라졌다고 본다.

인류의 생존을 위협하는 문제가 이처럼 날로 심화되는데도 불구하고 위기에 대처하려는 인류의 집단적 노력은 아직까지 너무나 부족한 상태이다. 물론 눈앞의 위기에 둔감한 인류의 타성을 이해할 수 없는 것은 아니다. 우선 생각할 수 있는 문제는 앞으로 인류에 닥칠 위기는 지금까지 인류가 지구상에서 살면서 체험한 범위를 훨씬 넘어선 극단적 성격을 띨 것이라는 점이다. 따라서 사람들은 힘들게 그런 위기를 상상해보는 대신, 미래 역시 과거와 크게 다르지 않을 거라는 확신—객관적 근거는 전혀 없지만 평소 알고 있던 '상식'에 기초한 확신—을 토대로 미래의 위협을 쉽게 '기우'로 치부해버리고 만다. 물론 진리에 대한 관심보다도 돈 벌 욕심이나 이데올로기적 동기에 따라 활동하는 사이비 '전문가들'이 잘못된 '정보'나 '분석'을 남발함으로써 문제를 고의로 호도하는 경우도 없지 않다. 그러나 이런 진단은 인류가 직면한 문제의 전체 모습 가운데 지극히 단편적이고 피상적인 모습만을 지적할 뿐이다. 인류가 위기에 적절하게 대처할 수 있는 방책을 아직까지 마련하지 못하는 근본적인 까닭은 이 책에서 주장하는 것처럼 주권국가로 구성된 국제질서(어쩌면 국제 '무' 질서가 더욱 정확한 표현이라고 할 수 있음)가 강력하게 관철되고 있기 때문이다. 인류에게 다가올 재앙을 방지하려는 노력이 개별 국가가 추구하는 편협한 '국가이익' 의 관점에서 논의된다면 앞으로 인류가 문제에 현명하게 대처할 가능성은 거의 없다고 봐야 한다.

그러나 우리는 이 책에서 강조한 것처럼 문제를 더욱 심층적 차원에서 고찰해볼 필요가 있다. 그럴 경우 기후문제를 해결하려는 인류의 노력은 시대에 뒤떨어진 17세기 자연과학적 패러다임[3]에 토대를 둔 까닭에 별다른 실효를 거두지 못하고 있음을 알 수 있다. 17세기 패러다임은 20세기 초엽의 과학혁명을 계기로 완전히 붕괴되었는데도 불구하고 여전히 인류의 공공정책이나 '상식적' 세계관을 지배하는 관성을 지니고 있다. 그렇다면 이러한 위기에 대처하는 노력의 성패는 결국 인간의 다양한 삶의 영역에서 여전히 '과학적 사유양식' 으로 통용되는 낡은 사유의 습관을 정확하게 식별해내는 한편, 20세기 과학혁명의 성취를 적극적으로 수용한 새로운 사유의 패러다임으로 그것을 대체할 수 있느냐에 달려 있다.

앞으로 다가올 재앙의 규모는 인류가 20세기 두 차례 세계대전에서 체험한 참상을 훨씬 능가할 것이다. 따라서 인류가 직면한 재

---

3) 여기에서 사용한 '패러다임' 이란 용어는 두 가지 뜻을 의미한다. 하나는 역사의 특정 시점에서 통용되는 과학적 활동의 절차를 규율하는 어떤 지배적인 연구 프로그램인데, 이들은 대체로 결정적으로 성공을 거둔 과거의 이론에 토대를 두고 있다. 다른 하나는 물리적 실재를 이론적으로 설명하는 기본적 요소들과 그런 요소들로 구성된 우주에 대한 일반적 견해다. (자세한 내용은 21~23쪽 참조).

앙은 앞으로 인간이 발휘할 상상력의 한계, 스스로 절제할 수 있는
능력, 도덕적 순수성과 지적 성실성, 인류의 후손에게 물려줄 행복
에 대한 책임감 등을 전면적으로 시험하게 될 것이다.

필립 그리어 (Philip T. Grier)
철학 및 종교 담당 토머스 브라운 교수
딕슨 칼리지, 2009년 4월

예수 탄생 후 세 번째 천 년을 맞이한 인류는 지금 당장 종합적인 치료가 필요한 고질병에 시달리고 있다. 그러나 아직까지 그런 치료가 진행되는 조짐을 거의 찾아볼 수 없으며, 앞으로도 사정은 크게 다르지 않을 것 같다. 사람들은 이미 오래전부터 인류가 처한 위험의 본성과 그 심각성을 깨닫기 시작했다. 과학자들 역시 수십 년에 걸쳐 세계적 규모의 환경 파괴와 그것이 초래할 무서운 결과를 일반 대중 및 정치가들에게 끊임없이 경고했다. 이제 많은 사람들은 환경이 심각하게 파괴되고 지금도 파괴가 계속되는 까닭이 인간의 무책임한 행동 때문이라는 사실을 알게 되었다. 인간의 무책임한 행동이란 예컨대 지구 온난화의 주범인 산업 폐기물과 온실 가스를 방출하는 행위, 강과 호수와 바다의 수질을 오염시키는 행위, 열대 우림을 파괴하는 행위, 비료와 살충제를 남용하는 과잉경작 방식을 확산시킴으로써 지력 고갈과 토양 침식을 초래할 뿐만 아니라, 인류에게 유용하고 과학적으로도 중요한 생명체를 멸종시키고, 각종 동식물의 서식지를 파괴하며, 생태환경의 체계를 붕괴시키는 행위 등을 꼽을 수 있다. 그럼에도 불구하고 인류는 환경이 파괴되는 과정을 저지하거나, 파괴의 결과를 수습하는 데 필요한 조치를 전혀 취하지 않는다. 왜 그런가? 우리는 이런 질문을 시급히 제기해야만 한다.

지구 온난화가 빠르게 진행되고, 그 진행 속도를 결정적으로 가속화시키는 주범이 바로 인간의 무책임한 행동이라는 사실은 이제 그 누구도 부정할 수 없게 되었다. 그러나 화석 연료의 사용을 제한하고 온실가스의 방출을 억제하기 위해 인류가 고안한 수단들은 문제를 해결하는 데 거의 도움이 되지 않는다. 또한 그것조차도 신뢰할 수 없는 것들이 대부분이다. 앞으로 다가올 기후변화는 결코 사소한 문제가 아니다. 문제가 그렇게 간단치 않다는 사실은 현재 극지방에서 붕괴되는 만년설의 모습만 봐도 쉽게 짐작할 수 있다. 최근 북극의 대륙빙원에서 붕괴되어 남쪽으로 떠내려가는 빙산의 숫자가 엄청나게 증가했으며, 남극 주변에서도 이와 비슷한 과정이 시작되었다. 이런 빙산 덩어리들이 적도 쪽으로 떠내려가면 그곳의 해류를 교란시킬 가능성이 높다. 이럴 경우 멕시코만류의 방향을 변화시켜 북서유럽의 기온을 래브라도 반도와 캐나다 북부 지방의 기온과 유사하게 만드는 한편, 엘니뇨와 유사한 해류를 조성해서 동남아시아 지방의 가뭄과 건조를 초래할 것이다.

빙산이 녹아내리면 해수면이 상승하여 대륙해안의 광범위한 지역과 수많은 저지대 섬들을 집어삼킬 가능성이 많은데, 현재 그런

곳은 모두 인구밀도가 높은 지역이다. 지구 온난화는 열대지방은 물론 온대지방에서도 대규모 죽음과 파괴를 몰고 올 심각한 기상이변, 대단히 격렬하게 휘몰아치면서 갈수록 광범위한 지역을 강타할 허리케인, 더욱 큰 규모로 강렬하게 치솟을 회오리바람 등을 예고하는 현상이기도 하다.

상황이 이쯤 되면 온실가스 방출을 방지할 수 있는 대책을 마련하기 위해 진지하고도 단호한 노력을 경주해야만 할 것이다. 예컨대 청정연료를 사용할 수 있도록 내연기관을 다시 설계한다든지, 재생 에너지를 더욱 널리 사용한다든지, 산업 폐기물을 방지하고 방출된 폐기물은 더욱 효과적으로 처분한다든지, 열대 우림 벌목과 산불을 방지하고 열대 우림 육성을 위해 노력한다든지, 이미 훼손된 열대 우림을 다시 복원시키는 노력을 확산시키는 것 등을 실천해볼 수 있을 것이다. 그러나 인류는 그 어느 것도 진지하게 실천하는 모습을 보여주지 않는다. 그러기는커녕 이미 돌이킬 수 없는 길로 들어선 인간의 심각한 파괴활동을 아무런 거리낌 없이 계속하고 있을 뿐이다.

그런데 지구 온난화는 현시점에서 인류의 생존을 크게 위협하는 여러 문제 가운데 단 하나에 불과하다. 현재 진행 중인 생태환경 파괴의 여파와 수많은 생명체의 비참한 죽음으로 먹이사슬이 붕괴되고 수백만 명이 기아에 허덕일 위험에 처했는데, 이 또한 인류의 생존을 심각하게 위협하는 문제가 아닐 수 없다. 지금까지 열거한 환경 문제 외에도 인류의 생존을 위협하는 문제는 많이 있다. 예컨대 인류는 아직까지 과잉 민족주의를 억제하려는 진지한 노력을 경주하지도 않을 뿐만 아니라, 국제사회의 평화와 법질서를 만성적으로 위협하는 개별 국가의 배타적 주권 문제를 해결하지 못하고 있다. 이로 인해 전쟁을 방지하려는 국제기구의 노력이 계속 좌절되고, (보스니아와 코소보에서 자행된) 인종 청소, (르완다에서 자행된) 대량 학살, (우발적 사고나 테러리즘, 또는 치밀한 군사 전략 등이 유발하는) 핵 홀로코스트의 위협이 끊임없이 반복되는 게 지금의 현실이다.

그러나 이 책에서 내가 추구하는 주된 관심은 인류의 생존을 위협하는 이러한 공포를 소름 끼치는 언어로 설명함으로써 독자들을 깜짝 놀래주는 데 있지 않다. 그보다는 위협에 대처하려는 인류의 노력이 지금까지 총체적으로 실패한 까닭에 대해 깊이 천착해보고 싶다.

인간은 지적인 동물이다. 따라서 지금처럼 인류의 생존을 위협하는 위험에 노출될 경우 그것을 회피할 적절한 행동을 취할 거라고 예상해볼 수 있다. 그러나 인류는 위험을 경고하는 여러 정보를 쉽게 접할 수 있는데도 불구하고 예나 지금이나 그 어떤 조치도 취하지 않는다. 그러기는커녕 재앙이 눈앞에 다가왔다는 사실을 인지하고 있다는 어떤 조짐조차 보여주지 않는다. 그렇다면 지적인 동물인 인류가 가다라 지방의 돼지 떼(Gadarene swine)[1]처럼 재앙의 구렁텅이로 무작정 돌진하는 까닭은 무엇이란 말인가?

과학자들은 현재 인류가 직면한 위험의 성격은 물론, 그런 위험

---

1) 예수가 가다라 지방에서 만난 귀신 들린 사람 속의 귀신을 돼지에게 들어가도록 하자 돼지가 근처의 비탈길로 돌진하여 바닷물에 빠져 죽었다는 성경 말씀에서 유래된 용어로(마태복음 제8장 28절~34절 참조), 무언가를 향해 무모하게 돌진하는 대상을 의미한다. ─옮긴이.

에 대처하기 위해 인류가 할 수 있는 일과 앞으로 해야 할 일이 무엇인지를 잘 안다. 또한 그들은 자신이 아는 정보를 널리 공개하기까지 했다. 그럼에도 불구하고 인류는 과학자가 공개한 정보에 별다른 반응을 보이지 않는다. 사려 깊은 관찰자라면 이런 현상을 접하면서 당혹감을 감추지 못할 것이다. 과학자 스스로가 필요한 조치를 취할 수도 없는 노릇이다. 그런 조치를 취하기 위해서는 법률 제정이 필요한데, 과학자는 법률을 제정하거나 실행할 능력이 없기 때문이다. 정치적 행동과, 요즘 유행하는 말로 정치적 의지 같은 게 필요하다. 정치가는 물론 일반 대중 역시 과학자의 노력으로 문제의 실상을 파악하게 되었고, 그것을 치유할 수 있는 대책까지 잘 알게 되었는데도 불구하고 이 정치적 의지는 여전히 결여된 것처럼 보인다. 이들의 정치적 의지가 이처럼 마비상태를 보이는 까닭은 무엇인가?

과학자는 문명세계를 뒤덮을 위험을 미리 파악하고, 그런 위험을 정치가에게 알려주었지만, 정치가는 문제를 해결하는 데 필요한 조치를 좀처럼 취하지 않으려 한다. 이런 사실은 과학자의 사고방식과 일반 대중의 사고방식 사이에 상당한 격차가 있음을 암시하는 듯하다. 이 책에서 내가 추구하는 바는 바로 이런 격차의 원천과 성격을 규명해서 격차를 해소할 수 있는 방안을 모색하는 것이라고 할 수 있다.

내가 볼 때 인류가 눈앞에 뻔히 보이는 위험에 적절하게 대처하지 못하는 결정적인 까닭은 인류의 일상에 뿌리 깊게 자리 잡은 사유 및 행동의 습관 때문이다. 현재 인류가 직면한 위험을 타개하려면 주먹구구식 추론이 아니라 과학적 지식에 바탕을 둔 합리적 대책을 마련해야만 한다. 여기에서 과학적 지식이란 예컨대 현재 진행 중인 환경파괴 과정에 대한 과학적 평가, 그런 과정을 방지하거나 역전시킬 수 있는 과학적 방법 등을 의미한다. 그렇다면 과학자 사회의 연구를 일정 방향으로 강제하고 통제하는 개념적 도식(conceptual scheme)은 인류에게 필요한 과학적 지식과 무관할 수 없다. 따라서 나는 이 책에서 과학적 패러다임의 본성을 먼저 비판적으로 성찰하고, 그런 패러다임이 단순히 과학자들뿐만 아니라 문화생활을 영위하는 평범한 사람들의 사고 및 행동에 행사한 영향력까지 검토하고자 했다.

과학은 개명된 문화의 산물이라고 할 수 있는데, 과학이 발전하기 위해서는 여타 분야의 지적 발전 또한 일정 수준에 도달해야 한다. 또한 사회 및 정치적 행위가 과학에 우호적으로 작용하고, 과학적 사유양식 역시 사회 및 정치적 행위에 영향력을 행사할 수 있는 여건이 동시에 갖춰져야만 한다. 이처럼 과학, 사회, 정치 등과 같은 상이한 분야의 활동이 긴밀하게 연결되어 있으면서 서로 영향력을 주고받는다는 사실, 그리고 각 분야의 활동이 서로 충돌할 수도 있다는 사실에 착안하면, 지구상의 여러 국민과 그들의 정치 지도자가 현재와 같은 위기 상황에서 현명하게 행동하지 못하는 까닭은 물론, 과학적 개념이 사회나 정치와 같은 비과학적 분야의 활동에도 무시할 수 없을 정도의 영향력을 행사하는 까닭 또한 쉽게 이해할 수 있다고 본다.

그렇다면 지난 수세기 동안 과학적 패러다임이 철학, 윤리학, 경제학, 정치학 같은 분야의 사고방식에 어떤 식으로 영향력을 행사했는지를 따져볼 필요가 있다. 아울러 그런 패러다임이 지난 세기를 살았던 인간의 태도 및 행동에는 어느 정도 영향을 주었으며, 지금처럼 곤경에 처한 인류의 행동에도 여전히 영향력을 행사하는지를 고찰해보아야 한다. 내가 볼 때 16세기 코페르니쿠스 혁명에서 비롯된 개념적 도식은 철학, 윤리학, 정치학 등의 사고방식과 그들 각 사고방식에 상응하는 사회적 행위에 점차 스며들어 결국은 사고방식과 사회적 행위 그 자체를 변형시켰다. 이렇게 형성된 사고방식과 행동양식의 관성은 너무도 강력한 나머지 20세기 초반 새로운 과학혁명이 발생했는데도 불구하고 아직까지도 여전히 건재한 상태에 있다. 나는 현재 인류가 직면한 곤경의 원천이 바로 여기에 있다고 믿는다.

수많은 문제가 21세기 벽두를 살아가는 인류를 끊임없이 괴롭히는데, 그런 문제는 모두 과학적 지식을 활용한 기술적 발명품들로부터 파생된 것이다. 또한 코페르니쿠스 혁명을 계기로 탄생한 과학은 세계와 환경을 대하는 독특한 태도를 만들어냈는데, 바로 그런 태도가 지금처럼 문제를 양산한 기술적 발명품을 계속 사용하도록 부추겼다. 그러나 코페르니쿠스 혁명은 아인슈타인이 물리학 분야에서 성취한 혁명을 통해 이미 대체되었는데, 그로 인해 기존의 세계관 또한 근본적으로 바뀌게 되었다. 하지만 과학을 제외한 거의 모든 영역에서 통용되는 사유의 습관은 여전히 코페르니쿠스 혁명을 계기로 탄생한 과학적 패러다임의 전형적 산물이라는 사실을 쉽게 확인할 수 있다.

이처럼 윤리학, 정치학, 경제학 분야의 사고방식은 물리학과 생물학 분야의 앞서가는 사고방식을 따라잡지 못하고 있는데, 바로 그렇기 때문에 정치가나 관료가 문제를 해결하는 데 필요한 행동을

식별하는 것보다 과학자가 현재의 사태를 더욱 명확하게 진단할 가
능성이 높다고 본다. 이제 우리가 해결해야 할 과제는 인류가 처한
작금의 딜레마에서 벗어날 방법을 찾는 것인데, 그것은 인류가 눈
앞에 뻔히 보이는 위험에 적절하게 대처하지 못하는 까닭을 찾아내
는 것보다 훨씬 더 어려울 것이다.

차례

paradigm
+
thinking

제1장

개념적 도식의 중요성

과학적 패러다임이라는 것은 우리가 상식적으로 생각하는 것보다 훨씬 광범위한 영향력을 행사한다. 과학자들은 그들이 관찰한 현상을 이해한 후 객관적으로 설명하고자 하는데, 이를 위해 그들은 현상의 이면에 질서 정연한 세계가 존재한다고 가정하고, 그 세계의 일반적 성격을 묵시적으로 전제한 상태에서 연구를 수행한다. 바로 이런 전제가 과학자들이 공유하는 '패러다임' 의 중요부분을 구성한다. 그러나 우리가 과학이라는 단어를 요즘 사용하는 좁은 의미로 이해할 때, 전제를 순수한 과학적 개념으로만 볼 수는 없다. 전제는 과학의 울타리 밖에서 존재하는 다양한 사유영역까지 은밀하게 침투한 형이상학의 성격도 갖고 있기 때문이다. 이처럼 광범위한 영역에 편재된 패러다임이 과학과 다른 분야에서 활동하는 인간의 삶에서 차지하는 의미와 영향력은 심대한 것이라고 할 수 있으며, 따라서 그것은 현대 문명에도 결정적으로 중요한 영향력을 행사할 수 있다.

『옥스퍼드 영어사전』에 따르면 '패러다임'은 "주로 명사나 동사 등의 어형변화 패턴 내지 표본"을 뜻한다. 그러나 토머스 쿤은 패러다임이라는 단어를 차용해서 다른 뜻으로 사용했는데, 그것은 "과거의 성공적인 과학적 성취에 확고하게 기반을 둔 연구를 뜻하며 … 일부 과학자 집단은 당분간 그런 연구가 미래의 과학적 연구를 위한 토대를 제공할 것이라고 믿는다."[1] 이후 쿤은 자신이 사용하는 패러다임의 의미를 끊임없이 정교하게 다듬고, 그것을 사용하는 방식도 계속 설명했는데, 그런 과정을 거치면서 쿤이 구상했던 패러다임의 모습이 더욱 명료하게 드러났다. 즉 그것은 물리적 실재를 구성하는 기본 요소에 대한 개념과 특정 과학자 집단이 묵시적으로 공유하는 우주관을 포괄하는 것이었다. 사실상 쿤이 제시한 패러다임이란 콜링우드가 특정의 역사적 시기에 자명한 것으로 간주되는 과학적 전제들의 동아리(the constellation of absolute presuppositions of science)라고 지칭했던 것과 같은 것이라고 할 수 있는데, 그런 전제들은 과학적 질문을 제기하는 원천은 되지만 그들 스스로가 그 질문에 대한 답변까지 제공하지는 않는 속성을 지닌다.[2] 콜링우드는 과학적 주장의 논리적 분석을 통해 과학자들이 묵시적으로 공유하는 전제들을 밝혀내는 것이 형이상학의 과제

---

1) T. S. Kuhn, *The Structure of Scientific Revolutions* (Chicago: University of Chicago Press, 1962-1964), p. 10.
2) R. G. Collingwood, *An Essay on Metaphysics* (Oxford: Clarendon Press, 1940), p. 66.

라고 말했다. 그렇다면 그러한 전제들이란 결국 과학의 보이지 않는 토대를 구성하는 형이상학적 믿음의 체계(metaphysical doctrine)라고 할 수 있다. 요컨대 쿤이나 콜링우드 같은 사상가들이 마음에 두었던 것은 특정의 역사적 기간이나 시대에 묵시적으로 공유한 세계관이었는데, 나 같은 경우는 그것을 특정 시기의 체계적 사유에 근본적 토대를 제공한 개념적 도식(conceptual scheme)이란 표현을 즐겨 쓴다.

쿤이 사용하기 시작한 '패러다임'이란 용어는 이제 사회에서 널리 통용되는 일상어가 되었다. 따라서 패러다임의 의미를 앞에서 내가 설명한 방식으로 이해한다면 개념적 도식을 지칭할 때 패러다임이란 표현을 사용하는 것이 더욱 편리할 수 있을 것이다. 그러나 우리가 용어 선택보다 더욱 유의해야 할 점은 패러다임이 주로 자연과학 분야에서 확립된 용어이고, 과학철학자들이 그 의미를 명료하게 다듬었지만, 그것은 문명의 형태를 떠받치는 기본적인 토대이기도 하며, 특정 시대에 영위되는 문화생활의 모든 국면과 양상에 심대한 영향을 미친다는 사실이다.

내가 볼 때 현대 문명의 가장 두드러진 특징은 과학이 지배적인 위치를 차지한다는 것이다. 그리고 이런 사실을 부정할 사람은 아마도 거의 없을 것이다. 세상에서 인간이 하는 모든 일에는 과학의 흔적이 이런저런 형태로 스며들어 있기 때문이다. 우리는 과학적 방법으로 건강을 체크하며, 과학을 활용한 기술적 장치로 신체를 검사하고 생체기능도 테스트한다. 목축이나 농사짓는 방법도 과학이 만들어낸 기술에 크게 의존한다. 우리는 과학적으로 제작한 각종 가전제품을 사용하여 빨래, 설거지, 청소, 난방, 요리 등을 한다.

또한 과학적 발명품은 우리에게 오락, 통신, 수송 수단 등을 제공하고, 뉴스와 정보 전달, 도서 출판, 서신 왕래 등도 가능하게 한다. 요컨대 과학적 제품은 한편으로는 인간의 가장 사적인 영역까지 침투했고, 다른 한편으로는 광대한 우주 영역을 탐사할 만큼 현대 문명의 보편적 수단이 되었다. 따라서 우리는 과학자를 가장 신뢰할 수 있는 석학으로 존경하며, 우리가 당면한 모든 문제를 그들이 해결해줄 것으로 기대한다.

이처럼 과학이 널리 유행하고 학문적 권위까지 획득하게 되자 우리는 과학을 자기 완결적이고 자부심이 강한 활동으로 간주하면서 우리가 직면한 난해한 문제를 설명해주고, 우리에게 필요한 거의 모든 것을 해결할 복잡한 기술과 기계장치에 관한 '노하우' 까지 제공해줄 것으로 기대한다. 사실상 우리는 과학과 문명 그 자체를 동일시한다. 그러면서 과학적 지식을 결여했거나 단지 소박하게 이해한 사람들을 미개인으로 간주하고, 과학의 장점을 맘껏 향유하는 사람을 가장 진보한 사람으로 간주하는 습성이 있다. 그러나 이는 대단히 잘못된 생각이다. 과학이 발전하려면 먼저 개명된 문화가 일정 수준 이상으로 발전해 있어야 하며, 과학이 발전해야 문화가 발전한다는 역방향은 결코 성립할 수 없기 때문이다. 과학은 어디까지나 인간의 삶을 질서정연하게 규율하는 다양한 요소와 긴밀하게 뒤섞인 상태로 존재한다.

서유럽 문명은 동아시아 문명이나 지구상의 다른 어떤 문명보다도 과학적인 성격을 띤다. 물론 수많은 과학적 발명품들이 서유럽보다도 먼저 중국에서 등장한 것은 사실이다. 그러나 중국의 과학은 결코 체계적인 형태를 갖추지 못했으며, 서유럽의 영향 없이 독자적인 힘만으로는 유럽이나 미국의 과학처럼 괄목할 만한 발전도 이룩할 수 없었다. 그렇다고 해서 서유럽의 과학이 자기 완결적 성격을 띤 것은 아니었다. 그것 역시 오랜 역사를 지녔으며, 인류의 문화생활에 기여한 여타 활동과 함께 출현했다.

우선 강조하고 싶은 점은 어떤 과학도 조직적인 사회구조와 종교나 예술 같은 문화 등으로부터 동떨어져 독자적으로 발전할 수는 없다는 사실이다. 과학이 발전하기 위해서는 체계적인 교육훈련이 필요한데, 이런 교육이 현실적으로 가능하기 위해서는 조직적인 사회 시스템이 먼저 갖춰져야만 한다. 서구의 경우 과학은 원래 자연의 사건을 설명하기 위해 고안된 상상 속의 신화적 전설로부터 생겨났다. 바로 이런 전설이 과학적 상상력을 자극하고 배양했다.[3] 따라서 종교와 과학은 지적으로 상이한 목적을 추구하지 않았다. 종교와 과학은 모두 진리를 주장했으며, 따라서 양자는 서로 협력하건 충돌하건 상관없이 상호 긴밀한 관계를 유지했다. 종교는 인간의 삶에 막대한 영향을 미쳤던 자연 환경의 변화에 대한 경외심에서 싹트기 시작했으며, 인간의 경이로움을 자아냈던 대자연의 순환과 사건을 설명하려고 노력하는 가운데 종교적 신화가 탄생했다. 철학과 과학 역시 항시 긴밀하게 연결된 상태에 있었으며, 당초 그 둘은 사실상 하나였고 동일한 것이었다. 이처럼 과학의 발전은 여타 분야의 문화적 성취와 문명의 발전 과정에 의존하

---

3) 다음 자료를 참조하라. Giorgio de Santillana, *The Origins of Scientific Thought* (New York: Mentor, 1961). F. M. Conford, *From Religion to Philosophy: A Study on the Origins of Western Speculation* (New York: Harper Torchbooks, 1957), 특히 제5장 참조. Bruno Snell, *The Discovery of the Mind* (New York: Harper Torchbooks, 1960), 10장.

고 있으며, 문화의 다양한 특성 역시 과학적 이론과 발견으로부터
커다란 영향을 받았다. 요컨대 문화를 구성하는 어떤 요소도 완전
히 분리된 상태에서 독자적으로 존재할 수는 없다.

고대 수메르와 이집트 문명에서 존재했던 과학 같은 경우 주로
농사와 목축에 영향을 미치는 계절의 변화를 예측한다든지 영토의
경계를 획정하고 궁전과 피라미드를 건설하는 것과 같은 실용적인
문제를 해결하는 과정에서 성장했다. 반면 그리스의 과학은 기원
전 6세기경 밀레토스 학파의 신화와 종교로부터 출현했는데, 그들
은 모두 보편적인 사물의 본성(피지스, physis), 즉 모든 사물을 구
성하는 가장 기본적인 물질을 발견하고자 했다. 그러나 이런 피지
스는 단순히 우리가 눈으로 관찰한 사물이 아니라 콘포드가 주장
했던 것처럼 영혼이나 신과 동일한 것으로 간주된 형이상학적 개
념을 의미했다. 예컨대 탈레스는 피지스를 물로 간주했을 뿐만 아
니라, 모든 것은 영혼을 지녔고, "모든 사물에 신들이 충만하다"고
믿었다. 반면, 탈레스의 후계자였던 아낙시만드로스는 피지스를
무한자(indefinite blend)로 간주했으며, 어떤 우주의 진동이 그로
부터 뜨거움과 차가움, 축축함과 건조함 등과 같은 '대립적 성질'
을 분리해낸다고 믿었다. 바로 이런 성질들이 다시 결합하여 예컨
대 불(뜨거움과 건조함), 공기(뜨거움과 축축함), 물(축축함과 차가
움), 흙(차가움과 건조함) 등을 만들어낸다. 아낙시만드로스의 제
자였던 아낙시메네스는 가장 기본적인 물질이 공기라고 생각했으
며, 공기의 팽창과 수축을 통해 사물의 다양한 밀도와 성질을 설명
할 수 있다고 보았다.

이처럼 고대 과학은 상상력을 동원해서 자연의 영속적 속성과

가변적 속성을 이해하고자 했으며, 이후 등장한 철학은 그런 속성 중 특정 부분을 강조하고 다른 부분을 부정하는 형태로 전개되었다. 예컨대 파르메니데스는 존재하지 않는 것은 있을 수 없고, 오직 존재(Being)만이 있을 뿐이며, 변화란 것도 있을 수 없다고 선언했다. 반면 헤라클레이토스는 모든 것은 항상 변화하며, 어떤 것도 영원히 존재할 수 없다고 주장했다. 그러자 피타고라스는 모든 사물은 숫자로 구성되었다는 학설을 제시함으로써 사물의 동일성과 차별성을 수학적으로 설명할 수 있는 기하학과 산수의 초석을 닦았다. 엠페도클레스는 파르메니데스가 주장한 불변의 일자(the One)와 헤라클레이토스가 주장한 변화가 끊임없이 서로 교체된다는 사실을 강조했고, 그런 교체 과정에서 아낙시만드로스가 관찰했던 대립적 성질들의 조합으로 탄생한 요소, 즉 불, 공기, 물, 흙 등이 싸움의 기운이 팽배한 상황에서 모든 것을 아우르는 일자로부터 분리되었다가, 사랑의 기운이 팽배한 상황이 도래하면 다양한 모양과 비율로 다시 결합한다고 주장했다. 아낙사고라스는 헤아릴 수 없이 다양한 종류의 미세한 종자들이 정신(누스, nous)의 지도 아래 가지각색으로 뒤섞이면서 사물을 형성한다는 가설을 제시했다. 레우키포스와 데모크리토스는 위에서 예시한 철학자들의 사상을 참조하면서 원자(개별적인 원자는 파르메니데스가 제시한 존재의 영속적 특성을 소유한다)가 없으면 어떤 것도 존재할 수 없고, 텅 빈 공간에는 아무 것도 존재하지 않는다는 가설을 제시했다. 따라서 우리가 일상에서 체험하는 사물은 아낙사고라스가 제시한 종자와 크게 다르지 않은 원자의 다양한 조합으로 구성된 것이며, 그럼에도 불구하고 사물의 특성이 객관적으로 존재하는 것처럼 보이는 까닭은 단지 (데모크리토스의 용어로 표현할 때) '관습' 때문에 그러할 뿐이라고 보았다.

플라톤과 아리스토텔레스는 기존의 모든 사상을 발전적으로 계승하면서 더욱 포괄적이고 정교한 철학 체계를 구축했는데, 이를 계기로 그리스 철학과 과학의 주요 개념들이 거의 완성되는 단계에 접어들었다. 그런데 이때까지도 철학과 과학은 분명하게 나뉘지 않은 상태에 있었다. 당시 출현한 지적 체계는 논리학, 심리학, 윤리학, 정치철학은 물론, 생물학, 물리학과 함께 모든 학문에 통용되는 원리를 탐구하는 형이상학 등을 망라했다. 행성궤도의 이탈을 설명하기 위해 플라톤이 운영한 아카데미와 아리스토텔레스가 운영한 뤼케이온에서 연구에 매진한 학자들은 천체의 구성에 관한 복잡한 이론을 제시했는데, 그것은 태양과 달이라는 항성과 그 주변을 운행하는 위성으로 구성된 수정구체(crystal spheres)를 의미했다. 이렇게 해서 수학, 천문학, 물리학, (아리스토텔레스의 연구에 힘입은) 생물학, 심리학과 같은 근대과학이 싹트기 시작했으며, 이들 중 어떤 것도 처음에는 철학과 구분되지 않았고, 그런 상태는 근대시기까지 그대로 지속되었다.

철학과 과학은 신화와 종교의 품에서 탄생했을 뿐만 아니라, 철학자가 자신의 상이한 이론을 상세하게 해설하는 가운데 철학과 과학 역시 종교 및 실용적 도덕은 물론, 정치 및 법률에도 영향을 미쳤다. 이런 현상은 그리스와 로마 시대의 스토아학파와 에피쿠로스학파의 영향으로 두드러졌는데, 특히 종교적 신념을 혁신하고 로마법의 틀을 잡는 데 심대한 영향을 주었다.

초기 이오니아학파가 파악한 '자연'의 모습은 원래 영혼이나 신과 크게 다르지 않았으며, 인간의 영혼 및 본성까지도 그곳에 포함되었다. 그리고 인간의 자연적 특성을 합리적으로 생각하는 것, 즉 정신(누스)의 활동에서 찾았다. 반면 아리스토텔레스가 볼 때 자연(피지스)은 원초적인 질료(matter) 내지 가능태를 의미했으며, 그런 가능태가 실현될 때 형상(form)이 형성된다. 또한 모든 형상 중 최고의 형상을 신(God, 하늘의 제1 운동자이며 모든 물리적 운동의 원천을 말함)으로 보았으며, 그것 본래의 자연스런 활동을 '자기 사유를 대상으로 사유하는 활동〔the thought that thinks itself(사유의 사유, *nóesis noeseós*)〕'으로 간주했다. 스토아학파가 이들의 개념을 계승하고 수정하는 가운데 이른바 자연법(Law of Nature)사상이 출현했는데, 그것은 이성의 법칙 내지 신의 법칙을 의미하기도 했다. 자연법사상은 도덕의 법칙과 시민의 법칙을 지지하는 초석을 제공하기도 했으며, 특히 자연법의 한 분파인 로마법은 모든 국가에 보편적으로 적용되었다.

요컨대 서양 과학은 처음 출현할 때 종교, 도덕, 정치, 법률, 사회 등 각 분야의 실천과 분리되지 않은 상태에 있었고, 그리스 문명의 전반적인 패턴과 유기적으로 결합되었던 교육 시스템(파이데이아, paedeia)에도 크게 의존했다. 그러나 과학 역시 그리스 교육 시스템의 핵심 요소였다. 이렇게 조성된 과학과 여타 분야의 상호 의존 관계는 이후 발전과정에서도 와해되지 않고 계속 유지되었다. 따라서 과학의 세계는 여타 사회조직의 모든 측면과 어떤 형태로든 관계를 맺으면서 직접적인 영향력을 행사했다.

이제 우리는 과학이 자기 충족적 활동이 아니고, 자기 스스로 존재하는 활동은 더더욱 아니라는 결론에 쉽게 도달할 수 있다. 과학적 연구는 지적 발전이 일정 수준에 도달한 공동체에서만 이루어질 수 있는데, 그런 수준은 공동체의 사회조직, 문화, 예술, 종교, 철학 등 모든 분야에서 충족되어야 한다. 과학은 이러한 문화 활동의 일부이고, 문화 활동과 떨어져서 존재할 수도 없지만, 문화 활동 역시 과학자들의 발견과 견해로부터 커다란 영향을 받는다. 따라서 '패러다임'은 문화의 모든 측면에 영향을 주고, 아주 근원적인 차원에서 문화의 본질적 성격을 규정한다.

고대 그리스 과학의 패러다임은 개별적인 신과 동물의 영혼이 세계영혼을 소유한 유기체를 각자 나름의 방식으로 구현한다는 우주관을 갖고 있었다. 기원전 6세기부터 3세기에 걸쳐 그리스에서 개발된 아리스토텔레스의 패러다임은 이후 약 천 년 동안 서유럽의 과학은 물론, 종교와 정치의 형태 및 관습을 결정했다. 피타고라스의 에이도스(eidos, 숫자의 형상을 말함) 관념을 계승한 플라톤은 시간의 흐름에 따라 변화하는 물질세계란 '영원한 존재의 동적 이미지', 즉 선의 형상(또는 이데아)에서 정점을 이루는 불변의 완벽한 형상들을 불완전하게 복사한 것에 지나지 않는다고 가르쳤다. 플라톤이 볼 때 세계는 자신의 고유한 영혼을 소유한 생명체이며, (불멸의) 형상과 유사한 영혼은 자기 스스로 운동하는 원리였다. 또한 데미우르고스가 물질세계와 그것의 영혼을 창조했다고 보았다. 그러나 플라톤이 구상한 데미우르고스는 (플라톤의 우주론을 설파한 『티마이오스』에서) 세계를 건설한 존재로 간주되었지만, 무에서 우주를 창조한 전능한 신은 아니었으며, 단순히 판테온에 모신 여러 신들 중의 하나로서 태초의 혼돈을 영원한 형상을 본뜬 구조로 재편한 존재였다.

아리스토텔레스 역시 형상이 사물의 본질적 성격을 결정한다고 판단했다. 그러나 그런 결정은 플라톤과 달리 일련의 과정을 거치면서 이루어진다고 보았다. 먼저 제1 질료가 존재한다고 가정하고, 그것이 (원소들을 구성하는 4가지 대립적 성질, 즉 축축함, 건조함, 뜨거움, 차가움 중의 하나인) 형상을 수용하게 되는데, 이런 식으로 형성된 질료는 더욱 고차원의 형상에 부응할 새로운 질료로 격상된다. 이런 격상 과정은 영혼이 생명체의 형상으로 간주될 때까지 계속된다. 그리고 영혼 그 자체는 질료와 형상의 위계질서를 반영한다. 예컨대 영향과 번식을 관장하는 (식물의) 영혼은 (동물의) 감각과 식욕을 관장하는 영혼에 근접한 질료이고, 다시 동물의 영혼은 합리적 사유를 관장하는 (인간의) 영혼에 근접한 질료이다. 가장 고급스런 인간의 활동은 신의 사유를 모범 삼아 묵상하는 것인데, 여기에서 신은 순수한 형상, 즉 모든 형상 중의 형상을 의미하며, 신보다 열등한 모든 존재들은 자기 사유를 대상으로 사유하는 신의 활동을 모방한다.

생명 활동이 가능한 까닭은 동물(animals)의 영혼 때문인데, 여기에서 동물이란 표현은 영혼을 지칭하는 라틴어의 '아니무스(animus)'에서 유래했다. 그러나 인간은 스스로 이동할 수 있을 뿐만 아니라, 신을 근사하게 모방할 수 있는 능력, 다시 말해서 생각할 수 있는 능력도 갖추었다. 따라서 신은 제1 운동자이다. 에테르가 충만한 하늘에서 제1 운동자인 신의 활동을 모방한 것이 바로 원운동인데, 이는 가장 완벽한 운동 형태로서 물체가 스스로 생각하는 사유 능력을 가진 신에게 가장 가까이 접근한 것이다. 지구상의 물체는 그것이 본래 있었던 장소로부터 인위적으로 이탈시킬 경우 물체가 소유한 '자연운동(natural motion)'의 본성에 따라 본래의 장소로 되돌아가는데, 예컨대 흙은 지구의 중심으로, 물은 흙의 바로 위로, 공기는 물의 위로, 불은 공기가 없는 곳으로 각각 되돌아간다. 아리스토텔레스의 신은 플라톤의 데미우르고스보다는 선의 이데아에 가까운데, 이는 모든 사물을 이해 가능한 존재로 만들고, 모든 정신을 이해력을 가진 존재로 만들며, 모든 사물의 원인을 창조하고 유지하는 역할을 한다.

고대 그리스 과학의 패러다임은 지금까지 우리가 확인한 것처럼 오랜 역사와 오랜 발전과정을 거쳐 형성되었다. 즉 그것은 종교와 도덕의 토대를 제공한 신화의 체계로 출발하여 점차 철학 및 과학의 체계로 변형되었다. 처음에 물리학과 형이상학은 분리되지 않고 동일한 것이었다. 이들은 모든 사물을 구성하는 가장 기본적인 질료를 찾고자 했던 탈레스의 연구로부터 출발했으며, 이오니아학파의 학설로부터 파르메니데스, 헤라클레이토스, 피타고라스 등의 학설을 거쳐 엠페도클레스, 레우키포스, 데모크리토스 등의 이론에 이르는 발전과정을 거쳤다. 플라톤과 아리스토텔레스는 기존의 다양한 사상을 결합하고 세련시키는 한편, 그들을 소재로 하나의 정합적 체계를 만들어냄으로써 개념적 도식을 한층 더 풍부하게 만들었다.

고대 그리스 과학의 패러다임은 그리스 사상의 모든 부분에 스며들었다. 스토아학파와 에피쿠로스학파는 원숙기에 도달한 그리스 과학의 패러다임을 로마에 전달했으며, 이후 신플라톤주의자와 그들의 뒤를 이은 (알 파라비, 아비센나, 아베로에스, 마이모니데스 등과 같은) 아라비아 및 유대 철학자들이 그것을 중세에 전달했다. 토마스 아퀴나스는 이렇게 전달된 패러다임을 가톨릭교회의 가르침에 통합시켰다. 그러나 유대교 및 기독교 신이 플라톤의 세계정신(선의 이데아 포함)과 아리스토텔레스의 제1 운동자를 대체하면서 기독교가 그리스 과학의 패러다임을 대체했지만, 패러다임 그 자체의 성격을 크게 수정하지는 못했다.

중세시대 내내 과학적 개념들은 거의 그대로 유지되었으며, 특히 운동에 관한 개념은 더욱 그러했다. 지구는 여전히 행성과 천체로 구성된 우주의 중심으로 간주되었는데, 아리스토텔레스와 그의 제자들이 상상했던 것처럼, 행성과 천체는 지구를 중심으로 공전하는 수정구체에 박혀 있었다. 플라톤과 아리스토텔레스의 제자들은 비정상적인 행성 운동을[4] 설명하기 위해 수정구체들 안에 다른 수정구체들이 박혀서 자전한다는 교묘한 가설을 고안했는데, 어떤 사상가들은 수정구체들이 상이한 축을 따라 회전한다고 주장했고, 다른 사상가들은 상이한 방향으로 회전한다고 주장했다. 이들의 주장은 행성 궤도에서 분명하게 관찰되는 고리를[5] 설명하기 위해 수정구체 사이에서 회전하는 주전원(epicycles)을 도입한 프톨레마이오스의 방책으로 최종 귀착되었다. 이런 아이디어를 견지한 중세의 사상가들은 신이 천체의 운동을 관장한다고 믿었기에, 달나라 아래 지상에서 전개되는 운동은 이성적 존재의 자유로운 활동이 만들어낸 일부를 제외하면, 모두가 천체운동으로부터 비롯된

---

4) 역행운동(retrograde motion)을 의미한다. – 옮긴이.

5) 역행운동에서 나타나는 고리를 의미한다. 자세한 모습은 다음 주소에 게시된 그림에서 확인할 수 있다. http://www.redorbit.com/education/reference_library/space_sciences/retrograde_motion/287/index.html(검색일: 2009. 11. 16.) – 옮긴이.

어떤 형태의 추진력이 만들어낸 것이라고 믿었다.

따라서 그리스와 헬레니즘 문명을 지배했던 세계관은 단순히 과학적 개념이 아니라 지중해 지역 문화 전체의 모습을 물들인 사유의 일반적인 색조를 의미했으며, 기독교의 확산에도 불구하고 부분적인 수정만 이루어진 채 르네상스 시기까지 유럽 전체에서 존속했다.

뉴턴의 개념적 도식도 마찬가지였다. 그것은 과학혁명으로 탄생했지만 서구 문명 구석구석의 정신적 색조를 심대하게 변형시켰는데, 이에 대해서는 제2장에서 자세하게 검토할 것이다.

콜링우드와 쿤은 모두 지식이 발전할 경우 기존의 우세한 패러다임(또는 자명한 전제들의 동아리)이 긴장상태에 진입한다는 사실을 알고 있었다. 쿤이 지칭했던 '정상과학(normal science)'이 유지되는 상황에서, 과학자들이 자신들의 이론으로 제대로 설명하지 못하는 수수께끼를 적절하게 풀 수 있는 새로운 증거를 탐구하고자 할 때 변칙과 이론적 갈등이 출현한다. 처음에는 이런 문제들이 연구의 진행과정을 크게 방해하지 않는다면 그냥 무시되거나 해명을 위한 임시방편적 설명이 제시될 수 있다. 그러나 변칙과 이론적 갈등이 계속 축적될 경우 지식의 진보를 방해하거나 마비시킴으로써 패러다임의 위기를 초래하게 되는데, 이런 위기는 과학자들이 새로운 개념적 도식을 도입하고, 자신들의 사유와 행동을 혁명적으로 변화시킬 때에만 비로소 해소될 수 있다. 콜링우드 역시 자명한 전제들 사이에서 '긴장'이 발생할 경우(콜링우드는 긴장의 원천까지 확인하지는 않았다) 자명한 전제들의 동아리 자체가 변화하게 되고, 그럴 경우 그 전제들은 더 이상 '컨서퍼니블

(consupponible)' [6]을 유지하지 못한다고 주장했다. 이때 과학 이론이 정합적으로 진보하기 위해서는 전제의 수정이 필요하게 되는데, 콜링우드는 우리에게 수정 방법까지 말해주지는 않았다. 그러나 이런 전제들을 눈에 띄게 드러낼 뿐만 아니라 전제들의 변화와 그 변화의 원인을 추적하는 것은 형이상학의 과제다. 따라서 철학은 그런 과제를 해결하기 위해 반드시 노력해야 한다.

쿤은 과학혁명을 계기로 패러다임의 변화가 생기는데, 그로 인해 설명도식(explanatory schemes)은 같은 표준으로 잴 수 없다는 이른바 통약불가능성(incommensurability)을 주장했다. 기존 패러다임에서 성립한 이론은 새롭게 등장한 패러다임의 이론으로 평가할 수 없다는 게 쿤의 생각이었다. 그가 볼 때 과학이 추구하는 '목표' 나 진리 같은 것은 있을 수 없었다. 과학의 진보란 오직 자연을 이해할 수 있는 능력을 증대시켰느냐에 따라 평가할 수 있을 뿐이다. 앞에서 확인한 것처럼 콜링우드 역시 자명한 전제들 사이에서 긴장이 발생할 경우 전제들의 동아리 자체에서 변화가 발생한다고 설명했는데, 그런 긴장이 어떻게 발생하는지는 설명하지 않았다. 그러나 콜링우드는 전제들 사이의 부정합성(incoherence)으로부터 긴장이 발생한다는 견해는 부정했다(그가 볼 때 자명한 전제들은 서로 포함관계에 있지 않기 때문이다).

그러나 기존의 과학적 개념이 특정 현상을 제대로 설명하지 못할 때 이론상의 혁명적 변화가 촉진된다는 사실을 부정할 수는 없으며, 계속해서 그런 현상을 설명하고자 노력할 때 이론상의 변화

---

6) 어떤 사람이 자명한 전제들의 집합에서 특정 전제를 가정할 경우 나머지 전제들도 동시에 가정하게 되는 것(to suppose concurrently all the rest)을 의미한다. – 옮긴이.

는 불가피하게 된다. 콜링우드에게는 실례되는 얘기지만 이론적 정합성(coherence)과 일관성(consistency)은 과학이 끊임없이 추구하는 목적이며, 다른 어떤 것보다도 바로 그것이 진리를 판정하는 기준이 된다. 또한 쿤의 신념과 다른 몇몇 과학철학자들(예컨대 칼 포퍼)의 주장과는 상충되는 얘기지만, 과학적 발견의 논리와 마찬가지로 확증의 논리 또한 존재한다. 발견과 확증의 논리는 일종의 변증법적 논리라고 할 수 있는데(변증법적 논리의 특성에 관해서는 제6장에서 자세히 논의할 것임), 그것은 설명이 곤란한 문제가 먼저 출현하면 설명을 방해하는 요소를 조정하려는 노력을 통해 설명상의 난점을 최종적으로 제거하는(변증법적으로 지양하는) 과정을 밟는다. 이에 대해서는 앞으로 좀 더 상세히 검토하기로 하겠다.

따라서 과학 이론상의 혁명적 변화는 극적인 성격을 띠기는 하지만 갑작스럽게 발생하는 것이 아니라 어떤 단계를 밟아 차근차근 이루어진다. 당대에 통용되는 과학이론을 난공불락의 문제에 적용할 때 이론상의 난점이 발생한다(마치 아리스토텔레스의 운동 이론으로 화살의 비행을 설명하고자 할 때 직면하는 난점처럼). 이럴 경우 개념적 도식을 조정하여 이론적 일관성을 유지하려는 시도가 이루어진다. 그럼에도 불구하고 난점이 계속 출현한다면, 개념적 도식을 전반적으로 혁신하여 더욱 정합적인 세계상(world picture)을 모색하게 된다. 새로운 이론은 (포퍼가 우겨댄 것처럼) 단순히 추측(conjectures)을 통해 출현하는 것이 아니라, 낡은 이론을 계속 조정하는 과정이 새로운 패러다임에 단계적으로 유입되면서 출현한다. 이런 과정은 기존의 이론적 가설을 계속 조정하는 몇

몇 중요한 사상가들의 기여를 통해 이루어진다. 그러다가 마침내 한 명의 위대한 천재가 출현하여 기존 사상가들의 단편적인 조정 내용을 하나의 정합적인 체계에 깔끔하게 통합시키게 된다.

예를 들어보자. 사상가들이 아리스토텔레스의 운동이론으로 화살의 비행이나 지상에서 발사하는 미사일과 같은 다양한 물체의 운동을 설명하고자 할 때 발생하는 이론적 난점은 개념적 도식상의 긴장을 초래한다. 또한 끊임없이 출현하는 행성의 변칙운동을 설명하고자 할 때 봉착하는 난점 때문에 더욱 복잡한 가설을 세우게 되는데, 부정확한 설명을 바로잡기 위해 이론을 교정한다면서 주전원을 계속 도입한 경우가 좋은 사례라고 할 수 있다. 그러나 이런 노력은 교회의 달력을 디자인하고 종교적 축제와 의식의 날짜를 결정하는 문제를 더 복잡하게 만들어 이론상의 긴장을 더욱 심화시켰다.

이런 이론상의 난점 때문에 관성(inertia) 개념의 효시가 된 독창적인 임페투스 이론(theory of impetus)이 처음 등장하게 되었다. 이후 코페르니쿠스는 프톨레마이오스의 천문학 체계에 내포된 이론적 난점을 극복하기 위해 태양계의 구조를 합리적으로 다시 설계하면서 태양이 중심에 있고 지구가 다른 행성들처럼 태양의 주위를 돈다는 가설을 제시했으며, 이런 가설을 수용할 경우 (그가 교황 바오로 3세에게 보낸 편지에서 주장했던 것처럼) 태양계는 더욱 정합적인 체계를 갖춘다고 말했다.[7] 코페르니쿠스가 도입한 태양중심설은(사실상 코페르니쿠스의 가설은 사모스의 아리스타

---

7) E. E. Harris, *Hypothesis and Perception* (London: Allen and Unwin, 1970; reprint, Atlantic Highlands, N. J.: Humanities Press, 1996), p. 88 참조.

르코스가 주장했던 가설을 다시 도입한 것이었다) 후속 세대의 사고방식을 혁명적으로 변화시키면서 새로운 패러다임이 출현할 수 있는 문을 열었다.

코페르니쿠스는 프톨레마이오스의 천문학 체계가 너무 복잡하고 혼란스럽게 구성된 점을 문제시했다. 따라서 그는 자신의 새로운 가설을 추가하지 않았다. 코페르니쿠스의 사례는 가설이 포퍼가 생각했던 것처럼 단순한 추측의 산물이 아니라는 사실을 잘 보여준다. 그는 지구가 아니라 태양이 행성계의 중심이라는 아리스타르코스의 가설을 수정했다. 하지만 그는 프톨레마이오스의 아이디어를 모두 포기하지 않고 주전원과 이심원 같은 아이디어는 계속 사용했다. 티코 브라헤는 이러한 코페르니쿠스의 아이디어를 계승하여 태양이 지구를 도는 동시에 다른 행성들이 태양의 둘레를 돈다는 천동설과 지동설의 절충안을 개발했다. 케플러는 티코 브라헤의 방대한 관찰 자료를 활용하여(케플러는 한동안 브라헤의 조수 역할을 했다) 화성의 궤도가 타원이라는 사실을 발견했고, 그런 사실을 설명할 수 있는 행성 운동의 법칙을 고안했다. 그러는 사이에 갈릴레오는 낙하하는 물체의 운동을 지배하는 법칙을 개발했다. 이들이 제시한 다양한 사유의 진보를 하나의 정합적인 체계로 통합하기 위해서는 뉴턴의 천재성이 필요했다. 뉴턴이 고백한 것처럼 그가 남들보다 좀 더 멀리 볼 수 있었던 것은 그 자신이 지적 거인의 어깨 위에 서 있었기 때문이다. 이런 과정은 단순한 추측의 과정이 아니라 우리에게 알려진 모든 현상을 빠짐없이 설명할 수 있는 하나의 정합적인 설명체계를 구성하려는 지속적인 노력의 과정이라고 할 수 있으며, 그런 과정을 지속하는 가운데 하나의 독특한 세계관을 창출하는 결실을 얻을 수 있었다.

코페르니쿠스의 가설이 등장함으로써 기존의 '세계관'은 전면적으로 붕괴되었다. 태양이 하늘의 중심에 있고 지구와 행성이 태양의 주위를 돈다면 지구는 하나의 천체로 간주되며, 아리스토텔레스의 전체 철학체계에서 중요한 의미를 지녔던 지상과 천상의 구분이 사라져버리고 만다. 항성은 정지해 있는 반면 지구의 자전에 의해 낮과 밤이 형성된다면 더 이상 수정구체가 필요 없게 되고, 제1 운동자 역시 들어설 자리를 잃게 된다. 그것뿐만이 아니다. (코페르니쿠스 이론의 최종 귀착점이라고 할 수 있는) 뉴턴의 중력이론이 도입한 물질세계의 기계론적 관점에서 보면 자기운동(self-movement)의 원천으로 간주되었던 영혼(세계 전체의 영혼이건 개별적인 동물의 영혼이건 상관없이) 역시 더 이상 필요 없게 되어버린다.

더욱이 아리스토텔레스의 인간 영혼설과 그가 제시한 윤리학의 전체적인 구조는 지상의 물체와 정신이 다양한 측면에서 신의 활동을 모방했다는 주장에 기초를 두고 있었다. 그러나 코페르니쿠스의 개념적 도식을 도입하자마자 기존의 천체운동 설명방식은 포기되어야 했으며, 신 역시 물질세계로부터 추방되어야 했다. 물론 신이 물질세계의 창조자라거나 물체의 운동법칙을 창시한 존재라는 관념은 여전히 건재했다. 그러나 신은 그러한 운동법칙이 실제로 작동하는 기계론적 체계로부터 완전히 격리되어야만 했다. 일찍이 플라톤과 아리스토텔레스의 윤리적 가르침은 모세와 그리스도의 가르침으로 대체되었지만, 이들의 가르침 역시 새롭게 등장할 뉴턴의 패러다임과는 전혀 어울리지 않았다. 따라서 양자는 심각한 견해차를 드러내면서 사회 및 정치에 지울 수 없는 흔적을 남겼는데, 이 문제에 대해서는 잠시 후 고찰할 것이다. 요컨대 이 시기에 출현한 혁명의 여파는 과학의 영역에만 한정된 것이 아니라, 근대 유럽문명의 개념적 도식 전체를 아우르는 방대한 영역으로 확산되었다.

천문학과 역학 분야뿐만 아니라 철학과 종교 분야에서도 혁명적 변화가 일어났다. 데모크리토스와 에피쿠로스의 원자론을 선호했던 새로운 시대의 인문주의자들과 베이컨 학설의 신봉자들은 가톨릭교회가 토마스 아퀴나스의 가르침을 매개로 수용했던 아리스토텔레스의 학문체계를 거부했다. 유대교 및 그리스도교의 신관 역시 과학혁명이 발생하기 이전에 이미 분명하게 정립되었음에도 불구하고 새로운 시대적 환경 속에서 더욱 변화되어야만 했다. 헤브루의 선지자들과 그리스도교는 원래 유대종족의 신이었던 야훼를 인류 보편의 신, 전능한 존재, 천지창조자, 자신이 창조한 만물의 통치자 등의 의미로 다시 해석했다. 바로 이러한 신관이 아리스토텔레스가 제시한 제1 운동자의 가설과 결합했는데, 이제는 근본적인 변화가 불가피하게 되었다. 신은 더 이상 물리적 세계를 지배하는 요소가 될 수 없었다. 처음에는 신의 의미를 순수한 정신적 존재, 신이 제정한 창조주의 영원한 법칙에 따라 운행하는 기계론적 우주의 건설자 등으로 수정했다.[8] 그러나 이런 수정안조차도 얼마 지나지 않아 불필요한 것으로 간주되고 말았다. 그러자 종교

---

8) R. Descartes, *Discourse on Method*, part 5, in *The Philosophical Works of Descartes*, vol. 1, ed. E. S. Haldane and G. R. T. Ross (Cambridge: Cambridge University Press, 1931), p. 109 참조.

상의 교리 역시 엄청난 변화를 겪어야만 했다. 요컨대 뉴턴 패러다임이 등장하자마자 과학과 종교 사이에 심각한 갈등이 발생했으며, 그런 갈등은 현재까지도 이런저런 형태를 띠고서 계속 진행되고 있다.

신이 제정한 자연법은 사회 및 정치의 법률을 제정하는 데 필요한 기본적인 척도로 간주되기도 했다. 또한 자연법을 이성의 법칙과 동일시함으로써 인간의 사회적 관계를 결정하는 밑그림을 새롭게 그릴 수 있었다. 새로운 과학적 패러다임은 종교 및 정치적 권위는 물론, 인간의 사회 및 도덕에 관한 모든 개념에 심대한 영향을 주었다. 이제 그런 영향력의 실상을 좀 더 구체적으로 검토해보기로 하자.

동지중해에서 출현하여 19세기 말까지 서양문명을 지배했던 두 개의 패러다임 중 어느 쪽을 보더라도 패러다임은 갑작스럽게 자리 잡거나 쉽게 변화하지 않는다는 사실을 알 수 있다. 두 개의 패러다임 모두 수세기에 걸쳐 형성되었기 때문이다. 고대 그리스에서는(고대 이집트의 영향력을 제외한다면) 기원전 6세기 탈레스와 함께 과학적 전망이 등장하기 시작했다. 그러나 과학적 패러다임은 3세기 후 플라톤과 아리스토텔레스의 저작이 등장하기 이전까지는 충분히 숙성되지 못했다. 또한 헬레니즘 시기가 도래하기 이전까지는 과학적 패러다임이 당대의 도덕 및 종교적 실천에 행사한 영향력을 충분히 느낄 수 없었다. 르네상스 때도 마찬가지였다. 코페르니쿠스는 16세기 초반부터 자신의 가설을 마음속에 품기 시작했다. 그러나 뉴턴이 『수학원리』를 출간하면서 코페르니쿠스의 가설을 충분히 검증하기 위해서는 17세기 말까지 기다려야만 했다. 뉴턴 패러다임이 정치 및 종교 분야에서 실질적인 영향력을 행사하기 위해서는 또다시 한 세기를 기다려 계몽주의시대가 도래해야만 했다.

이처럼 새로운 패러다임이 정립되기 위해서는 많은 시간이 소요된다. 그러나 과학사상과 '세계관(Weltanschauung)'에서 발생하는 혁명 역시 갑작스럽게 이루어지는 것은 아니다. 다시 말해서 과학적 사유의 혁명은 청천벽력처럼 발생하는 것이 아니라 기존의 개념을 수정하고 개발하는 일련의 과정 속에서 점진적으로 성취되는 것이 통례다. 앞에서 얘기했던 것처럼 코페르니쿠스가 자신의 태양중심설을 최초로 착상했던 것은 아니다. 코페르니쿠스는 태양중심설의 아이디어를 사모스의 아리스타르코스의 이론을 기록한 아르키메데스의 리포트에서 발견했다. 그보다도 먼저 피타고라스는 지구와 천체가 우주의 중심에 존재하는 '중심의 불(Central Fire)' 주위를 돈다는 생각을 갖고 있었다. 코페르니쿠스의 천문학체계가 프톨레마이오스의 흔적을 완전히 떨쳐버린 것도 아니었다. 코페르니쿠스는 여전히 프톨레마이오스의 주전원 개념을 사용했기 때문이다. 갈릴레오는 자신이 새롭게 구상한 관성과 운동량 개념을 14세기 뷔리당이 정교하게 가다듬었던 임페투스 이론에 접목시켰다. 더욱이 새로운 패러다임은 물질의 구조에 관한 독특한 신념을 여전히 견지했다. 그것은 레우키포스와 데모크리토스의 오래된 이론으로부터 채택한 아이디어였는데, 인력에 따라 상호작용하는 물체를 질점(mass-points)으로 간주하는 아이디어가 바로 그것이다. 그뿐만이 아니다. 19세기에 개발된 전자기학 이론과 20세기 초반에 출현한 아인슈타인과 양자역학 이론가들의 새롭고 혁명적인 아이디어 사이에서도 어떤 중요한 측면에서는 과학적 사유의 연속성이 그대로 유지되었다.

19세기 말쯤 뉴턴 패러다임에 입각해서 연구를 수행하던 과학자들은 이론상의 변칙과 모순 때문에 심각한 난관에 직면했다. 막스 플랑크가 작용양자(quantum of action)를 발견하고 아인슈타인이 상대성이론을 발표하면서 당시까지 통용되던 개념적 도식을 뒤흔든 몇몇 모순을 제거할 수 있었다. 이를 계기로 우주의 본성 개념을 또다시 수정한 새로운 패러다임을 정립할 수 있었다. 이렇게 등장한 패러다임이 물리학과 물리학적 우주론에 행사한 영향력은 엄청난 것이었으며, 그 여파는 생물학에도 침투하기 시작했다. 그러나 그 밖의 학문영역에서는 새로운 패러다임의 영향력을 아직까지 느낄 수 없는 형편이다. 오히려 도덕과 사회적 관계, 경제학과 정치학 등의 영역에서는 아직까지도 뉴턴의 사고방식이 결정적인 영향력을 행사한다. 더욱 심각한 문제는 철학의 영역에서 확인할 수 있는데, 20세기 새로운 물리학의 영향력이 (사무엘 알렉산더, 알프레드 노스 화이트헤드 등과 같은 철학자의 형이상학 체계에서) 뿌리를 내리기 시작한 바로 그 시점에 대부분의 철학자들은 18세기의 사유양식으로 퇴행하는 모습을 보여주었다는 사실이다. 20세기 철학자들의 이러한 반동적인 태도는 과거의 과학혁명 시기에서는 도저히 비슷한 사례를 찾아볼 수 없는 기이한 역사적 이변이었다. 설혹 앞에서 확인한 것처럼 새로운 패러다임이 사회 각 분야의 사고방식과 행동양식에 침투하기까지는 매우 오랜 시간이 소요

---

9) 이 책은 2000년도에 출간되었다. ─옮긴이.

된다는 사실을 인정한다고 하더라도 그들의 반동적 태도가 시대착오적 이변이었다는 사실에는 이견이 있을 수 없다.

하지만 20세기 말의 오늘날 세계 상황은[9] 뉴턴의 과학혁명이 발생했던 17세기 상황과 근본적인 차이가 있다. 과거에는 유럽의 문화가 동아시아의 종교 및 철학에 거의 영향을 미치지 못했으며, 오히려 동아시아의 문화가 유럽에 영향을 미쳤다는 표현이 더욱 정확하다고 할 수 있다. 동아시아 사상은 대체로 유럽 사상보다 더욱 신비적이고 전일적인 성격을 띠었으며, 뉴턴 과학이 서유럽 이외의 지역에 행사한 초기의 영향력은 지극히 미미한 것이었다. 더욱이 이런 사실과 관계없이 아리스토텔레스 과학과 그것이 철학과 종교에서 이룩한 성취가 절정에 달한 시기에도 인류의 복지와 문명을 위협한 적은 결코 없었다. 따라서 코페르니쿠스 혁명이 두 세기에 걸쳐 서유럽의 문화 전반에 스며들었다는 사실이 무시무시한 결과를 초래하리라고는 아무도 예상하지 못했다. 그러나 뉴턴 과학은 코페르니쿠스 혁명보다 훨씬 더 광범위한 영역에 걸쳐 영향력을 행사했다.

코페르니쿠스 혁명이 발생했던 시기와 거의 같은 시기에 지구가 둥글다는 새로운 해석에 자극받은 유럽인들은 바다와 신대륙을 탐험하면서 유럽문화의 영향력을 널리 확산시켰다. 이후 유럽이 서반구와 남반구 전 지역과 인도 및 중국 등을 식민지로 삼으면서 유럽문화를 더욱 확산시켰다. 그런 와중에 뉴턴 패러다임은 풍부한 결실을 거두었다. 약 2세기 동안 눈부시게 발전한 과학은 전례가 없는 기술개발을 가능하게 함으로써 산업혁명과 각종 기계적 발명의 원천을 제공했다. 이로 인해 모든 종류의 생산능력이 엄청나게 증가하고, 이동 및 통신수단이 혁명적으로 변화하게 되었다.

결국 유럽문화는 지난 수세기 동안 지구 전체를 감싸 안았고, 산업화가 덜 된 아메리카 대륙, 아시아, 아프리카, 호주 등지에 산재한 국가들의 생활양식을 지배했다. 유럽인의 사고방식과 교육, 예술, 철학 등이 세계 각 지역의 상이한 풍습에 침투해 들어갔다. 특히 중요한 것은 유럽의 기술과 경제제도가 세계 전체를 점령했다는 사실이다. 이처럼 유럽이 전파한 사회질서의 모든 측면에는 르네상스의 과학적 개념과 뉴턴 패러다임에 입각해서 형성된 사유의 습관이 깊숙하게 배어 있었으며, 이제는 그 여파가 전 세계로 확산된 상태에 있다. 그런데 뉴턴 패러다임은 현재의 시점에서 볼 때 인류 문명의 생존을 전면적으로 위협할 만큼 광포한 효과를 자아내고 있다. 즉 그것은 참혹한 세계전쟁을 유발하고 지구환경 전체를 파괴하면서 인간이란 동물과 지금까지 그 인간이 성취한 모든 업적은 물론 지구상에서 살아갈 모든 생명체의 생존을 끔찍하게 위협하고 있는 것이다.

그러나 이처럼 우울한 전망이 꼭 불가피한 것만은 아니다. 20세기의 새로운 패러다임은 분할할 수 없는 하나의 전체라는 자연 개념을 제시했다. 이런 전체론(holism)을 무시할 경우 첨단 과학기술에 기초한 현대인의 파괴적 행동 관행은 더욱 기승을 부릴 것이다. 인류가 이처럼 새로운 자연개념을 진심으로 받아들이고, 그것에 바탕을 둔 전체론적 사유의 습관이 윤리, 사회, 경제, 정치 등 각 분야의 행동 패턴에 점차 녹아 들어갈 때 근대 기술 문명의 부정적 효과를 중화시킬 수 있을 것이다. 역사의 전형적인 진행과정을 놓고 볼 때, 20세기에 들어서면서 새롭게 출현한 아이디어는 현재 통용되는 생활방식에 점진적으로, 그리고 지극히 천천히 침투해 들어가기 마련이다. 그러나 현재 지구의 생태환경은 매우 빠른 속도로 파괴되고 있기 때문에 그런 추세를 시급히 저지하지 않는다면 조만간(이미 그런 사태에 직면하지 않았다면) 돌이킬 수 없는 사태에 직면하고 말 것이다. 인류 문명과 인간의 삶 그 자체가 가까운 미래에 사라지는 것을 방지할 수 있으려면 눈에 띄지 않게 천천히 진행하기 마련인 전형적인 역사적 과정을 앉아서 지켜볼 수만은 없다. 우리가 인류 문명을 구원할 수 있는 수단을 어쨌든 인지했다면 구원 수단은 이미 확보된 것이나 마찬가지다. 앞으로 인류 문화를 계속 생존시키려면 어떻게 해서든지 20세기 자연과학 패러다임에 내재한 새로운 아이디어의 확산을 계속 진작시켜야 하고, 그런 아이디어가 근대의 (또는 탈근대의) 사유 습관에 빠른 속도로 침투해야만 한다.

바로 이것이 내가 이 책에서 상세하게 검토하려는 주제이다. 먼저 뉴턴 패러다임의 구체적 의미와 그것의 사회적 귀결을 검토할 것이다. 또한 뉴턴 패러다임이 이미 생명력을 다했는데도 불구하고 계속 버티면서 현대 문명을 역사상 유례가 없는 위기로 빠뜨린 실상을 검토할 것이다. 이어서 아인슈타인과 하이젠베르크의 자연과학적 혁명에 함축된 의미가 기존의 개념적 도식에 내포된 파괴적 성향을 역전시킬 수 있다는 사실을 보여주기 위해 노력할 것이다. 물론 아인슈타인과 하이젠베르크가 성취한 자연과학적 혁명의 의미를 단순히 지적하거나 강조하는 데 머물지 않고, 세상 사람들이 그 중요성을 널리 인정하고 그로 인해 세상을 바라보는 그들의 시각에서 혁명적 변화가 일어나게 하는 방법을 제시하기란 쉽지 않은 일이다. 그러나 분명한 것은 가까운 미래에 그러한 인식이 광범위한 영역에 걸쳐 확산되지 않고, 그에 상응하는 변화가 우리의 사유의 습관에서 발생하지 않는다면 인류의 미래에 대한 장기적 전망은 지극히 암울할 수밖에 없다는 사실이다.

paradigm

+

thinking

제2장

뉴턴 패러다임

16세기 코페르니쿠스 혁명을 계기로 출현한 세계관은 거대한 기계에 비유할 수 있는 물리적 우주로 구성되었다. 갈릴레오가 역학이라는 학문 자체의 선조였다. 그리스인들이 설명하고자 했던 것은 운동이 아니라 영속성과 관련된 변화였으며, 그리스인들에게 운동이란 단지 특별한 종류의 변화에 지나지 않았다. 예컨대 아리스토텔레스는 운동을 장소의 변화나 가능태와 현실태 사이의 교체과정 등으로 설명했다. 힘에 관한 이론적 개념 역시 알고 있기는 했지만, 아주 어렴풋이 이해하고 있었을 뿐이며, 그것도 그리스 과학의 발전 과정에서 후기에 이르러서야 겨우 이해할 수 있었다. 그리스에서 이해한 힘의 개념이란 단순히 어떤 요소들의(예컨대 공기와 물, 지구 같은 경우는 충격) 작용으로 발생하는 압력의 효과를 의미했으며, 그런 개념은 (물시계처럼) 어떤 유용한 도구를 만들 때 명백하게 확인할 수 있는 것처럼 보였다. 그러나 고대 그리스 시대에는 수학으로 표기된 역학이 아직 존재하지 않았다.

그러나 코페르니쿠스 이후 활동한 케플러와 같은 천문학자들은 행성 궤도를 수학적으로 정의하고자 노력했으며, 갈릴레오는 낙하하는 물체와 비행하는 미사일의 운동을 지배하는 수학적 법칙을 발견하기 위해 경사면에서 공을 굴려 내리는 실험을 했다. 케플러와 갈릴레오 등의 연구결과를 체계화한 뉴턴은 지상의 운동과 하늘의 운동에 동일하게 적용할 수 있는 역학체계를 발전시켰다. 당시 물리적 우주는 하나의 거대한 기계로 간주되었다.

뉴턴의 물리학적 세계관에서 확인할 수 있는 가장 중요한 특징은 기계론이며, 기계론적 세계관의 독특한 구성요소는 물질과 운동이었다. 따라서 뉴턴의 사고방식은 기본적으로 물질주의적 성격과 기계론적 성격을 동시에 갖고 있었다. 17세기의 사상가들이 볼 때 객관적인 세계는 특정의 힘 때문에 고정된 법칙에 따라 이동하는 물질적 부분들의 체계로 구성되었다. 뉴턴 이론에서 기계는 관찰자인 정신과 아무런 관계가 없는 것으로 가정되었다. 이처럼 기계와 정신이 외적 관계(externality)에 있었기 때문에 뉴턴 이론은 객관성을 확보할 수 있었다. 요컨대 뉴턴 이론의 본질적 성격은 물질중심주의와 기계론적 구성, 즉 질량과 측정가능성이었다.

뉴턴 이론에서 물질은 내적 힘(vis insita)이나 외적 힘(vis impressa)의 영향으로 시간과 공간의 지평을 다양한 속도로 이동하는 물체들의 분포로 간주된다. 여기에서 가장 중요한 것은 모든 물체가 본래부터 지닌 인력인데, 각 물체는 이런 인력에 의해 서로 끌리게 된다. 이때 물체 사이에 작용하는 인력의 크기는 질량의 곱에 비례하고, 각 물체의 중심에서부터 측정한 물체 간의 거리의 제곱에 반비례한다. 뉴턴은 복잡한 계산을 단순화시키기 위해 모든 물체의 궁극적 본성을 질점으로 간주했으며, 물질의 일반적 성질을 미립자로 간주했다.

이러한 뉴턴의 기계론적 세계관으로부터 세 가지의 중요한 결론을 도출할 수 있다. 첫째, 공간은 모든 물체가 존재하고 이동하는 하나의 거대한 수용자(receptacle)로 간주되는데, 그것은 영원불변하고 완전무결한 성격을 띤다. 이와 비슷하게 시간도 연속해서 발생하는 사건이 외부의 어떤 조건으로부터도 제약받지 않은 채 일정하게 흐르는 것으로 간주된다. 둘째, 원자론적 시각에서 모든 물질은 미립자로 구성되었다고 가정한다. 셋째, 각각의 물체(나 미립자)는 상호 분리되어 독립적으로 존재한다고 가정하고, 그들 간의 관계는 (서로 인력이 작용함에도 불구하고) 순전히 외적인 것(entirely external)으로 파악한다. 이러한 연구태도를 수용할 때 환원주의가 적절한 과학적 설명방식으로 권장될 수밖에 없다. 여기에서 환원주의란 모든 종류의 복잡한 현상을 최대한 단순한 요소들로 환원하고, 그런 요소들을 개별적으로 검토한 다음, 요소들 사이에 존재하는 관계를 검토하는 방식을 의미한다.

기계론적 우주에 관한 지식이 신뢰를 획득할 수 있으려면 모든 종류의 주관적 감정을 배제한 채 철저하고 냉정하게 연구해야만 했다. 즉 인간의 자의적 조작과 희망적 사고를 배제하고, 최대한 정확한 관찰과 측정에만 의존해야 세상을 제대로 탐구할 수 있다고 보았다. 그래서 뉴턴은 "나는 가설을 세우지 않는다(Hypotheses non fingo)”는 모토를 주창했다. 관찰자는 말하자면 제3자의 입장에서 세상을 조사해야 했다. 마치 사람들이 창문을 통해 세상의 풍경을 바라보고, 망원경을 통해 하늘을 관찰하듯이 말이다. 따라서 외부의 (객관적) 세계에는 관찰자가 들어설 자리가 존재하지 않으며, 객관적 세계를 지배하는 기계론적 법칙 역시 인간의 의식이나 정신현상의 사건을 설명할 수 없게 된다. 그 결과 물질과 정신 사이에는 건널 수 없는 심연이 가로놓이게 되었고, 양자 간의 관계는 더 이상 이해할 수 없는 신비한 관계로 남아 있게 되었다. 아울러 모든 과학적 지식으로부터 가치를 배제할 것을 요구했는데, 가치는 (수량과 달리) 객관적 현상으로 간주할 수 없을 뿐만 아니라 측정할 수도 없다고 보았기 때문이다.

갈릴레오가 일차성질과 이차성질을 구분했을 때부터 이러한 물질과 정신의 분리는 이미 예고되어 있었다. 갈릴레오는 오직 측정할 수 있고 수량으로 계산할 수 있는 것만을 인간의 외부에서 객관적으로 존재하는 물체의 고유한 성질로 간주했다. 따라서 그는 『시금자』(試金者, *Il Saggiatore*)에서 과학이 사용하는 언어는 수학이라고 주장하고, 수학으로 표현할 수 없는 모든 질적 특성은 인간의 외부에서 객관적으로 존재하는 물체에다 우리의 감각기관이 덧칠한 주관적 산물에 지나지 않는다고 보았다.

기계론적 세계관의 또 다른 특징은 목적론적 설명을 전면적으로 부정한 것인데, 이런 특징은 기독교 세계관이 지배한 중세시대가 근대로 이행하는 시기에 특히 강조되었다. 베이컨은 목적론적 설명을 풍자해서 아이를 낳을 수 없는 베스타의 제녀(vestal virgin)에 비유했다. 모든 설명은 역학의 법칙에 따라 결정되는 작용인

(efficient causation)만 갖고서 이루어져야 하며, 그럼에도 불구하고 목적인(final causes)을 가정한다는 것은, 마치 몰리에르의 시시껄렁한 얘기에서 아편은 최면을 유발하는 성향을 지녔기 때문에 잠을 유발한다고 말하는 것처럼, 이미 알고 있는 것을 되풀이하는 공허한 주장과 다를 바 없다고 보았다.

지금까지 논의한 내용을 요약하면 뉴턴 패러다임은 다음과 같은 특성을 지닌다.

1. 절대시간과 절대공간의 프레임
2. 물질주의와 기계론
3. 원자론
4. 환원주의
5. 모든 관계는 외적으로만(external) 존재한다는 가정
6. 선입관이 없는 관찰과 주관적 가치가 배제된 과학의 요구
7. 목적론적 설명의 거부
8. 물질과 정신의 완전한 분리

형이상학과 인식론

기계론적 자연관은 철학에 매우 심각한 문제를 제기했다. 과학자들은 가장 신뢰할 수 있는 유일한 탐구방법은 관찰과 실험이라고 선언했다. 그러자 곧바로 다음과 같은 문제가 제기되었다. 어떻게 그리고 왜 그렇다는 말인가? 어떻게 관찰을 통해 사실을 기술할 수

있다는 말인가? 어떻게 인간 외부의 객관적 세계가 인간의 마음속에서 재현될 수 있다는 말인가? 우리가 지각한 것이 외부의 객관적 세계와 일치한다는 사실을 어떻게 확신할 수 있는가? 이렇게 해서 지식의 문제가 처음으로 분명하게 제기되었다.

지식의 문제에 대한 답변은 정신과 신체의 관계, 그리고 물질과 정신의 관계에 의존할 수밖에 없었는데, 크게 세 가지의 선택지가 있었다. 첫째는 큰 틀에서 이원론의 구도를 유지하는 방법인데, 이 경우 물질세계에 대한 우리의 경험을 신이 중재하고 보증함으로써 우리의 지식이 성립한다. 둘째는 정신을 물질로 분해시켜 거대한 기계에 통합시키는 방법이고, 셋째는 그와 반대로 물질을 정신으로 분해시켜 모든 실재를 이념의 산물로 간주하는 방법이다. 이런 선택지들은 모두 한 시대를 풍미하는 철학으로 등장한 바 있지만, 이들 중 어떤 선택지도 당면한 문제를 만족스럽게 해결하지 못했다.

데카르트는 의심스런 의견은 모두 거부하면서 인간의 깨어 있는 의식이 인간 외부의 객관적 세계를 실제로 반영한다는 통념에 의문을 제기했다. 깨어 있는 의식으로부터 꿈꾸는 의식을 확실하게 구분할 수 있는 방법은 무엇인가? 명백한 진리의 원천과 기준은 무엇인가? 데카르트의 답변은 생각하는 사람이 존재한다는 사실 그 자체는 적어도 의식이 살아 있는 동안 자기모순에 빠지지 않고서는 의심하거나 부정할 수 없다는 것이었다. 다시 말해서 모든 지식의 산출을 가능케 하는 의심할 수 없는 지식의 기초를 '자아(ego)'가 존재한다는 사실 그 자체에 두었다. 이처럼 데카르트가 확고부동한 지식의 출발점을 확보하게 되자 다음과 같은 결론이 자연스럽게 도출되었다. 첫째, 지식의 판별기준은 명석함(clarity)과 판명함(distinctness)이다. 둘째, 지식을 산출하는 올바른 방법은 먼저 복잡한 사물을 간단한 부분('단순한 본성', 'simple natures')으로 분석한 다음, 그들로부터 단계적으로 확실한(명석하고 판명한) 추론('연역', *deductio*)을 수행하라. 그러나 데카르트는 '자아'를 고립된 '나'로 간주했다. 우리는 데카르트의 이러한 고립된 자아 관념과 사물의 단순한 본성에 대한 사고방식으로부터 그 당시 유력했던 패러다임의 원자론과 환원주의를 읽어낼 수 있다.

데카르트는 자신의 마음속에서 물리적 사물에 관한 관념과 유사한 통념을 체험할 경우 혼돈이 발생한다는 사실을 인정했다. 그러나 그는 우리의 감각기관을 통해 지각한 관념은 믿을 수 없다는 사실을 발견했다. 그렇다면 우리의 지각이 물질적 실재를 우리에게 재현해준다는 사실을 어떻게 확신할 수 있는가? 결국 그는 외부의 객관적 세계에 대한 우리의 지식이 진리라는 사실을 보증하기 위해 신의 진실성에 호소하는 방법을 택했다. 그가 생각할 때 관념 중에는 우리 자신이 만들지 않은 관념이 항시 존재하기 마련인데, 그렇다면 그런 관념은 우리 자신이 아닌 어떤 다른 존재의 '정신적 능력(faculty)'을 통해서만 만들어질 수밖에 없었다. 그는 자기 자신이 확실하게 존재한다는 사실로부터 신 역시 확실하게 존재한다는 사실을 다음과 같이 도출해냈다. 즉, 그는 자신이 불완전하고 유한한 존재라는 사실을 알고 있는데, 이는 그가 자신의 마음속에서 완벽한 존재라는 관념을 반드시 갖고 있다는 사실을 의미하며(그래야만 그렇게 완벽한 관념으로부터 자신의 불완전한 관념을 도출해

낼 수 있기 때문이다), 그런 완벽한 관념이 존재하기 위해서는 반드시 그것을 생산하는 완벽한 존재를 전제해야만 한다. 더욱이 그는 자신이 유한하고 불완전한 존재라는 사실을 인정한 만큼, 그 자신의 '자아'를 구성하는 '형상적 본질과 우월적 본질("formal and eminent essence")'을 넘어서는 '객관적 본질("objective essence")'의 관념(즉, 자신의 마음에 나타난 그것의 이상적 본성)과 같은 완벽한 관념의 원인을 제공할 수는 없었다. 따라서 그가 가진 신에 대한 관념은 '객관적으로' 완벽한 관념의 원인이 되기에 적합한 '형상적이면서 우월적인' 존재, 즉 신 그 자신만이 제공할 수 있었다.

데카르트는 정신과 물질 간의 분리 역시 다시 확인했다. 첫째, 그는 먼저 인간(자기 자신까지 포함해서)의 외부에서 존재하는 물체의 존재에 관한 의심을 완전히 제거하고자 했지만, 그의 의식적 마음이 존재한다는 사실을 확립한 "나는 생각한다. 고로 존재한다(*cogito ergo sum*)"라는 명제의 선언만으로는 그런 의심을 곧바로 없앨 수 없었다. 데카르트의 말로 표현할 때, "사유라는 관념은 모든 구체적 사물에 선행하면서 가장 확실하게 존재한다. 우리는 여전히 세상에 어떤 사물이 존재하는지를 의심하지만, 우리는 이미 우리가 그렇게 생각한다는 사실을 지각하기 때문이다."[1]

둘째, 그는 신의 진실성에 대한 자신의 확신에 의존해서만 세상을 지각한 지식의 진리성을 확신할 수 있었다. 신은 완벽해서 우리

---

1) R. Descartes, *Principles of Philosophy*, Part 1, viii, in *The Philosophical Works of Descartes*, vol. 1, ed. E. S. Haldane and G. R. T. Ross (Cambridge: Cambridge University Press, 1931), p. 221.

가 명석하고 판명하게 지각한 것이 우리를 속이도록 놔두지 않는다고 보았기 때문이다. 그러나 물질적 사물의 경우에는 물질의 수학적 속성(즉 물질의 일차성질)에서만 이런 진리성을 확신할 수 있다고 보았다. 그런 다음 그는 '사유(Thought)'와 '연장(Extension)'은 완전히 분리되었고, 양자는 상이한 실체(substances)이며, 양자 모두 신이 창조했다고 선언했다. 그러나 이들이 만일 독립적이거나 자립적이지 않다면 우리들 내부에서 이들의 관계는 송과선(pineal gland)[2]의 기능에 관한 의심스런 사변 속에서 어렴풋이 예시되고 있었을 뿐이다.

여기에서 우리가 주목해야 할 것은 물질이 정신으로부터 분리되었을 뿐만 아니라, 신 역시 자신이 창조한 세계로부터 분리되었다는 사실이다. 엔지니어와 정비사가 인간이 사용하는 기계를 만들었듯이 기계론적 우주는 신이 창조한 것으로 간주되었다. 신은 한편으로는 신성한 건축가 내지 엔지니어였고, 다른 한편으로는 자신이 이성의 빛을 부여한 인간 정신의 창조자였다. 데카르트는 동물의 신체를 포함한 여타의 모든 신체처럼 인간의 신체를 단순한 오토메이션으로 간주했다. 그러나 (동물의 신체와 달리) 인간의 신체에는 자유로운 합리적 의지가 작동하고, 영혼이 송과선을 통해 신비스럽게 상호작용을 하는 가운데 그런 행동을 지휘한다고 보았다.

데카르트로부터 영향을 받은 학자들은 데카르트가 제시한 이원

---

2) 데카르트는 정신과 신체를 서로 분리된 것으로 간주한 후, 당시의 해부학적 지식을 토대로 좌우 대뇌 사이의 내분비 조직인 송과선에서 정신과 신체가 만난다고 생각했다. 그러나 송과선은 밤낮의 생체리듬에 관여하는 조직일 뿐이다. ─옮긴이.

론을 극복하기 위해 많은 노력을 기울였다. 스피노자 같은 경우는 '사유'와 '연장'을 신의 속성으로 축소하고, 신의 실체 내에서 사유와 연장의 유한한 양태는 동일하다고 간주함으로써 이원론을 극복하고자 했다. 반면 라이프니츠는 비물질적 영혼으로 간주된 원자론적('창이 없는', 'windowless'.) 모나드 간의 관계라는 다소 혼란스런 관념으로 축소해서 연장을 이해하는 방식을 취했다. 스피노자는 옳건 그르건 지금까지 물질주의자로 간주되었고, 본인 스스로는 결정론자로 자처했다. 그러나 사실은 물질주의자나 결정론자 가운데 그 어떤 표현도 스피노자에게 딱 들어맞지는 않는다. 뉴턴 패러다임이 스피노자의 사상에 지대한 영향을 미쳤지만, 스피노자는 그것을 넘어서는 데 상당 부분 성공했다. 라이프니츠는 정신과 물질의 양극에서 보다 분명하게 정신 쪽으로 기운 측면이 있으며, 그런 노선에서 후대의 사상가들에게 많은 영향력을 행사했다. 그러나 자신의 사상에서 당대의 원자론적 경향성을 완전히 배제하지는 못했다. 그렇지만 그 역시 뉴턴 패러다임을 어느 정도 극복했다고 평가할 수 있는데, 그가 그럴 수 있었던 까닭은 뉴턴 패러다임에 내재된 형이상학적 난점을 예리하게 통찰하고, 목적인(final causes)과 실체형상(substantial forms)을 다시 복원함으로써 그런 난점을 극복하고자 했기 때문이다. 우리는 조만간 이런 철학적 운동이 먼 후대의 철학적 개념의 개발을 예고했다는 사실을 확인하게 될 것이다.[3]

그러나 영국의 경험론자들은 르네상스 과학의 전제를 가장 전

---

3) 제6장 중 "새로운 패러다임을 예견한 철학자들" 참조. — 옮긴이.

형적으로 표현했다. 예컨대 홉스는 분명하고 적극적인 태도로 물질주의자의 입장을 옹호했으며, 모든 정신 현상을 물질과 운동으로 환원하고자 노력했다.

우주는 모든 사물을 구성하는 질료 전체를 말하는데, 그런 우주는 물질적인 것, 즉 물체로 구성되었으며, 길이, 폭, 깊이 등과 같은 크기의 차원을 갖고 있다. 또한 물체의 모든 구성 부분은 물체 그 자체와 동일한 성질을 지녔으며, 양자가 지닌 크기의 차원 역시 마찬가지다. 따라서 우주를 구성하는 모든 부분은 물체로 되어 있으며, 물체가 아닌 것은 우주의 구성요소가 아니다.[4]

여기에서 우리는 보편적 물질주의의 주장뿐만 아니라 오직 일차성질의 실재, 즉 크기의 차원만을 인정하겠다는 홉스의 의지를 추론해낼 수 있다. 따라서 인간이 지각할 수 있는 성질은 '환상' 에 지나지 않는 것으로 간주되었다.

'지각할 수 있는 것' 이라고 부를 수 있는 모든 성질은 그런 성질을 발생시키는 감각기관의 산물이다. 그러나 수없이 많은 물질의 운동은 우리들의 감각기관을 다양하게 압박한다. 우리들 내부에서 압박을 받는 것도 다른 어떤 것이 아니라 단지 물질의 다양한 운동일 뿐이다.[5] (왜냐하면 운동은 단지 또 다른 운동을 초래할 뿐이기

---

4) Thomas Hobbes, *Leviathan* (Oxford: Clarendon Press, 1943), p. 524.
5) 원문은 "Neither in us are they anything else, but diverse motions," 로 기록되어 있다.
   그러나 『리바이어던』에는 "Neither in us that are pressed, are they anything else, but

때문이다.) 그러나 물질 운동의 효과가 우리들 앞에 나타날 때 그것
은 '환상' 에 지나지 않는다. 우리가 깨어 있을 때건 꿈꾸고 있을 때
건 사정은 마찬가지다.[6]

그러나 홉스는 '환상' 의 본성에 관해서는 전혀 설명하지 않았
고, 단순한 운동이 어떻게 '발생하고', 그렇게 발생한 것이 무엇인
지도 설명하지 않았다.

홉스가 해결하지 않았던 인식론적 문제는 로크의 설명 방식에
서 더욱 분명한 형태로 드러났다. 로크는 당시 통용되던 전제에 입
각해서 이론을 개발했는데, 그 이론은 그가 수용한 전제 위에서는
해결할 수 없는 문제에 연루되고 말았다. 로크가 수용한 전제는 당
대의 과학적 패러다임이 규정한 것인데, 그가 그 전제로부터 도출
한 결론을 그 자신이 미처 깨닫지 못하는 이론적 모순을 드러냈다.
그러나 로크의 사상을 계승한 학자들은 그런 모순을 제거하기 위해
적극적으로 노력했다.

로크는 『인간오성론』 서문에서 정신의 물리적 측면은 다루지
않겠다고 공언했지만, 그 역시 홉스와 같은 입장을 취하면서 다
음과 같이 말했다. "(우리의 외부에 있는 사물에서 시작된) 어떤
운동은 우리의 신경이나 동물의 정신, 또는 우리의 신체 중 어떤
부분을 매개로 우리의 두뇌나 감각기관의 장소로 전달될 텐데,
바로 그때 우리가 그 운동에 관해서 소유한 관념이 우리의 정신
에서 생산되는 게 틀림없다."[7] 그러나 로크 역시 이러한 물리적

---

divers motions;" 로 기록되어 있다. 번역은 후자를 참조했다. — 옮긴이.

6) Ibid., pp. 11ff.

운동이 어떻게 관념으로 전환될 수 있는지를 전혀 설명하지 않았다. 따라서 신체와 정신 사이의 건널 수 없는 심연이 여전히 방치되었다.

한편, (감각기관이나 반성적 사유의) 단순관념이 모든 지식의 최초의 원천이자 출발점이라는 로크의 주장에서 우리는 원자론의 흔적을 확인해볼 수 있는데, 그런 원자론은 흄의 사상에서 분명하게 드러났다. 로크는 사물 속에 있는 힘이 우리의 감각기관에 영향력을 행사하면서 단순관념이 생긴다고 말했다. 이런 힘들이 이른바 자극을 받은 물체의 성질들이다. 사물 그 자체에서는 단순관념과 사물이 서로 긴밀하게 결합되어 있기 때문에 그들을 구분하기가 쉽지 않다. 그러나 우리의 정신에서 작용하는 단순관념 자체는 서로 분명하게 구분되고, 각자 분리되어 있으며, 단순하고 순수한 형태를 취한다(로크의 이런 주장은 흄의 사상이 전개되는 과정에 심대한 영향을 주었다).

로크는 이런 관념이 경험을 통해 획득되며, 경험 이전의 정신을 "어떤 특성도 갖지 않은" 백지와 같은 것으로 간주했다. 로크는 정신이 감각지각으로부터 단순관념을 받아들이기 이전에는 텅 빈 캐비닛이나 어두운 방과 다를 바 없으며, 창문을 통해 빛이 들어가는 것처럼 인간의 감각기관을 통해 지식이 정신으로 들어간다고 단언했다. 따라서 감각지각이 외부 세계의 지식을 제공하는 최초의 유일한 원천이며, 결국 최종적으로 드러난 것처럼 실재에 관한 진실성을 테스트할 수 있는 유일한 수단도 감각지각뿐이라고 주장했다. 이렇게

---

7) John Locke, *An Essay Concerning Human Understanding*, ed., A. C. Fraser (Oxford: Clarendon Press, 1894), book 2, chapter 8, paragraph 12.

해서 객관적 사물은 인간의 정신 외부에 존재하게 되었고, 세상을 인식하는 주체는 객관적 사물 그 자체와 전적으로 무관하게 되었다.

로크는 우리에게 일차성질이란 그것이 한정하는 물체와 분리할 수 없는 것이라고 말했다. 일차성질의 사례로는 견고함, 연장성, 형태, 운동이나 정지, 숫자 등을 꼽을 수 있는데, (로크가 볼 때) 우리가 소유한 관념은 이런 일차성질을 정확하게 복사한 것이었다. 하지만 로크나 그 누구도 이런 사실을 어떻게 발견했는지는 밝히지 않았다. 일차성질은 물체의 진정한 내적 본성에 따라 결정되는데, 그런 본성은 우리가 지각할 수 없는 물체의 미세한 분자들에 내재한 것이었다. 따라서 로크 역시 물질의 독특한 구조를 원자로 파악하는 신념을 견지했으며, 그런 원자의 가장 중요한 특징은 측정할 수 있고 숫자로 표기할 수 있다는 것이었다. 그 밖의 모든 성질, 예컨대 뜨거움, 차가움, 색깔, 소리, 맛, 냄새 등은 이차성질에 지나지 않았다. 이런 성질은 우리가 지각할 수 없는 물체의 미세한 분자들이 우리의 감각기관에 작용함으로써 생성된 성질이며, 물체 그 자체에는 이차성질과 유사한 것이 전혀 존재하지 않는다는 게 로크의 생각이었다. 따라서 이차성질은 순전히 정신의 산물이었다.

일차성질과 이차성질을 준별하는 입장에서 출발한 로크는 다음과 같은 결론에 도달하지 않을 수 없었다. 첫째, 우리는 우리들 자신의 관념만을 알 수 있을 뿐이다. 둘째, 관념의 진실성을 판별하는 기준은 관념들 상호간의 정합성이다. 그러나 그는 곧바로 자신의 결론과 상충하는 상황에 직면했다. 우리의 관념과 사물의 실재가 서로 일치할 때만이 사물이 실제로 존재한다는 지식이 성립할 수 있다고 주장했기 때문이다. 그러나 그가 이미 인정했던 것처럼 우리는 관념의 매개를 통해서만 사물이 존재한다는 사실을 알 수 있을 뿐이다. 따라서 로크의 이론에 따를 때 관념과 사물의 일치 여부를 판단하는 문제는 우리의 능력을 벗어나는 일이었다.

버클리와 흄은 로크의 출발점을 포기하지 않은 상태에서 로크의 이론적 입장을 발전시켜 로크가 직면했던 모순을 해결하고자 했다. 버클리의 경우 외부의 객관적 세계를 모두 포기하고, 모든 실재를 관념으로 간주함으로써 로크의 모순을 해결하고자 했다. 그러나 그는 관념들이 서로 분리되어 고립된 상태로 존재하기 때문에 설혹 특정 사물에 대한 관념이 동일한 종류의 다른 사물을 지칭하는 데 사용될 수 있더라도 관념 그 자체가 추상적 성격을 띨 가능성은 없다고 주장했다. 따라서 그는 관념들 간의 필연적 관계 같은 것은 존재하지 않는다고 보았으며, 단지 관념은 비활성 상태로 존재하기 때문에 원인으로 기능할 수도 없다고 주장했다. 요컨대 버클리는 로크의 입장에서 출발해서 훗날 흄의 철학을 통해 완성된 심리학적 원자론을 개발했다. 버클리에 따르면 우리가 소유한 관념은 (신이 명령한 '자연의 확립된 질서'에 따라) 질서정연하게 발생하기만 한다면 (단순히 '상상 속에서 조작된 섬광'이 아니라) 확실하게 신뢰할 수 있는 것이다. 바로 여기에서 버클리는 다시 한 번 진리의 표준을 제시하기 위해 해결사(deus ex machina)를 요청하고 있다. 그러나 우리는 신의 마음을 알 수 없으며, '확립된 질서'라는 것도 단지 경험을 통해서만 알 수 있을 뿐인데, 이로부터 관념들 간에 필연적 관계가 존재하지 않는다는 사실을 확인할 수 있다. 따라서 버클리가 제시한 진리의 표준은 신뢰할 수 없는 표준에 지나지 않는다.

한편, 흄은 당대의 지적 조류에 따라 인간에 대한 학문의 확실한 토대는 실험과 관찰뿐이라고 주장했다. 그는 "실험철학을 자연현상에 응용한 다음에 실험철학을 도덕적 인간에 응용해야 한다는 착상은 지극히 당연한 생각이다"[8]라고 말했다.

흄은 로크의 단순관념을 단순인상이라는 개념으로 대체한 후, 관념이란 단순인상을 희미하게 복사한 것이라고 주장했다. 관념들은 인간의 경험이 축적되는 동안 다양하게 연합하고, 인간의 상상력을 통해 결합된다고 보았다. 그는 지식을 관념들 간의 관계에 대한 직관과 사태에 대한 이해로 대별했다. 후자는 오직 경험을 통해서만 획득할 수 있으며, 과거에 끊임없이 관여했던 감각인상이 미래에도 또다시 관여할 것이라는 습관적인 믿음 때문에 예측이 가능할 수 있다고 주장했다. 그는 바로 이것이 우리가 신뢰하는 인과관계의 실상이라고 믿었다. 미래가 과거와 유사할 것이라는 믿음은 귀납법의 원리라고 할 수 있는데, 귀납법은 과학적으로 타당한 유일한 연구방법이라고 할 수 있으며, 과학 이론은 필연적 관계를 결코 입증할 수 없고 기껏해야 확률적 관계만을 입증할 수 있다는 게 흄의 생각이었다. 그러나 그는 모든 지식은 감각인상으로부터 파생된다는 경험주의자의 가정을 견지했기 때문에 귀납적 추론은 이성이나 경험을 통해 정당화될 수 없다는 사실을 논쟁의 여지없이 입증할 수 있었다. 그는 원인과 결

---

8) David Hume, *A Treatise of Human Nature*, ed. L. A. Selby-Bigge (Oxford: Clerendon Press, 1888), Introduction.

과 간의 필연적 관계를 보장하는 감각인상은 존재하지 않는다고 강조하고, 관념은 무언가를 강하게 기대하는 감정에서 비롯된다는 결론을 내렸는데, 이런 감정은 기존의 감각인상이 머리에 떠오를 때마다 기대했던 결과에 대한 관념을 강화시킨다. 필연적 관계에 대한 감각인상이 존재하지 않는 것처럼 필연적 관계에 대한 관념도 존재할 수 없으며, 따라서 보편적 관념 역시 존재할 수 없다. 우리가 확보할 수 있는 최선의 지식은 미래 또한 과거와 유사하게 반복될 것이라는 신념에 바탕을 둔 경험적 일반화뿐이다. 그러나 우리는 이러한 일반화를 (너무도 당연한 이치에 따라) 경험으로부터 도출할 수는 없다. 요컨대 흄의 주장을 부정해도 자가당착에 빠지지 않기 때문에 그의 주장은 합리적 이성에 입각해서 확립된 것으로 볼 수 없다.

흄은 필연적 관계의 감각인상을 발견할 수 없었던 것처럼 자아에 관한 어떤 것도 발견할 수 없었으며, 따라서 자아에 관한 관념도 발견할 수 없었다. 그는 자기 자신을 성찰해보면 빠른 속도로 연속해서 출몰하는 한 무리의 감각인상과 관념만을 발견할 수 있을 뿐이라고 주장했다. 따라서 그는 데카르트가 제시한 '자아' 개념은 물론, 진리의 표준으로 제시한 명석함과 판명함까지 전적으로 무시해버렸으며, 그 대신 관념의 힘과 선명함을 믿음의 표지로서 제시했다.

흄은 사태에 대한 지식의 유일한 원천을 감각인상으로 한정하고, 가치판단 문제는 지식의 영역에서 적극 배제했다. 따라서 흄의 이론에서는 가치와 사실이 완전히 분리되었으며, 가치가 사실로부터 연역된다든지 사실이 가치로부터 연역되는 일은 있을 수 없었

다. 요컨대 존재는 당위를 결코 결정할 수 없었다. 흄이 볼 때 당위
문제는 개인의 선호나 선택의 문제이며, 따라서 본질적으로 주관적
성격을 띠는 문제였다. 우리는 당위 문제를 이성적으로 판단하지
않으며, 대신 그것은 기본적으로 목적을 달성하는 데 필요한 수단
을 계산하는 도구인 '정념의 노예'이고, 또 그럴 수밖에 없기 때문
이다.

흄은 관념들 간의 필연적 관계를 부정함으로써 작용인(efficient
causality) 개념을 와해시켰다. 따라서 그는 필연적 원인이라는 관
념을 과거의 경험에 끊임없이 관여했던 관념을 연합시키는 정신의
습관이란 개념으로 축소시켰다. 그가 필연적 관계라는 개념을 추방
하자 우리의 지식에서 보편성은 물론, 모든 종류의 객관성의 표준
이 동시에 사라져버렸다. 이제 지식은 출처를 확인할 수 없는 감각
인상들과 그들을 희미하게 복사한 관념들의 잡다한 집단으로 전락
하고 말았다. 신념이란 것도 단순히 관념의 힘을 강화시킨 것에 지
나지 않게 되었다. 따라서 흄은 모든 추리를(논증할 수 있는 추리에
서도 우리가 오류를 범하지 않았다는 사실을 결코 확신할 수 없다
고 말하면서) 확률 문제로 축소시키고, 모든 확률 문제를 신념 문제
로 축소시켰으며, 모든 신념을 빈번한 관념의 연합이 만들어내는
정신의 습관 문제로 축소시켰다. 그는 외부의 객관적 세계가 순전
히 상상력의 산물이며, 따라서 그것은 결국 환상으로 평가할 수밖
에 없다고 강변했다. 이렇게 해서 흄이 제시한 경험주의의 최종 결
론은 전면적인 회의주의가 되었다.

그러나 여기에서 흄의 이론을 비난하는 것이 우리의 관심사는
아니다. 우리가 주목하고자 하는 것은 감각인상이란 개념에 원자

론이 투영되어 있다는 것, 그리고 관념의 타당성을 입증하기 위해
서는 그것이 복사한 (원자론적) 감각인상을 확인할 수 있어야만 한
다는 흄의 요청 속에 환원주의가 녹아 있다는 사실이다. 이런 환원
주의를 전제할 때 (필연적 관계를 결여한) 외적 관계(externality of
relations)를 자연스럽게 추론해낼 수 있다. 흄은 "우리가 식별할
수 있는 모든 사물은 분리되어 있고, 우리가 분명하게 지각할 수
있는 것들은 분명하게 존재하는 것들인데," 이들 사이에는 필연적
관계가 존재하지 않고 단지 우연한 연합만이 존재할 뿐이라고 주
장했다.[9] 따라서 이들 간의 관계는 전적으로 외적 관계일 수밖에
없다. 또한 학문의 방법으로 귀납법만을 인정했기 때문에 수학조
차도 결국은 귀납법을 수용해야만 했고, 학문의 객관성은 궁극적
으로 사라져야 마땅한 것으로 간주되었다. 흄이 볼 때 물체의 존재
여부를 묻는 것은 쓸데없는 질문에 지나지 않았다. 자연은 이미 그
런 질문이 쓸데없는 질문이라는 사실을 믿도록 우리를 만들었으
며, 따라서 우리는 이성적 추론에 의지하지 않고서도 그런 사실을
알 수 있다고 주장했다. 요컨대 인간 외부의 객관적 세계는 인간의
정신에서 추방되었고, 결국에는 환상으로 전락해버리고 말았다.
흄이 제시한 회의주의가 실질적인 삶의 행동에 끼친 영향에 대해
서는 뒤에 가서 다시 고찰하겠다. 당시 사람들은 회의주의의 영향
력을 곧바로 느끼지 못했으며, 약 2세기가 흘러서야 겨우 그것을
숙지할 수 있었다.

　칸트는 흄이 제시한 인식론의 회의주의적 결론을 접하면서 자

---

9) Ibid., book 1, part 1, section 7.

신의 독단적 선잠(dogmatic slumber)으로부터 깨어났다. 그러나 칸트가 자신이 직면한 문제를 타개하는 방법은 초월적 주체가 선험적으로 종합한 보편성과 객관성의 원천을 찾아내고, 그렇게 찾아낸 원천을 사물 그 자체가 아니라 단지 현상(phenomena)에만 적용하는 것이었다. 따라서 칸트 철학 역시 데카르트학파와 경험주의의 두드러진 특성을 그대로 보존했다. 즉 한편에는 '자아'의 유일한 독립성과 지식의 주관성이 있고, 다른 한편에는 도달할 수 없는 실재의 표면이 있기 때문이다. 그러나 칸트는 훗날 새로운 패러다임의 맹아로 밝혀진 중요한 사상을 제시하기도 했다. 그는 단일한 주체가 성취한 선험적 종합으로부터 요구되는 경험의 필연적 정합성과 전체성을 인지했고, 이런 전체성이 유기체의 본질을 이룰 뿐만 아니라 자연의 생명체가 추구하는 목적론의 기초를 이룬다는 사실까지도 분명하게 파악했다. 우리는 조만간 칸트의 통찰에 담긴 중요성을 다시 고찰할 것이다.

윤리학과 정치학

중세시대는 스토아학파로부터 자연법 개념을 전수받았다. 고대인들에게 자연법은 이성의 법칙을 의미했다. 반면 중세 교회에서 자연법은 여전히 이성의 법칙을 함축했지만, 신의 법칙을 의미하기도 했다. 따라서 자연법은 물리적 세계와 인간 사회의 모든 사물을 지배하는 법칙으로 간주되었다. 그것은 이성이 명령한 도덕적 법칙과 사회의 법칙을 의미함과 동시에 천체의 운동을 지배하는 법칙을 의미하기도 했다. 그러나 뉴턴 패러다임이 등장하면서 자연법의 개념이 변화하기 시작했다. 그것은 물질적 입자의 운동을 결정하고, 천체의 기계적 운동을 통제하는 인과관계의 일반적 진술을 의미했다. 이러한 법칙에 대한 지식은 물리적 사태에 대한 지식으로 구성되었으며, 따라서 인간 행동의 당위를 규정한 도덕적 법칙은 그로부터 추방되어야만 했다. 이제 존재를 통해 당위를 결정할 수 없다는 생각이 자리를 잡았다. 자연의 법칙은 여전히 신이 세상을 창조할 때 명령한 것으로 간주되었다. 그러나 자연의 법칙이 일단 확립되면 하늘의 시계장치를 계속 작동시킬 것이기 때문에 더 이상 신이 개입하지 않더라도 시계장치는 자동적으로 작동한다고 생각했다. 따라서 자연법은 신이 명령한 법칙이라는 단서는 우리가 지금 확인한 것처럼 크게 수정되었다. 이제 자연은 인간의 개입을 전적으로 배제한 물질적으로 객관적인 우주가 되었으며, 인간의 자연적 조건은 시민사회의 제도가—이곳의 법률은 단지 서술적 성격에 머물지 않고 강제적 성격까지 지녔다—확립되기 이전부터 존재하는 그 무엇으로 간주되었다. 따라서 인간은 본래 정치적 동물이라는 아리스토텔레스의 언명은 더 이상 받아들일 수 없게 되었다. 대신 인간은 본래 숲속의 동물에 지나지 않았다는 언명이 널리 받아들여졌다.

데카르트의 자아중심주의 역시 분리되고 고립된 개인이라는 인간관을 초래했다. 그렇지만 인간은 이성의 빛이라는 능력을 타고났기 때문에 이성의 법칙인 자연법은 인간의 행동을 여전히 통제할 수 있다고 보았다. 따라서 개인주의와 계몽된 자기이익이라는 개념이 점차 인간의 행동을 지배하자 그 두 개념은 도덕, 법률, 정치, 경제 등 각 분야의 이론을 개발하는 학자들의 사고방식까지도 지배하는 핵심 개념이 되었다. 이제 인간은 모든 종류의 제약으로부터 전적으로 자유로운 존재가 되었으며, 인간의 자유로운 의지의 행사를 제약할 수 있거나 제약해야만 하는 유일한 도덕적 의무는 자신의 자유를 보존하고, 타인의 자유를 침해하는 것을 예방하기 위해 반드시 필요한 것으로 한정되었다. 결국 개인의 자유가 궁극적 목적이 되었으며, 자연의 제약조건을 제외하고 인간의 자유에 제약을 가할 수 있는 것은 자유로운 개인들 상호 간의 동의에 의해 체결된 계약뿐이었다.

홉스의 철학에서 자연인은 생존을 위해 여타의 모든 동물과 끊임없이 싸우는 이기적이고 독립적인 개인이었다. 따라서 자연상태에서 존재하는 모든 인간은 본래 적대적 존재들이었다. 그러나 투쟁과 적대감이 난무하는 환경이 더 이상 용인할 수 없는 수준에 도달하고, 또 그런 환경이 대단히 비생산적이라는 사실이 분명해지자 인간이 계약을 체결하여 그들 각자의 권력을 특정 영역에서 배타적 주권을 소유한 어떤 개인(이나 다른 집단)에게 적대적으로 행사할 수 있는 그들 본래의 자유를 포기하고, 법과 질서가 유지되는 정치공동체를 설립하도록 이성은 명령한다. 따라서 이렇게 탄생한 시민사회는 여전히 이성의 법칙으로 이해된 자연법을 토대로 구성된 것이었다. 바로 이것이 자결권과 독립성을 소유한 주권국가인데, 이런 주권국가는 다른 주권국가들과 자연상태에서 인간 사이에 성립했던 원초적 관계, 즉 전쟁상태를 그대로 유지하고 있다.

로크가 홉스의 자연상태 개념과 상이한 개념을 간직하긴 했지

만, 로크의 사상에서도 홉스 철학을 지배한 개인주의와 같은 개인
주의가 우세했다. 로크가 파악한 자연상태는 질서와 평화가 유지되
는 상태였는데, 이곳에 거주하는 개인은 문명국가가 확립되기 이전
부터 개개의 인간에게 본래부터 주어진 양도할 수 없는 권리를 소
유하고 있다. 이들이 '공정하고 정직한 판결' 의 이점이 없는데도
불구하고 자연상태로부터 벗어나기 위해 계약을 체결하는 동기는
사람들 각자가 타인의 소유권 주장으로부터 자신의 권리를 개별적
으로 지켜야 하는 불편함을 피하기 위해서다. 내가 여기에서 강조
하고 싶은 것은 모든 사람들로부터 독립된 개개의 인간에게 그들의
사회적 협력 여부와 상관없이 일정범위의 권리를 생래적으로 부여
하는 원자론적 개인주의다. 로크에 따르면 인간에게 부여된 이러한
자연권은 모든 정부의 정당한 권력을 제한하는데, 문명국가의 토대
로 간주되는 최초의 계약에는 바로 이런 권력의 제약 원리가 소중
하게 간직되어 있다. 이 원리가 정치적 차원에서 실현될 때 이른바
제한주권의 원칙이 등장하고, 개인의 권리 주장과 정부의 통치 행
위 사이에서 끊임없는 긴장이 형성되는데, 그런 와중에도 피지배자
의 권리는 지켜져야만 했다. 이른바 3권 분립을 주장한 몽테스키외
는 입법부, 행정부, 사법부 사이에 힘의 균형이 유지되어야 한다고
주장함으로써 피지배자의 권리를 보호할 수 있는 정치적 수단을 확
립했다. 또한 정부가 개인의 권리를 침해하는 행위를 일관되게 반
대하는 입장은 토마스 페인, 헨리 D. 소로우, 존 스튜어트 밀, 허버
트 스펜서와 같은 작가들의 작품 속에 반영되었다. 원자론적 개인
주의는 현실에서 정부의 행위와 상충하는 개인의 권리를 주장하고,
정치가와 정부기구에 대해서 끊임없는 적대감과 의혹을 조장하는

자유민주주의의 이상을 채택하는 것으로 귀결되었다. 이런 개인주의를 (다소 드문 일이기는 하지만) 극단적으로 몰고 갈 경우 완벽한 무정부상태를 옹호하고 정부의 완전한 폐지를 요구하게 되는데, 이런 형국에 도달하면 사회질서를 희생시키면서 개인의 권리만을 강변하게 된다.

이처럼 개인의 자기만족을 강조하는 사상은 홉스와 로크의 철학에서 전형적으로 확인할 수 있는데, 이런 사상과 함께 쾌락과 행복이 모든 인간의 궁극 목적이라는 사상이 등장했다. 특히 어떤 형태의 쾌락주의가 영국 경험주의자들의 모든 저작을 휩쓸었으며, 그런 풍조는 공리주의 철학에서 절정을 이루었다. 공리주의 철학은 모든 인간은 평등하게 태어났고 타인에게 양도할 수 없는 생명, 자유, 행복 추구의 권리를 소유한다고 천명한 미국 헌법의 전문에도 반영되었다.

따라서 도덕문제는 대체로 개인의 이익을 추구하는 문제로 변질되었다. 쾌락이라는 것은 어디까지나 주관적 감정을 의미하고, 개인의 취향도 사람마다 다르다. 이런 상황에서 가치문제는 개인과 사회의 선호에 따라 순전히 상대적으로 결정될 수밖에 없었다. 그러나 근대문명에 편재된 유대 및 기독교의 영향력은 (신과 이웃을 사랑하라는 뉴턴 패러다임 이전 세계관의 산물을 권고하면서) 당대의 쾌락주의적 풍조와 전통적 신념 사이에서 갈등을 초래했다. 그러자 존 스튜어트 밀과 같은 작가는 갈등을 피하기 위해 쾌락의 총량을 측정하는 양적 기준 대신 질적 기준을 도입함으로써 자기 부정적 곡해 상황을 헤쳐 나가고자 했다.[10] 뉴턴 패러다임이 종교에 끼친 영향에 관해서는 뒤에서 다시 검토하겠다.

개인주의와 주관주의에 관한 윤리 이론의 경향성에서 확인할 수 있는 또 하나의 특징은 도덕관념의 학설이 특히 영국의 도덕주의자들 사이에서 크게 유행했다는 점이다. 도덕관념의 학설(the doctrine of a moral sense)에 따르면 모든 사람은 옳은 것과 그른 것을 직관적으로 파악할 수 있는 능력이 있기 때문에 전자를 추구하고 후자를 삼가는 의무를 준수해야만 했다. 이런 윤리적 특성은 칸트의 윤리학에서도 발견할 수 있는데, 칸트는 행위의 동기와 결과에 상관없이 보편성과 자기 일관성을 유지하라는 합리적 의지의 정언명령과 도덕적 의무를 동일시했다. 따라서 도덕관념은 사람에 따라 다르게 나타났으며, 우리가 방금 확인한 것처럼 칸트조차도 보편성을 본체의 의지에 국한시키고, 현상의 동기에는 귀속시키지 않았다.

경제학

준 경험적 방법(quasi-empirical method)을 활용하는 경제학이 독립된 학문으로 등장할 수 있었던 것은 사회에 과학적 패러다임이 편재되어 경제학이 자연스럽게 성장할 수 있는 토양을 제공했기 때문이었다. 이렇게 등장한 경제학은 윤리학과 정치학적 사고방식에서 통용되었던 관념들, 예컨대 개인의 이익 추구, 정부의 간섭 배제

---

10) '최대다수의 최대행복'을 역설한 벤담은 쾌락의 수준을 양적으로 측정하는 것이 가능하다고 보았다. 그러나 벤담이 쾌락의 질적 차이를 구분하지 않았다는 비판을 받게 되자 그의 제자였던 존 스튜어트 밀은 "배부른 돼지보다 배고픈 소크라테스가 낫다"고 말하면서 쾌락의 질적 차이를 강조했다. ─옮긴이.

등을 적극적으로 수용했다. 경제학은 인간이 이익을 추구하는 까닭을 인간의 자연적 욕망과 자연적 필요를 충족하려는 본능적 욕구에서 찾았다. 따라서 수요와 공급을 지배하는 법칙은 상당 부분 자연의 법칙으로 간주할 수 있었다. 또한 이런 입장과 짝을 이루는 전제가 있는데, 수요, 공급, 이익 추구 등이 모든 경제적 활동의 추진력이라는 생각이 바로 그것이다.

근대 경제학의 창시자로 평가받는 아담 스미스의 선구적 저작을 보면 이런 사유의 습관이 도처에 깔려 있음을 뚜렷하게 확인할 수 있다. 아담 스미스는 『국부론』에서 만일 개개인이 모든 생필품을 직접 생산하려 든다면 생활수준은 최저수준에 머물고 말 것이며, 진보한 사회에서 부를 축적하려면 노동의 분업과 잉여생산물의 교환이 이루어져야 한다고 설명했다. 따라서 그는 사람들 간의 상호의존이 불가피하다는 사실을 인정하더라도 그들 상호간의 도움은 결국 개개인의 이기심에 의존한다고 말했다.

인간은 항시 자신의 동업자들의 도움을 필요로 하는데, 동업자들의 자비심에만 의존해서 그런 도움을 기대한다면 반드시 실패하고 말 것이다. 그러나 동업자들의 이기심을 자신이 원하는 쪽으로 유도하고, 동업자들에게 요구한 사항을 동업자들이 충족시켜줄 경우 동업자 자신에게도 이익이 돌아간다는 사실을 보여주면 성공할 확률은 훨씬 높아질 것이다.[11]

---

11) Adam Smith, *The Wealth of Nations* (New York: Random House, 1937), book 1, chapter 2. (원문에는 "Ibid., book 1, chapter 2."로 잘못 기록되어 있어 바로잡는다. — 옮긴이.)

스미스는 "거래하고, 물물교환하며, 교역하려는" 인간의 본성에 기초해서 상품의 최종 분배가 이루어진다고 보았다. 거래와 물물교환과 교역의 본성은 다시 기쁨과 이익을 추구하는 인간의 본성에 뿌리를 두고 있고, 그런 경제활동을 통해 유통되는 상품의 양은 공급을 수요에 맞게끔 조정하는 과정을 통해 결정된다고 말했다. 또한 세상의 어느 곳이든 노동 임금은 보통 노동자와 사용자 두 당사자 간에 체결된 계약에 기초해서 산정되는데, "노동자는 가급적 많은 임금을 받으려 하고, 사용자는 가급적 적은 임금을 지불하려 하기 때문에 이들의 이익은 결코 일치할 수 없다"[12]고 말했다. 상품 가격 역시 "시장에서 가격을 깎고 흥정하는 과정을 통해"[13] 결정된다고 말했다.

아담 스미스는 다양한 상품 생산자들이 상호작용하는 현실을 인지하고 있었지만, 경제활동이 공동으로 협력하면서 추진하는 모험일 수 있다는 발상에는 끝내 도달하지 못했다. 따라서 그는 개인의 이익이 모든 측면에서 결정적인 경제적 요소라고 판단했고, 사회의 이익도 개인의 이익으로부터 자동적으로 도출된다는 논리를 전개했을 뿐이다. 그가 볼 때 개인은 자신의 이익을 다른 어떤 정치가보다도 더욱 정확하게 계산할 수 있는 존재였다. 따라서 그는 국내 산업을 보호하기 위해 국가가 개입하고 해외 무역을 제한하는 정책을 강력하게 비판했다. 그런 정책은 소비자가 수입상품을

---

12) Ibid., book 1, chapter 8. (원문에는 "Adam Smith, *The Wealth of Nations* [New York: Random House, 1937], book 1, chapter 7."로 잘못 기록되어 있어 바로잡는다. – 옮긴이.)
13) Ibid., chapter 5.

구입할 수 있는 금액보다 더욱 비싼 가격으로 국산품을 구입하도록 강제한다고 보았기 때문이다.[14] 따라서 그는 자유무역을 옹호하는 주장을 펼치기 시작했고, 개개인 각자의 자유로운 이익 추구를 통해 (개인들의 집합으로 간주된) 사회에 커다란 이익을 가져다줄 수 있는 자유시장제도의 시행을 역설했다. 이렇게 볼 때 스미스의 생각에는 하늘의 기계장치를 지배하는 자연의 법칙이 외부로부터 아무런 간섭을 받지 않는 상태에서 안전하게 작동할 수 있는 것과 마찬가지로, 시장경제를 지배하는 자연의 법칙 역시 스스로 작동하도록 놔둘 경우 바람직한 결과를 산출할 것이라는 가정이 깔려 있었다.

바로 이것이 사회에 널리 확산된 자본주의적 사고방식이다. 그런데 그것은 당대의 뉴턴 과학을 배경으로 개발되었기 때문에 사회를 고용자와 피고용자로 양분하고, 부르주아지와 프롤레타리아트 간의 계급차별을 만들어냈으며, 부자와 가난한 자 사이의 격차를 점차 증가시키는 결과를 초래했다. 바로 이러한 자본주의 사회의 모순이 칼 마르크스의 마음을 움직였고, 훗날 공산주의의 이데올로기로 귀결될 이론적 분석에 착수하도록 자극했다. 그러나 여기에서 더욱 중요한 점은 마르크스의 이론이 공공연히 물질주의적 성격을 띠었다는 사실로부터 뉴턴 패러다임의 영향을 분명하게 확인할 수 있다는 것이다.

---

14) Ibid., book 4, chapter 2.

종교

고대 그리스 사람들과 중세시대 사람들은 우주 전체에 영혼과 정령이 충만해 있다고 생각했다. 유대교도와 기독교도는 모두 다음과 같이 찬양했다.

하늘이 신의 영광을 나타내도다.[15]

코페르니쿠스 혁명이 하늘과 신의 관계에 충격을 가함으로써 등장한 최초의 결과는 만물의 창조자인 신으로부터 자연을 분리시킨 것이었다. 세상은 여전히 신이 창조한 것으로 간주되었다. 그러나 세상과 신의 성격은 완전히 다른 것이었으며, 신은 자신의 유한한 작품을 넘어서서 독자적으로 존재한다고 생각했다. 신이 창조한 세계는 신이 확립한 고정된 법칙에 따라 자동적으로 작동하는 일종의 기계가 되었다. 그러나 이런 전제는 단지 조건으로서 요구한 것에 지나지 않았다. 그것은 이전 패러다임의 잔재였으며, 새로운 과학 이론의 구성요소는 아니었다.

새로운 과학과 종교적 가르침 사이에서 표출된 최초의 갈등은 교회의 권위가 종교개혁을 촉진한 개개인의 양심의 독립성으로 전환된 형국에서 명시적으로 확인해볼 수 있다. 이런 전환 역시 원자론적 사고방식으로부터 자극받은 개인주의적 풍조를 반영한 것이

___

15) 시편 19편 1절 – 옮긴이.

었다. 두 번째 갈등은 교회가 갈릴레오의 저작을 규탄한 데서 찾아볼 수 있다. 하늘의 기계장치가 개발되고, 물리학 이론이 더욱 완전한 모습을 갖추어가자 신의 영향력은 불필요한 것이 되어버렸으며, 마침내 라플라스는 신의 영향력이라는 가설이 자신에게는 더 이상 필요하지 않다는 주장을 할 수 있게 되었다. 무신론과 불가지론이 더욱 광범위하게 유포되었고, 볼테르나 흄과 같은 학자들의 저작에서 표현되었던 계몽주의적 '합리주의' 의 상징이 되었다. 칸트는 전통적인 신의 존재 증명 방법이 더 이상 타당하지 않다는 사실을 보여주었고, 종교는 개개인의 신념의 영역으로 전락함으로써 이성이나 과학과 완전히 분리되어 그들과 전혀 어울릴 수 없게 되었다. 합리적 이해로부터 계시를 분리시키는 작업이 피에르 벨과 디드로의 작품에서 등장하기 시작했고, 칸트, 프리드리히 하인리히 야코비, 슐라이어마허 등의 사상에서 절정에 다다랐다. 한편으로는 이렇게 종교적 믿음이 개인의 신념으로 전락하자 (헤겔이 곧바로 지적했던 것처럼) 종교와 도덕에서 상대주의 경향성이 강화되었고, 다른 한편으로는 개인의 신념과 계시에 의구심을 던지고 무신론의 전반적인 지지 세력으로 과학을 동원하는 일이 한층 더용이하게 되었다.

존 스튜어트 밀의 사상에서 공리주의와 종교적 불신은 동전의 양면과 같은 것이었으며, 윌리엄 페일리가 자연계에 누군가가 어떤 목적과 계획을 갖고서 설계한 작품이 존재한다는 사실을 이용하여 신의 존재를 증명하고자 했던 시도는, 자연계에서 출현하는 모든 목적은 우연적인 변수와 자연선택의 관점에서 충분히 설명할 수 있다는(이는 뉴턴 패러다임의 기계론을 참신하게 활용한 것이다) 다윈의 주장을 통해 최종적으로 붕괴되었다. 다윈은 자신이 그 어떤 종류의 종교적 신념도 갖고 있지 않다고 고백했으며, 다윈의 친구이자 동료였던 토머스 헨리 헉슬리는 불가지론이라는 용어를 선택해서 신에 관한 자신의 의구심을 분명하게 밝혔다.

니체는 당시의 이런 풍조를 "신은 죽었다"라는 선언을 통해 간결하게 요약하면서 과학의 부흥을 역설할 수 있는 터전을 마련했다. 그랬지만 니체는 결국 자기모순에 빠지고 말았는데, (그가 쓴 『선악의 저편』에서) 이성을 통렬하게 비판했을 때 실제로는 과학까지 부정하는 꼴이 되었기 때문이다.[16]

따라서 종교의 쇠퇴는 코페르니쿠스가 도입한 과학적 패러다임에서 불가피한 것이었으며, 후자가 종교적 신념을 제거하는 과정은 이후 약 3세기 동안 계속되었고, 포이에르바하, 니체, 마르크스 등의 저작에서 절정에 다다랐다.

결론

물리학 분야뿐만 아니라 화학, 생물학, 지질학 분야에서도 전례 없는 과학적 진보가 계속해서 이루어진 시기에 뉴턴 패러다임의 부흥은 이미 예고된 것이었다. 이처럼 다양한 학문 분야에서 과학적 진보가 이루어지자 산업혁명, 기계적 발명품의 증가, 그에

---

16) E. E. Harris, *Atheism and Theism* (Atlantic Highlands, N. J.: Humanities Press, 1933), p. 4.

따른 생산력과 수송능력의 증대 등이 곧바로 가능하게 되었다. 새롭게 등장한 진화론의 영향력과 함께 과학 및 산업 분야에서 성취된 발전 때문에 지속적인 진보가 가능하다는 신념, 즉 사태는 항시 그리고 계속해서 지적, 사회적, 도덕적으로 개선될 수 있다는 확신이 크게 진작되었다. 실제의 역사적 사실도 이러한 진보 사상을 전혀 훼방하지 않았다. 개인의 권리에 대한 강력한 주장, 국가 주권의 독립성을 당연시하는 주장, 주관주의적 도덕성을 묵시적으로 전제하는 태도, 경제세력의 비도덕적 이윤추구 활동을 용인하는 태도 등이 한데 어우러진 그 시대는 사회적 위기, 격렬한 정치적 혁명, 파괴의 범위를 크게 확대시킨 전쟁 등으로 점철되었다. 그러나 사람들은 그러한 사회적 격변이 자유, 민주주의, 높은 생활수준 등을 향해 성큼 다가서는 진보의 발걸음을 예고하는 것으로 간주했다.

그러나 전쟁은 끊이지 않고 계속되었다. 개인의 양심을 강조함으로써 종교개혁 이후 교회 내부에서 종파 간의 분열이 생기자 16세기와 17세기에 걸쳐 계속된 종교전쟁이 불가피하게 되었다. 종교전쟁과 함께 개인의 권리를 강조하는 사상이 확산되면서 영국에서 내전이 발생했다. 특히 해외 식민지를 대상으로 국가의 배타적 주권을 주장함으로써 18세기에는 끊임없는 전쟁이 발발했다. 개인의 자유를 추구하는 시대의 풍조로 인해 19세기의 전환기에 미국 혁명, 프랑스 혁명, 나폴레옹 전쟁 등이 분출했다. 산업자동화와 자본주의의 부가 축적됨에 따라 노동자 계급의 빈곤이 초래되었는데, 이를 계기로 노사분규, 노동조합운동, 마르크시즘 등이 출현했다. 19세기 유럽의 식민지 정책은 전 세계에 분포된 자원의

남용과 식민지 원주민의 착취를 초래했다. 이른바 '진보의 행진'
은 대체로 뉴턴 과학에 입각해서 만들어졌던 유럽 문화가 지구 전
체의 표면으로 확대되는 형식을 취했다.

paradigm
+
thinking

20세기 문명과
뉴턴 패러다임의 잔재

20세기가 시작될 무렵 아인슈타인의 과학혁명을 계기로 새로운 과학적 패러다임이 등장했다. 그러나 과학적 연구와 직접적으로 관련이 없는 사회의 다양한 분야에는 아직까지 새로운 패러다임의 전제들이 침투하지 못했다. 그곳은 여전히 뉴턴 패러다임의 사유의 습관이 지배하는 실정에 있다. 이러한 습관의 잔재는 다른 어떤 분야보다도 특히 철학의 영역에서 두드러진다. 그러나 윤리학과 도덕적 실천, 정치학과 경제학, 그리고 종교와 과학의 관계와 같은 영역에서도 뉴턴 패러다임의 잔재를 추적해볼 수 있다.

철학

현대 철학의 한 흐름 중에는 뉴턴 패러다임을 비판하는 흐름이 있다. 그러나 그런 비판은 20세기에 출현한 새로운 자연과학 개념을 성찰하지 않은 상태에서 이루어졌기 때문에 부정적인 효과만을 자아냈을 뿐이다. 예컨대 후설은 유럽학문의 위기를 알아챘지만, 그의 해결방안은 오히려 칸트와 피히테로 퇴행하는 것이었다. 칸트와 피히테는 과학이론의 객관성의 기초를 인식주체의 자발적 행동에 둠으로써, 즉 객관성을 자율성을 주장하는 주관적 활동에 종속시킴으로써 경험주의에 내포된 인식론적 난점과 결정론에 내포된 윤리적 결함을 극복하고자 했다. 따라서 데카르트가 주장한 '자아'의 영향력이 여기에서도 여전히 관철되었다. 후설과 그의 뒤를 이은 하이데거가 비판한 과학은 뉴턴과학이었다. 그러나 그들이 제시한 대안은 새롭게 등장한 아인슈타인 패러다임의 성과를 전혀 반영하지 않았다. 후설은 자신이 '자연적 태도(natural attitude)'라고 지칭한 것을 대안으로 제시하고, 하이데거는 자신이 '세계 내 존재(being-in-the world)'라고 명시한 것을 대안으로 제시했는데, 이들은 모두 상식적 수준의 소박한 의식에 지나지 않았다. 후설은 객관적 지식을 현상적 의식과 관련이 있는 것으로 만들었는데, 여기에서 현상적 의식이란 (칸트나 피히테의 주관주의처럼) 회의주의의 씨앗에 무심코 물을 뿌리면서 그것의 생장을 돕는 주관주의를 품은 것이었다. 이러한 철학의 성장을 가능하게 한 가장 중요한 뿌리는 여전히 데카르트의 초월적 '자아'였는데(실존주의가 꽃필 수 있는 자양분을 제공한 것도 이것이었다), 그것은 다른 주체의 정신과 이어주는 가교를 발견할 수 없도록 개별적 주체를 고립시켰을 뿐만 아니라 상대주의라는 전염병을 옮기고 다니기까지 했다. 그러나 상대주의는 사실상 회의주의와 쌍둥이 형제이기도 하다. 객관적 기준이 없는 곳에서는 진리가 있을 수 없고, 진리가 없는 곳에서는 어떤 주장도 수용할 수 없으며, 심지어는 객관성을 부정하는 주장조차도 수용할 수 없기는 마찬가지이기 때문이다. 일찍이 스피노자가 경고했던 것처럼 시종일관 회의론을 견지하는 자는 잠자코 입을 다물어야 마땅했다.

회의주의의 폐해는 현상학으로부터 가지를 치고 나온 철학에서, 예컨대 구조주의에 내재된 상대주의에서, 포스트구조주의 반발에서, 해체주의의 파괴현장에서 더욱 분명하게 나타났다. 역사주의, 해석학, 포스트모더니즘 등에서도 이와 유사한 추세를 추적해볼 수 있다. 한편에서는 17세기 데카르트 철학의 바이러스가, 다른 한편에서는 뉴턴과학에서 파생된 실증주의가 이러한 철학적 조류를 모두 오염시켰으며, 그렇게 오염된 철학의 계보는 오귀스트 콩트를 거쳐 미셸 푸코와 자크 데리다로 이어지는 흐름에서 명백하게 확인해볼 수 있다.

20세기 철학의 또 다른 흐름은 이상하게도 시대착오적인 모습을 보여주었다. 새로운 과학적 패러다임의 최초의 철학적 표현이 앙리 베르그송, 사무엘 알렉산더, 알프레드 노스 화이트헤드의 저작에서 출현하기 시작한 바로 그때, 관심을 다른 곳에 둔 당대 철학의 주류는 18세기의 경험주의로 되돌아가고 말았다. 예컨대 비엔나 서클의 논리 실증주의는 형이상학을 거부한 흄으로 되돌아가면서 흄의 주장과 동일한 이유, 즉 형이상학은 (관찰 가능한 사실이나 수학적 추론을 모두 결여했기 때문에) 경험적으로 검증할 수 없다는 이유를 제시했으며, 그런 입장을 계승한 철학이 리처드 로티의 저작에서 흄의 회의주의를 재생시켰다.

비트겐슈타인은 초기 저작에서 버트란트 러셀과 마찬가지로 사실과 논리의 두 지평 모두에서 고전적 원자론을 주장했다. 흄이 인상이나 관념 사이에서 어떤 필연적 관계를 발견할 수 없었던 것처럼 비트겐슈타인 역시 사실은 원자와 같은 것이라고 선언하고, 세계는 사실들로 쪼갤 수 있는데, 이들 중 어떤 사실은 참이거나 거짓일 수 있으며, 그렇다 하더라도 나머지의 진리치가 바뀌는 것은 아니라고 주장했다. 따라서 (사실의 형식을 설명하는 것으로 간주된) 사실명제 역시 논리적으로 독립적이고 원자론적 성격을 띤 것은 당연했다. 그 결과 사실의 진술들 사이에서 참된 의미의 함축은 존재할 수 없었다. 그렇기 때문에 ‘실질’ 함축(‘material implication)이란 것도 서로 무관한 명제들의 진리치가 우연히 일치한 것에 지나지 않는다. 결국 논리적 함축은 동어반복으로 전락했고, 모든 관계는 외적 관계로 간주되었다. 이렇게 될 경우 우리가 수용할 수 있는 유일한 논리학은 형식적 기호 논리뿐인데, 이는 순전히 외연적 성격을 띤 것으로서 단지 단순 특수자(bare particulars)의 집단(이나 집합)에만 적용할 수 있다.[1]

비트겐슈타인은 관찰 가능한 것만이 사실적 지식의 원천이 될

---

1) Cf. E. E. Harris, *Formal, Transcendental and Dialectical Thinking* (Albany: State University of New York Press, 1987), chapter 2.

수 있다고 확신했다. 따라서 사실적 진리는 경험과학에서만 확인할 수 있다고 보고, 철학은 수리 논리학의 영역으로 한정시킬 것을 요구했다. 또한 경험과학에서 수용할 수 있는 유일한 학문방법으로 귀납법을 지목했다. 하지만 한스 라이헨바흐와 넬슨 굿맨 같은 학자들의 다양한 노력에도 불구하고 귀납적 추론을 정당화할 수 있는 근거를 발견할 수는 없었으며, 따라서 가능한 것은 아무것도 없다는 흄의 주장을 반박할 수 없었다. 버트란트 러셀 역시 귀납법의 원리를 공리나 선험적 규칙으로 받아들이는 수준까지 경험주의를 양보하는 경우에만 귀납법의 난점을 회피할 수 있다고 고백했다.[2] 요컨대 경험주의적 원리에 입각해서 귀납법 추론을 정당화하려는 그 밖의 모든 노력은 흄이 제기한 탄핵과 소송을 벌여야만 했다.

따라서 현대의 경험주의는 형이상학을 학문의 영역에서 추방하고, 철학을 (동어 반복적 성격 때문에 실증적 정보를 전혀 제공하지 못하는) 형식 논리학으로 격하시켰다. 그러나 사실적 지식의 유일한 원천으로 간주한 경험과학도 그것으로부터 보편성을 제거하고, 그것을 단순한 사유의 습관으로 전락시켜버린 흄의 비판 앞에서 여전히 취약한 모습을 보여준다.

이처럼 철학이 자신의 알맹이를 모두 박탈당한 상태에서 윤리나 정치를 포함한 모든 종류의 실천적 문제에 유용한 통찰을 제공할 수는 없었으며, 대부분의 철학자들 역시 실천적 문제에 대하여 조언하고 안내하기를 스스로 거부했다. 따라서 철학은 학생들이 홍

---

2) Cf. Bertrand Russel, *Human Knowledge* (London: Oxford University Press, 1950), chapter 6.

미를 잃어버리고, 다른 학문 분야의 전문가들이 더 이상 존중하지 않는 난해한 학문이 되어버렸다. 일찍이 콜링우드가 제시한 형이상학의 과제도 완전히 무시되고 말았다. 철학자들은 과학을 철저히 자신의 영역 밖으로 밀쳐내면서 과학적 개념들을 '비판적으로 성찰하는' 시도를 완전히 포기했기 때문에 형이상학의 과제를 수행할 능력을 더 이상 보유하지 못한 상태에 있다.

윤리학

현대 학문은 형이상학뿐만 아니라 윤리학과 정치철학까지도 포기하고 말았다. 관찰을 통해 입증할 수 없는 윤리적 진술은 단순히 (승인할 수 있거나 없는) 느낌의 표현에 지나지 않는 것으로 간주했고, 그렇지 않을 경우는 규범적 진술로 보았으며, 따라서 객관적 인식이 아예 불가능한 것으로 처리해버렸다. 그 결과 도덕과 가치를 적절하게 연구할 수 있는 학문 분야는 심리학이나 사회학이 되어야 한다고 생각했다. 또한 정치철학은 계급적 편견이나 당파적 이해관계가 만들어낸 추악한 이데올로기쯤으로 간주해버렸다.

20세기 내내 윤리학 이론은 뉴턴 패러다임의 주술에서 깨어나지 못했으며, 데카르트의 이원론, 자연과 정신의 분열, 사실과 가치의 통약불가능성 등으로부터 결정적인 제약을 받았다. 이러한 균열을 틈타 칸트 철학이 널리 확산되었는데, 최근에는 니콜라이 하르트만뿐만 아니라 의무 윤리학의 다른 형태로 되살아났다. 칸트 철학을 보면 현상과 본체를 구분하는 이원론이 등장하는데, 칸트는 인과적 결정을 현상에 한정하고 합리적 의지를 본체에 한정하는 방법을 통해 자유의지 문제를 해결하고자 했다. 그 결과 자율적인 도덕적 의지는 경험적 내용을 결여하게 된 반면, 인간의 행동은 그것을 현상적으로 경험한 것으로 이해하는 한 타율적 법칙에 따라 판단할 수밖에 없고, 따라서 (선한 의지를 제외한 어떤 것도 도덕적으로 선하지 않기 때문에) 부도덕적 성격을 띨 수밖에 없었다. 결국 도덕적 객관성은 현상적 행동에 적용할 수 없게 되었고, 지식의 객관성을 보장하는 과학적 범주들은 도덕적 법칙을 정립하는 과제 앞에서 무력할 수밖에 없었다. '존재'로부터 '당위'를 도출하는 것이 불가능했기 때문이다. 따라서 칸트의 의도에도 불구하고 현상적으로 파악된 행동은 자연적 충동에 따라 결정되었고, 행동의 계율은 여전히 상대주의의 병독으로부터 오염되기 쉬웠으며, 그런 경향성은 우리 시대에서도 여전히 맹위를 떨치고 있다.

20세기의 윤리학은 대체로 의무론적 성격이나 공리주의적 성격을 띠었다. 로스와 프리차드 등이 제시한 의무 윤리학에 따르면 도덕적 의무는 절대적 성격을 띠어야 하고, 의무의 내용도 지극히 자명한 것이어야만 했다. 그들이 볼 때 인간은 (예컨대 약속은 지켜야 한다는 의무처럼) 무엇이 옳고 무엇을 해야만 하는지를 직관적으로 파악할 수 있는 존재였기 때문이다. 그러나 그들이 제시한 의무 윤리학도 결국은 직관이 사람마다 다르고, 한 사회에서 금지된 것도 다른 사회에서는 허용될 수 있다는 사실을 인정하지 않을 수 없었으며, 따라서 상대주의를 회피할 수 없었다.

경험주의적 윤리학은 도덕적 판단을 주관적 감정 문제로 환원시키고, 가치로부터 사실의 도출 가능성을 부정함으로써 명시적으

로나 묵시적으로 항시 쾌락주의적 성격과 공리주의적 성격을 동시
에 띤다. 경험주의자들은 도덕적 진술을 희망이나 규범을 표현하는
진술로 분류하고, 그런 진술의 역할은 찬성이나 불만의 느낌과 선
호를 표현하는 데 있다고 주장한다. 따라서 모든 도덕적 진술은 개
인의 선호, 또는 기껏해야 사회적 단위의 선호에 좌우되는 주관적
성격을 띠게 된다. 그 결과 행동의 총체적 목적을 효용의 일종으로
간주하고, 효용의 기초는 쾌락과/이나 주관적 만족에 두었다.

쾌락주의로부터 스스로 거리를 두고자 했던 쿠르트 바이어 같
은 사상가의 저작에서도 공리주의가 은폐된 흔적을 여전히 확인해
볼 수 있다.[3] 그는 행동을 지배하는 가장 중요한 동기는 '향락' 이
라고 단언했다. 그러나 사람이 가진 기질의 차이에 따라 향유하는
내용이 다를 수 있기 때문에 윤리의 객관성을 확보하기가 여전히
어렵게 된다. 바이어는 사람들이 자신을 억제하고 조절하는 의무를
준수하려는 '도덕적 동기' 를 다른 동기보다 우위에 두어야 한다고
주장했는데, 홉스가 제시한 '전쟁상태' 와 같은 세상에서 격렬한 싸
움이 초래할 재앙을 회피할 유일한 수단은 그런 억제력밖에 없다고
보았기 때문이다. 바이어에 따르면 이런 목적을 위해 준수해야 할
규칙은 사회에서 기획하고, 그 사회에서 확립된 권위가 제정한다.
따라서 도덕적 규범은 사회적 단체의 성격에 따라 달라질 수밖에
없다.

헤어, 에이어, 스티븐슨과 같은 학자들은 바이어가 제시한 극단

---

3) Cf. Kurt Baier, *The Moral Point of View* (Ithaca, N. Y.: Cornell University Press, 1958).

적 형태를 주장했는데, 그들에 따르면 윤리적 진술과 도덕적 진술은 정서의 표현, 찬성이나 불만의 느낌의 표현, 참과 거짓을 판별할 수 없는 규정 등과 같이 순전히 주관적 성격을 띤 것이었다. 인간의 덕성을 판별할 수 있는 어떤 기준을 조금이라도 생각할 수 있다면 단지 주관적 느낌에 지나지 않는 쾌락 이상을 생각할 수 없는데, 〔라틴어 속담에서 "취향에 대해서 논란하지 말라(*de gustibus non disputandum*)"고 했던 것처럼〕 쾌락은 개인마다 다를 수밖에 없으며, 따라서 이런 종류의 정서적 윤리는 지극히 상대주의적 윤리일 뿐이다.

가치로부터 사실을 엄격하게 분리하는 경우에도 동일한 결론이 도출된다. G. E. 무어는 자신의 『윤리학 원리』에서 자연적 성질과 비자연적 성질을 엄격하게 분리한 다음, 자연적 성질에 입각해서 가치판단하려는 시도를 어리석은 짓이라고 혹평했다. 버트란트 러셀 역시 사실과 가치의 분리를 강력하게 주장하면서 다음과 같이 선언했다.

사실판단은 '진리'로 부를 수 있는 성질을 보유하고 있다. 사실판단은 어떤 사람이 그것에 관해서 생각할 수 있는 것을 독자적으로 갖고 있지 않았거나 지금도 갖고 있지 않기 때문이다. … 그러나 … 나는 윤리적 판단에 귀속되거나 귀속되지 않는 것 중에서 '진리'와 유사한 성질을 전혀 발견할 수 없었다. 이런 차이점은 윤리학을 과학과 다른 범주로 분류할 것을 요구하는데, 우리는 그런 사실을 인정해야만 할 것이다.[4]

이처럼 가치로부터 사실을 분리하는 사고방식에는 도덕적 명령의 상대주의가 함축되어 있으며, 도덕적 상대주의에 입각한 판단은 주관주의를 함축한다.

오코너, 칼 포퍼, 마가렛 맥도날드, 카이 닐센 역시 전통적인 자연법사상을 비판할 때 가치로부터 사실의 엄격한 분리를 주장했다. 이들은 모두 자연법사상이 이른바 '자연주의적 오류(natural fallacy)'를 범했다고 비판했는데, 그것은 뉴턴의 객관성 개념으로부터 직접 파생된 것이었다.

윤리학에서 이러한 정의주의(emotivism)와 비인지주의(noncognitivism)가 자리를 잡은 결과 어떤 방식으로든 전통적 도덕의 합리적 기초를 마련하는 것이 사실상 불가능하게 되었다. 도덕적 판단은 느낌의 표현으로 간주되었기 때문에 심리학과 사회학이 그것을 설명해야만 했다. 그러나 심리학과 사회학 역시 이미 뉴턴 패러다임에 입각해서 구성되었기 때문에 연구대상은 외적 사실(external facts)로 취급되었고, 학문적 주장은 가치중립(value free)을 견지했다. 따라서 심리학과 사회학 같은 학문은 도덕적 신념이 사회적으로 형성된 개인과 개개의 문화적 특성으로부터 크게 좌우되기 때문에 개인이나 문화 어느 쪽에서도 '선량함'이나 '옳고 그름'을 판별할 수 있는 객관적 기준을 확보할 수 없다고 선언했다. 이런 명제가 사회에서 자리를 잡자 도덕적 의무를 합리적으로 정당화할 기준이 모두 해체되고 말았다. 도덕적 규범은 완전히 상대적 성격을 띠었

---

4) Bertrand Russell, "Reply to Criticisms," in *The Philosophy of Bertrand Russell*, ed. P. A. Schilpp (Evanston, I11.: Open Court, 1946), p. 723.

기 때문에 인류 보편의 가치를 더 이상 주장할 수 없게 되었고, 도덕을 구성하는 본질적 개념은 와해되고 말았다. 그 결과 단지 상대주의뿐만 아니라 총체적인 윤리적 회의주의가 사회 전체를 휩쓸게 되었다.

이러한 이론적 시각은 과거부터 현재까지 계속 현실에 반영되었다. 이제 종교적 근본주의와 같은 신앙고백을 제외하면 객관적으로 인정된 행위의 기준은 더 이상 존재하지 않는다. 행동의 허용범위가 광범위하게 확대되었고, 삶의 지침을 상실한 젊은 세대는 길을 잃고서 방황한다. 그 결과 성적 방종(이로 인해 AIDS가 널리 확산되었다), 조직적 소아애호증(organized pedophilia)과 그 밖의 다양한 성적 학대, 약물문화(drug culture), 그리고 무차별적 폭력과 온갖 종류의 범죄가 놀랄 만큼 증가하는 현상들이 더욱 활개를 칠 수 있었다. 인간이 살아가면서 추구해야 할 궁극적 목적을 개념적으로 명료하게 정립하지 못한 상태에서, 어떤 측면에서 성공을 추구해야 하는지를 구체적으로 확정하지도 못한 채 그저 막연히 '성공'을 추구하는 경우가 대부분이다. 현대 사회에서는 도덕적 수사를 널리 사용하고, 겉으로 보기에는 합리적 계율을 존중하는 듯하지만 사실 따지고 보면 학자들이나 일반 대중들이 자신들의 개별적 이익과 자의적으로 설정한 사회의 당파적 목적을 선전하기 위해 그럴듯하게 포장한 경우가 대부분이다. 인간을 존중하는 도덕은 이미 오래전부터 개인을 조작하는 술책으로 전락해버렸다. '윤리적' 수사로 포장된 정부의 정책을 찬찬히 들여다보면 위선적인 모순으로 가득 차 있음을 알 수 있는데, 그런 정책들은 항시 도덕적 궤변을 정당한 것처럼 주장하기 때문이다. 몇 가지 예를 들어보자. 미국 행정부는 중국의 인권 침해에 대해서는 자주 문제 삼지만, 버마와 말레이시아에서 벌어진 유사한 인권 침해에 대해서는 눈을 감아버렸으며, 한때는 페루와 아르헨티나의 강압적 독재정치를 용인하는 것도 모자라 뒤에서 조장하기까지 했다. UN은 이라크가 안전보장이사회의 결의안을 무시한다는 이유로 군사적 행동을 취했지만, 이스라엘이 무시하는 행위에 대해서는 아무런 제재를 가하지 않는다. NATO는 알바니아계 코소보인을 보호한다는 명목으로 세르비아와 전쟁을 벌였지만, 쿠르드족을 탄압하는 터키에 대해서는 아무런 조치를 취하지 않는다.

이러한 모든 것의 원인과 결과가 착종되면서 도덕적 표준과 객관성을 무시하고 불신하는 풍조가 사회에서 뿌리를 내리게 되었다. 인생의 목적을 상실한 채 방황하고 환각적 도취를 유발하는 일시적 위안의 말들(psychedelic placebos)에서 피난처를 찾으려는 경향은 젊은 세대만이 보여주는 현상이 아니다. 기성세대 역시 즉각적인 답변을 요구하는 어렵고 날카로운 질문과 마주치면서 하루하루를 살아가야만 하기 때문이다. 과학자들은 단 한 번의 실험으로 기적을 성취할 수 있는 수준까지 진보했다. 즉 그들은 이제 장기를 생체에 이식시킬 수 있고, 선천적으로 타고난 성질을 변형시킬 수 있으며, 동물을 복제하고, 생명을 연장시킬 수도 있게 되었다. 이런 과학적 성취의 정당성 여부를 묻는 질문에 답변하기 위해서는 사회적으로 공인된 어떤 도덕적 표준이 있어야만 한다. 국가는 현대 과학의 도움으로 대량살상무기를 생산할 수도 있다. 이런 국가의 행위는 과연 정당한가? 폭력을 사용해서라도 (예컨대 이라크의 대량살상무기 개발과 같은) 국가의 행위를 저지시키는 것이 과연 타당한가? '윤리적' 대외정책의 목적은 무엇이 되어야만 하는가? 이처럼 중요한 질문에 답변할 수 있으려면 어떤 객관적 표준이 먼저 정립되어 있어야만 한다. 그러나 오늘날의 상황은 어떠한가? 인류학자들의 과학적 연구를 통해 모든 객관적 표준이 폐기되고 부정된 상태에 있지 않은가? 우리는 객관적 표준이 절실하게 필요한 시대를 살고 있지만, 그런 표준에 대한 우리들의 신념은 이미 오래전부터 서서히 해체되었다.

종교

앞에서 살펴본 것처럼 뉴턴 패러다임이 종교에 끼친 영향 때문에 종교적 신념과 과학적 이해 사이에는 현저한 차이와 치열한 갈등의 전선이 형성되었고, 계몽주의시대의 불가지론의 물결이 출현했다. 이 물결은 이후 수세기 동안 광범위하게 확산되었고, 20세기에 들어서자 버트란트 러셀, 알프레드 아이어, 앤소니 플루, 장 폴 사르트르와 같은 철학자들과 니체, 마르크스, 프로이드 등으로부터 영향을 받았으면서도 종교를 거부하는 까닭을 솔직하게 털어놓지 못한 많은 학자들이 무신론을 공개적으로 주장하기에 이르렀다.

신다원주의자들은 돌연변이와 자연선택만으로도 유기체 세계의 모든 질서와 목적을 깔끔하게 설명할 수 있다고 줄기차게 주장했다. 따라서 그들은 신의 존재를 옹호하는 모든 종류의 목적론적 주장을 전적으로 무시했다. 또한 그들은 돌연변이가 고립적인 유전자들 사이에서 우연히 발생한다고 생각했는데, 이로부터 우리는 유전학적 원자론이 그들의 이론에 묵시적으로 전제되었다는 사실을 확인할 수 있다. 예컨대 다니엘 데닛은 이런 사유의 흐름을 자신의 책, 『다윈의 위험한 생각: 진화와 생명의 의미』에서 강력하게 개진했는데, 그에 따르면 우연이란 상상 속에서 존재하는 '멘델의 도서관(Library of Mendel)'에서 작동하는 것이며, 그 도서관은 자유롭게 뒤섞을 수 있는 뉴클레오티드의 잡다한 모임으로 구성되었고, 그곳에서 생존가치를 소유한 것이 임의로 '선택된다'. 그러나 선택은 '아무도 모르게' 이루어지며, 따라서 최선의 선택이나 선호 같은 것은 있을 수 없다. 우리는 여기에서 뉴턴 패러다임에 입각해서 형성된 원자론 및 기계론적 사유의 습관이 다소 은밀한 형태긴 하지만 또다시 작동하는 모습을 확인할 수 있다. 데닛은 위 책과 함께 자신의 다른 저서, 『의식의 해명』(*Consciousness Explained*)에서 명시적으로 물질주의적 입장을 취하면서 정신을 순수한 부수현상설(epiphenomenalism)[5]을 함축하는 뇌와 동일시했다. 요컨대 그가 '스카이 훅(sky-hook)'으로 부른 신을 거부한 것은 다시 한 번 "나는 그런 가설이 필요하지 않다(Je n'ai pas besoign de cette hypothèse)"라고 말했던 라플라스의 뉴턴 숭배주의로 회귀하는 것을 의미했다.

(과거뿐만 아니라 현대의) 경험주의자들은 '존재'란 속성이 아니라 항시 우발적 사건을 의미하며, 이는 어떤 것이 존재하더라도 마찬가지라고 주장한다. 따라서 신 역시 필연적으로 존재할 수 없는 것은 당연하며, 신의 존재론적 증명도 (이미 칸트가 증명했던 것

---

5) 의식은 단순히 뇌의 생리적 현상에 부수된 것이라는 설을 말한다. ─옮긴이.

처럼 그것에 뿌리를 둔 그 밖의 모든 전통적 주장들과 함께) 철회되어야 마땅하다고 역설한다. 존 핀들레이의 경우는 이런 주장을 토대로 신의 존재론적 비존재성을 제시하기까지 했다.[6]

한편, 언어철학의 유행을 추종한 학자들은 종교를 '신의 말씀(God-talk)', 즉 현실의 실재와는 전혀 관련이 없는 언어의 독특한 관행으로 축소시켰다. 예컨대 노먼 말콤은 안셀무스가 제시한 신의 존재론적 증명을 방어하기 위해 다음과 같은 논리를 개발했다. 즉 현대 논리학은 단어의 개념으로 논리적 필연성을 정의하는데, 안셀무스는 신의 개념이 그의 존재를 논리적 필연으로 전제하는 언어의 관행을 이미 채택했다는 논리가 바로 그것이다. 그러나 말콤은 가톨릭을 선호하는 자신의 편견 때문에 언어의 관행은 자의적으로 선택할 수 있다는 사실, 따라서 우리가 안셀무스의 증명 대신 무신론적 관행을 선택하더라도 그것을 저지할 방법이 전혀 없다는 사실을 간과하고 말았다.

다른 한편, 키에르케고르를 따르는 학자들은 (현재 우리가 이해하는) 과학으로부터 등을 돌린 다음, 합리적 정당화를 포기한 상태에서 곧바로 계시를 수용하는 '신념의 도약(leap of faith)'을 시도했다. 우리가 이미 관찰한 것처럼 종교적 신념과 합리적 이성이 서로 충돌하는 까닭은 그곳에 뉴턴 패러다임이 깔려 있기 때문이다. 그러나 뉴턴 패러다임에 입각해서 정의된 종교적 신념은 주관적이고, 신도와 종파에 따라 달라지면서 상대주의자의 입장을 더욱 강

---

6) Cf. J. N. Findlay, "Can God's Existence Be Disproved?" in *New Essays in Philosophical Theology*, ed. A. Flew and A. MacIntyre (New York: Macmillan, 1955), pp. 54-55.

화시켰을 뿐이다.

이런 와중에 기성 종파의 신도 수는 현저하게 줄어든 반면, 기이한 종파들이 새롭게 출현했다. 이들 중 어떤 종파는 (크리스천 사이언스나 사이언톨로지처럼) 과학의 권위를 옹호하면서 사회로부터 지탄받을 만한 심리적 압박과 강제력을 신도들에게 다양한 형태로 부과했다. 종교적 근본주의 같은 경우는 이성을 아예 내팽개쳐버렸다. 그러면서 근본주의자들과 자유주의자들 사이에, 그리고 상이한 종교의 적대적 근본주의자들 사이에 심각한 갈등을 조장했으며, 급기야는 테러리즘과 골육상잔을 초래하기까지 했다.

뉴턴 패러다임이 종교를 부식시키는 과정은 지금도 완화되지 않은 채 계속되고 있다. 아직까지도 경험적 학문만이 진리를 발견할 수 있고, 종교, 점성학, 철학 등 그 밖의 모든 학문은 미신에 지나지 않는다고 믿는 사람들이 적지 않다. 이런 학문들의 주장은 "모두 마음속에서" 구성된 것일 뿐, 객관적 사실의 기초는 전혀 확보하지 못했다고 보기 때문이다. 따라서 근대문명은 종교적 신념이 쇠퇴하고 종파들 간의 분쟁과 윤리적 회의주의가 만성화된 상황에서 불확실한 미래로 돌진하고 있으며, 개인이나 사회는 행동의 방향과 목표를 상실한 채 끝없이 방황하고 있다.

경제학

경제 영역에서는 윤리적 공리주의가 세계적 규모로 확대된 자본주의와 보편적으로 정착된 시장경제에 널리 확산되었다. 공산주의를 여전히 견지하는 국가에서도 이제는 개인적으로 사업할 수 있는 여지를 어느 정도 열어두었는데, 그들이 사업하는 동기 역시 개인적 이익을 획득하는 데 있다. 요컨대 수익과 상업적 이익이 가장 중요한 고려사항이며, 이런 사정은 유전학적 제품 판매를 고려하는 경우에도 크게 다르지 않다. 그러다 보니 유전학적 제품이 지구의 생태환경에 끼칠 위험성은 아직까지도 파악되지 않은 상태에 있으며, 각종 특허를 통해 만든 상품이 아직까지 알려지지 않은 방법으로 인간과 환경을 훼손할지도 모를 일이다. 그러나 이런 경제활동을 규제할 수 있는 방법이나 범위에 관해서는 아직까지도 합의에 도달하지 못한 상태에 있다. 요컨대 경제활동의 지배적인 동기는 수익이며, 따라서 이기심이나 도덕적 고려사항은 처음부터 아예 무시되었고, 어쩌다 입에 발린 말로 그런 얘기를 꺼내더라도 곧바로 논파되었다.

자유 시장경제가 보편적으로 정착함에 따라 다국적 기업이 성장하고, 다수의 희생을 대가로 선별된 소수의 손아귀에 부를 집중시켰다. '선진국' 경제에서도 부자와 빈민 사이의 소득 격차가 확대되었고, '선진국'과 '개도국' 간의 현격한 소득 격차는 후자를 파국 직전의 상황으로 몰아넣었다. 최빈국들은 자국의 경제를 부양하는 것보다 국제사회에서 빌린 채무를 갚는 데 더욱 많은 관심이 있다. 그러나 최빈국의 상류층은 너무도 부패한 상태에 있기 때문에 설혹 그 나라의 채무를 모두 갚아준다 해도 경제가 회복될 수 있을지는 여전히 미지수다. 세계 경제 역시 인플레이션, 불경기, '벼락 경기와 불경기의 교체(boom and bust)', 불완전한 국제환율 등과 같은 문제, 그리고 소비자의 경제적 번영이나 복지를 보호하려는 모든 종류의 국가 및 국제 사회의 진실한 규제정책이 총체적으로 실패한 문제 등과 씨름하고 있다.

노동자의 이익을 위해 자본주의의 혼돈의 물결을 저지하고자 했던 마르크스 공산주의는 이론적으로 평가할 때 뉴턴 패러다임의 물질주의적 본성으로부터 크게 오염되었으며, 따라서 개개인의 개성과 인권을 존중하지 못하는 한계를 드러냈다. 결국 공산주의는 전체주의로 귀착되었고, 전체주의는 다시 노동자의 착취를 제거하겠다고 천명한 마르크스의 공적 목표 속의 인도주의적 동기를 왜곡하고 타락시켰다. 이러한 전체주의는 소비에트 체제를 완전히 붕괴시켰고, 자유 시장경제로 거듭나려는 러시아에서 도저히 견딜 수 없을 정도의 무질서, 혼란, 빈곤, 마피아 조직의 범죄 등을 초래했다. 중국에서도 이와 유사한 과정이 천천히 진행되는 것처럼 보인다. 자본주의와 시장경제가 점차 확산되고 있기 때문이다.

경제적 성공의 기준은 경제적 성장이며, 그 성장을 측정하는 기준은 복지가 아니라 이익이다. 또한 경제적 번영을 측정하는 기준은 '못가진 자들'의 곤경을 무시하고 선택한 '가진 자들'의 생활수준이다. 또한 경제적 성장은 생산수단이 환경에 끼치는 효과를 무시한 상태에서 평가되는데, 그 효과는 해로운 경우가 대부분이다. 토양의 비옥도, 물 공급량, 삼림 지대, 광상(mineral deposits) 따위와 같은 형태의 천연자본은 경제성장의 측정지표에 포함시키지 않으며, 단지 기계, 공장, 금융조달능력 등과 같은 생산자본만을 포함시킬 뿐이다. 따라서 인류가 추구하는 경제성장은 치명적인 환경파괴를 수반하는 지속불가능한 성장이라고 할 수 있다.

뉴턴 과학의 눈부신 성공 덕분에 19세기의 생산 자동화와 산업

혁명이 가능할 수 있었다. 이후 산업화 과정이 꾸준히 진행된 결과 이제는 생명 유지에 필요한 자원이 거의 고갈된 상태에 있다. 세계 인구가 증가하고 기술적으로 '개선된' 영농 방법을 사용하면서 토지의 과잉경작, 토양 침식, 토지의 생산력 저하 등이 초래되었다. 화석연료의 사용이 증가함에 따라 대기가 유독가스와 온실가스로 오염되었다. 목장과 농지 용도로 개간한 열대우림은 토양의 상태가 적합하지 않은 까닭에 흉작을 기록하기 일쑤였고, 그 덕분에 토지만 메마르게 되었다. 열대다우림을 파괴함으로써〔그것 자체가 목적이든 경재무역(hardwood trade)이 목적이든 상관없다〕지구의 대기에 산소를 공급하는 주요 원천과 대기로부터 이산화탄소를 흡수하는 능력을 현저하게 감소시켰고, 그와 함께 먹이사슬에 결정적으로 중요하고 의학적 목적으로도 대단히 가치 있는 생명체들을 가혹하게 죽여 없앴다. 그 결과 연중 가장 좋은 시기에도 열악한 삶의 조건 때문에 식량공급이 불확실한 지역에서 사막화가 확산되고, 가뭄이 오래 지속되는 현상이 자주 나타났다. 따라서 수많은 사람들이 굶어 죽는 사태가 주기적으로 발생했는데, 종종 내전이 발발하여 이런 사태를 더욱 악화시키기도 했다. 이런 사태의 원인은 그 자체에서 찾아볼 수도 있지만 궁극적으로는 아직까지 건재한 뉴턴 패러다임의 영향력에서 찾을 수 있다. 요컨대 대지의 생명체를 부양할 수 있도록 섬세하게 조율된 지구상의 환경은 신속히 저지되지 않는다면 더 이상 회복할 수 없는 속도로(어쩌면 이미 회복할 수 없는 단계에 진입했는지도 모른다) 파괴되고 있다.

르네상스 과학이 만들어낸 자연세계를 바라보는 태도는 자연을 인간의 이익을 위해 언제든 활용할 수 있는 단순한 도구로 간주했다. 따라서 환경을 보호해야 한다는 의무감 같은 것은 사회에서 통용되는 도덕의식이나 경제적 행위에서 전혀 육성되지 않았다. 오늘날 이런 태도는 세계의 자본이 이용하려는 바로 그 수단을 고갈시키고 파괴하는 결과를 초래했으며, 또한 환경을 오염시키고 생태계를 파괴함으로써 지구상에 존재하는 생명 그 자체의 생존을 위협하고 있다.

정치학

18세기의 아이디어가 여전히 20세기의 정치를 지배하고 있다. 개인의 권리라는 개념은 정치의 건전한 기초가 될 수도 있지만, 개인이 사회에 의존해야만 한다는 사실은 거의 인정하지 않았다. 따라서 개인주의는 실증주의의 공격에도 불구하고 살아남은 정치이론과 이데올로기의 낙인을 회피한 정치이론에서 지배적인 권세를 부렸다. 이처럼 반사회적 성격과 개인주의적 성격을 동시에 지니는 권리 개념은 노직, 롤즈와 같은 학자의 사상을 지배했으며, (설혹 그들 간에 어떤 이견이 있더라도) 그들은 모두 계약이론의 형태가 사회정의의 원초적 기원이라고 주장한다.

현실정치에서 널리 공인된 좋은 정부의 표준은 자유민주주의의 정부라고 할 수 있는데, 그곳에서는 정부의 개입을 최소한으로 줄이고 개인의 자유를 크게 찬양한다. 사람들이 가장 동경하는 행동은 개인의 성공을 추구하는 기업가의 행동인데, 이들은 모두 자기 자신을 위해 일을 하면서 치열한 생존경쟁에서 승리한 사람들이다.

또한 정부가 방관자적 태도를 취하는 것을 당연시하는 한편, 공공 지출을 축소하고 세금을 줄이기 위해서 사회복지비용의 지출을 억제하고자 했다. 정당이 추구하는 목적은 공공 서비스를 제공하는 것이 아니라 권력을 획득하는 데 있다. 따라서 정당 지도자들은 사회의 진정한 정의는 뒷전으로 밀어둔 채 세금 감면과 정부의 간섭으로부터 자유롭기를 원하는 대중들의 저속한 욕망에 영합한다. 그러다 보니 대중들이 원하는 것이 사회의 필요보다 우선시되고, 개인의 이익을 추구하는 행위가 사회의 공공선을 압도해버린다. 이런 풍조에서는 결국 대중 영합주의와 관리의 부패가 불가피하게 되는데, 이런 현상은 눈에 띄지는 않지만 사회에 끼치는 해악을 결코 무시할 수 없다. 그와 동시에 정치인들은 대중의 환심을 사기 위해 자신들의 공적 언행을 얼버무리기 일쑤고, 중요한 질문을 받으면 모호하게 답변하곤 한다. 그러자 특히 젊은이들은 점차 정치인들을 불신하고, 정치로부터 거리를 두면서 선거 때 투표를 포기하는 태도를 보인다. 이런 태도는 행정부의 민주적 성격을 모호하게 만들고, 정부와 국민 간의 균열을 지속적으로 확대시킨다.

결국 지금까지 개인의 자유를 역설한 사람들의 노력은 도로아미타불이 되어버렸고, 그들이 성취한 것이라고는 민주주의의 진정한 원리를 서서히 붕괴시킨 것뿐이었다. 공공복지에 영향을 끼칠 수 있는 중요한 문제들은 일반투표에 의한 선거를 통해서 결정되는데, 이는 대부분 무식하고, 이기적이며, 판단하는 데 필요한 최소한의 자질도 갖추지 못한 다수가 결정하는 것을 의미한다. 반면 경제적 기득권층의 권력은 로비스트를 고용하여 정당에 돈을 뿌릴 수 있는 능력에 비례해서 증가한다.

민주주의 국가가 앞에서 검토한 병폐들로 몸살을 앓고 있는 반면, 독재 정권은 인권을 유린하고, (수력발전을 위해 방대한 지역에 물을 가득 채울 수 있는 댐을 건설한 중국처럼) 환경파괴와 심각한 사회적 혼란을 야기할 가능성이 많은 과도한 경제계획에 착수했다. 또한 개발도상국가들의 지배 권력은 선진국의 사례를 본받아 정치를 자유화하려는 모든 시도를 탄압하고, 군사 쿠데타를 일으켜 군사 독재정부를 수립함으로써 민주적 정치제도를 제정하려는 시도를 가차 없이 전복시켜버렸는데, 이렇게 수립된 독재정부는 국민을 더욱 배고프게 만들었으며, 독재자들은 한없이 배부르게 만들었다 (인도네시아와 나이지리아는 이런 현상을 전형적으로 보여주는 사례 중 일부에 지나지 않는다).

하지만 뉴턴 패러다임의 원자론 및 분리주의적 사고방식이 만들어낸 가장 치명적인 결과는 국제정치의 이론과 현장에서 나타났다. 이곳에서 가장 중요한 개념은 국가 주권의 독립성인데, 현재 모든 인종집단은 그 개념을 요구하고, 모든 국민국가는 그것을 철저히 신봉하고 있다. 그러나 독립된 국민국가가 각자의 배타적 주권을 주장함으로써 국제정치적 난국이 생겨났지만 아직까지도 그것을 진지하게 성찰한 경우는 그렇게 많지 않다. 하지만 그 난국은 대단히 골치 아픈 문제를 끊임없이 만들어내고 있기 때문에 다음 장에서 독립적으로 고찰해볼 필요가 있다. 앞에서 상세하게 검토한 것과 마찬가지로 독립적인 주권 국가가 세계무대에서 존재하는 국가들의 유일한 형태일 뿐만 아니라 가장 자연스런 정치구조라는 고정관념이 아직까지도 건재한 까닭은 17세기와 그 이후 세기의 전형적 세계관이 20세기에도 여전히 살아 있기 때문이다.

세계 문명을 자멸의 길로 이끌고 있는 위와 같은 낡은 정신적 편견을 시급히 떨쳐내는 것이 현재 인류가 직면한 과제다. 20세기의 새로운 과학적 패러다임은 뉴턴 물리학의 고전 패러다임을 이미 대체했다. 그렇다면 그와 유사한 대체가 물리학 이외의 분야에서도 발생해서 확고하게 정착할 수 있을 것이다. 20세기에 새롭게 등장한 패러다임은 세계 문제를 새로운 시각에서 해결할 수 있는 방법을 제공할 수 있는데, 이에 대해서는 다음 장에서 국가 주권 문제가 제기하는 엄청난 장애물을 비교적 구체적으로 검토한 후 장을 바꿔 상세하게 고찰하고자 한다.

paradigm
+
thinking

제4장

국가 주권 문제와 국제관계

서양의 정치 사상가들은 대략 근대 국민국가가 출현한 시기와 같은 시기인 15세기에서 16세기 즈음에 국가 주권 이론을 제시했다. 코페르니쿠스가 태양계의 중심은 지구가 아니라 태양이라는 혁명적 발상을 제시한 시기도 바로 이 무렵이었다. 당시의 정치 사상가들이 국가 주권 이론을 제시하면서 사용한 이론적 개념과 생각은 로마법으로부터 파생되고 중세시대로부터 계승한 자연법과 원초적 계약이라는 사상이었는데, 그들은 이 사상을 르네상스 시기의 과학적 패러다임에 부합하도록 수정해서 사용했다. 당시 그들이 만들어낸 일반적 전제는 시민사회가 성립하기 이전의 인간은 자연상태에서 살았지만 각자의 자연권을 포기하고 서로 계약을 체결함으로써 자연상태에서 벗어나 법질서가 유지되는 시민사회에서 살아간다는 것이었다. 그러나 모든 사상가가 이런 개념을 사용하여 동일한 결론을 도출한 것은 아니었다.

주권 이론은 크게 두 가지 유형이 있는데, 하나는 (영국 내전 당시 왕당파들이 마음에 두었던 이론으로서) 가톨릭의 왕권신수설 전통에서 출발하여 신성로마제국의 후예들이 계승한 이론이다. 다른 하나는 종교개혁에서 출발하여 네덜란드와 영국의 전제정치에 항거한 사람들이 꽃피운 이론이다. 장 보댕과 토마스 홉스의 저작에서 전형적으로 확인할 수 있는 첫 번째 유형의 주권 이론은 주권자의 대권과 절대 권력을 강조한다. 알투지우스, 존 밀턴, 존 로크 등의 저작에서 전형적으로 예시된 두 번째 주권 이론은 시민의 권리와 피치자의 동의가 중요하다는 사실을 역설한다. 주권 이론의 각 유형은 근대 시민사회에서 정부가 갖추어야 할 본질적 특성에도 주목한다. 첫 번째 유형은 정부가 법을 집행할 수 있는 절대 권력을 소유한 종심법원을 반드시 갖추어야 한다고 강조한다. 반면, 두 번째 유형은 정부가 통치능력을 계속 유지하려면 주권을 행사할 때 국가의 공공 이익에 기여함으로써 정당성을 획득하고, 피치자의 동의에 기초해서 정부의 권위를 확립해야 한다는 사실을 강조한다. 일찍이 나는 주권의 이러한 두 측면을 각각 법률적(juristic) 주권과 윤리적(ethical) 주권으로 명명한 바 있다.[1] 또한 주권 이론은 코페르니쿠스가 도입한 새로운 자연과학

---

1) Cf. E. E. Harris, *The Survival of Political Man* (Johannesburg: Witwatersrand University Press, 1950), p. 35f; idem, *Annihilation and Utopia* (London: Allen and Unwin, 1966), p. 37; idem, *One World or None* (Atlantic Highlands, N. J.: Humanities Press, 1993), p. 44.

적 패러다임의 주요 특성을 반영했다는 사실에 주목할 필요가 있다. 먼저 원자론적 사고방식에서 파생된 고립주의(isolationism)를 꼽을 수 있는데, 이런 특성을 반영한 주권은 상호 독립된 개별적 단위로 존재한다. 또한 개인주의(individualism)를 반영한 인간은 타인과 국가 권력의 횡포에 저항해서 자연권의 이름으로 양도할 수 없는 결사의 권리를 주장할 수 있는 존재로 간주되었다.

홉스의 이론에서 인간은 본래 이기적이고, 탐욕적이며, 공격적 본성을 지닌 존재로 정의되었다. 따라서 그들은 자연상태에서 상대낭에 대한 적개심을 품고서 끊임없이 싸운다. 이처럼 공포와 불안이 팽배한 상태에서는 생명을 유지하기가 지극히 어렵고, 사적 소유나 쾌적한 삶의 환경을 보장받을 가능성이 전혀 없다. 따라서 개개인들은 각자의 이성이 안내하는 바에 따라 절대 권력을 가진 주권자의 자격으로 자신들을 통치할 한 사람에게(또는 집단에게) 자신들이 소유한 자연권을 양도한다는 내용의 계약을 체결한다.

계약의 법적 개념은 계약 당사가가 독립적인 인간이고, 각자는 자신에게 고유한 이익을 추구할 것을 전제하는데, 이곳에서 우리는 르네상스의 패러다임에서 형성된 원자론적 사고방식이 또다시 반영되어 있음을 확인할 수 있다. 아울러 이와 동일한 사유의 경향성은 아담 스미스의 저작에 나타난 경제적 사고방식에서도 확인해 볼 수 있다.

주권의 법률적 측면을 강조하는 학자들은 국가가 복종해야 할 권위는 (신을 제외하면) 이 세상에 존재하지 않기 때문에 국가들은 자연상태에서 상호작용하면서 존재한다는 사실에 모두 동의한다. 따라서 국가들은 잠재적으로 서로 적대관계에 있고, 끊임없이 대

립하는 전쟁상태에 처해 있는데, 이런 상태는 클라우제비츠가 19
세기에 주장했던 것처럼 단순히 다른 수단을 갖고서 수행하는 정
치(simply conducted by other means)[2]를 의미한다. 홉스는 다음
과 같이 주장한다.

동서고금의 역사에서 왕과 주권자는 독립적인 개별자로 존재하
기 때문에 상대방을 끊임없이 질투하고, 항시 검투사와 같은 마음
가짐과 태도를 취했다. 또한 무기를 상대방에 겨냥하면서 서로 감
시를 게을리 하지 않았다. 즉 자신이 통치하는 왕국의 국경에 요
새, 수비대, 포대 등을 설치하고, 인접 왕국을 끊임없이 염탐했다.
이런 상태가 바로 전쟁을 준비하는 자세였다.[3]

스피노자 역시 다음과 같이 주장한다.

두 개의 국가는 본래부터 적대관계에 있다. 자연상태에서 존재

---

2) 클라우제비츠는 "… 전쟁이란 단순히 정책을 수행하는 것이 아니라 진정한 정치적
수단이다. 즉, 다른 수단을 갖고서 정치적 교섭을 계속하는 것이다(… war is not
merely an act of policy but a true political instrument, a continuation of political
intercourse, carried on with other means.)"라고 말했다. Carl von Clausewitz, *On
War*, ed. and trans. by Michael Howard and Peter Paret (Princeton: Princeton
University Press, 1976), p. 87. 이 말의 요체는 전쟁은 그 자체로서 목적이 될 수 없고,
반드시 정치적 목적을 달성하는 수단으로 '제한' 되어야 한다는 것이다. 만일 수단의
한계를 넘어서서 전쟁 그 자체가 목적이 될 경우 전쟁은 클라우제비츠가 '절대전쟁
(absolute war)' 이라고 정의했던 것, 즉 전쟁의 극한 상태로 치닫게 된다. 클라우제비
츠의 이런 관점을 보통 '정치 우위의 원칙(the primacy of politics)' 이라고 말한다. –
옮긴이.
3) Thomas Hobbes, *Leviathan* (Oxford: Clarendon Press, 1943), chapter 13. (원문에
"chapter 3." 으로 되어 있는 것을 바로잡는다. – 옮긴이.)

하는 인간이 적대관계에 있기 때문이다. 따라서 국가 밖에서 자연
권을 소유한 모든 사람은 적대관계에 있다.[4]

헤겔도 스피노자와 동일한 견해를 갖고 있다.

국가 주권은 타국과의 관계를 규율하는 원리이기 때문에 국가
들 간의 관계는 어느 정도 자연상태의 성격을 띤다. … 따라서 국
가들이 어떤 문제에 대해 합의에 도달하지 못하고, 각국의 개별적
의지를 조화시킬 수 없을 때 문제를 해결하는 방법은 전쟁에 의존
하는 수밖에 없다.[5]

주권의 윤리적 측면을 중시한 다른 사상가들은 그들이 생각한
자연의 법칙을 통해 국가 내부의 권력을 제한하고자 했고, 그로티
우스처럼 국가의 권위 밖에서 국가보다 우위에 있는 자연법에 입
각해서 국가들의 행위를 규율할 수 있는 수단을 찾아내거나 만들
어내고자 했다. 오늘날 우리가 얘기하는 국제법의 기원이 바로 여
기에 있다.

자명한 얘기지만, 모든 종류의 사회 조직은 묵시적으로 인정되
거나 공개적으로 발표된 법, 또는 관습적으로 준수되거나 행정부
가 제정한 법 등을 통해 구성원들의 행동을 규율할 수 있어야만 한
다. 그런 사회에서 생활하는 사람들 중에는 자신의 이익을 위해 사

---

4) B. Spinoza, *Tractatus Politicus*, chapter 3, p. 13.
5) G. W. F. Hegel, *Philosophie des Rechts*, section 333-334, trans. T. M. Knox, *Hegel's Philosophy of Right* (Oxford: Clarendon Press, 1953), pp. 213-214.

회의 규칙을 파괴하는 사람이 있기 마련이다. 따라서 사회의 건강한 질서를 유지하기 위해서는 그들의 행위를 통제할 수 있는 어떤 강제의 방법이 반드시 존재해야만 한다. 더욱이 사람마다 법을 다르게 해석할 수 있기 때문에, 해석상의 분쟁이 발생할 경우 그것을 공정하게 조정할 수 있는 권위가 필요하다. 분쟁을 해결하고 반사회적 행동을 방지할 수 있으려면 유사시 최후의 수단을 동원할 수 있고 사적 개인의 도전을 물리치면서 법률을 집행할 수 있는 권력을 소유한 국가의 최고권위가 필요하다. 바로 이런 존재가 법률적 주권자요, 법률이론의 존재 근거다. 이런 식으로 생각한 주권은 분할할 수 없는 성격을 띤다. 만일 여러 세력이 주권을 공유한다면 그들의 행동과 결정에서 분쟁이 발생했을 때 그들을 중재할 수 있는 더욱 우월한 세력이 존재해야만 하는데, 그런 세력이 결국 최고 주권자가 될 수 있기 때문이다. 또한 주권은 양도할 수 없는 성격을 띤다. 주권이 누구에게 귀속되든 상관없이 그것은 최고의 권위를 의미하며, 그것보다 상위 수준에서 주권을 타인에게 양도할 수 있는 권위는 더 이상 존재하지 않기 때문이다. 주권자가 자신의 지위를 스스로 제한하거나 포기하는 일도 결코 상상할 수 없다. 설혹 주권자의 권력이 임명된 관리에 위임되더라도 주권자의 지위는 여전히 절대적 권력을 보유하기 때문이다.

한편, 공동체를 통치하는 권력은 순전히 개인이 소유한 물리적 강제력을 넘어서는 그 무엇이며, 그러한 권력을 행사하려는 사람들은 피치자들 다수의 협력과 동의를 획득하는 경우에 한해서만 순조로운 통치가 가능하다고도 볼 수 있다. 이런 시각에 따를 때 통치자가 사회적 단체를 통치할 수 있는 권한을 부여받으려면, 피

치자의 복지를 개선하고 그들의 신뢰를 꾸준히 획득할 수 있어야
만 한다. 따라서 통치자가 소유한 정치권력의 진정한 힘은 항시 피
치자의 공동체에서 비롯되며, 그들에게 허용된 시민의 권리를 보
호하고 그들의 복지에 기여한 정도에 따라 정당성 여부가 결정된
다. 군사력에만 의존하는 지배자들조차도 병사들이 충성을 바쳐야
만 효과적인 지배가 이루어질 수 있고(병사들을 오로지 총알받이
로만 취급한다면 그들의 충성심은 오래가지 못할 것이다), 피지배
자들의 근면성이 뒷받침되어야만 군비와 보급품을 원활하게 공급
받을 수 있다(이런 과정도 피지배자들 다수가 자신들의 직분에 만
족하면서 작업을 해주어야만 지배자가 믿고 의지할 수 있다). 이렇
게 본다면 윤리적 주권 이론 역시 설득력 있는 진리를 많이 포함하
고 있음을 알 수 있다. 그런데 우리가 여기에서 주목해야 할 문제
는 16세기와 17세기에 출현한 법률적 주권 이론과 윤리적 주권 이
론 모두가 개인주의적 인간관과 고립주의적 주권국가관에 입각해
서 구성되었으며, 뉴턴 패러다임의 산물인 이러한 인간관과 국가
관이 오늘날의 정치사상까지도 여전히 지배하고 있다는 사실이다.

　실제 현실에서는 주권의 이러한 두 측면이 결합되어 실행되고
있으며, 따라서 어떤 이론가들은 국민의 의지를 절대적인 것으로
간주하는 개념 속에서 주권의 두 측면을 융화시켰다. 예컨대 스피
노자는 그런 생각을 다음과 같이 표현했다.

　　인간이 공동으로 권리를 소유하고, 모두가 마치 한마음을 가진
　　것처럼 행동하는 곳에서는 분명히 … 그들 각자는 권리를 덜 소유
　　하고, 그 밖의 모든 사람은 특정 개인보다 더욱 많은 힘을 소유한

다. 즉 개인은 공동체의 법률(jus)이 개인에게 양도한 권리를 제외한 어떠한 실제적 권리도 사실상 소유할 수 없다. 개인의 권리 외적인 영역에서는 공동체의 동의를 통해서 명령받은 것이나 공동체의 권리가 강제한 것이면 무엇이든 수행해야 한다. 공동체 구성원 다수의 권력을 통해 정의한 이러한 권리가 바로 주권(imperium)이다. 공동체의 동의를 통해 공화국을 다스리게 된 사람은 이러한 (권력을) 절대적으로 소유한다.[6]

홉스와 함께 주권은 절대적이고 양도할 수 없으며 분할할 수 없는 성격을 지녔다는 사실을 인정한 루소 역시 주권은 오직 공동체 전체(people as a whole), 또는 자신이 '일반의지(General Will)'라고 지칭한 것에 귀속된다는 결론을 내렸다. 주권은 루소가 구상한 사회계약을 통해 출현하는데, 구체적 내용은 다음과 같다.

우리들 각자는 자신의 인격과 모든 권력을 일반의지의 최종적 지도 아래 공동으로 관리할 수 있도록 허용한다. 우리가 법인 자격으로 행동할 때는 각 멤버를 전체로부터 분리할 수 없는 부분으로 간주한다. …

이러한 공적 인간은 마치 모든 사람들의 연합을 통해 형성되는 것처럼 보이는데, 그곳의 멤버들은 공적 인간이 수동적 상태에 있을 때는 '국가(State)'로 부르고, 능동적 상태에 있을 때는 '주권자

---

6) B. Spinoza, *Tractatus Politicus*, chapter 3, p. 13.

(Sovereign)' 라고 부른다.[7]

　그럼에도 불구하고 개인을 각자의 폐쇄된 영역에서 배타적 권리를 소유하는 고립적 존재로 간주하는 개념은 각 국가를 독립적 단위로 간주하고 각자의 영역에서 국가가 최고의 권위를 소유한다는 개념과 함께 여전히 존속했다.

　최근의 철학자들은 16세기와 17세기의 전형적 전제들을 묵시적으로 수용한 이러한 이론들을 다시 설명, 비판, 수정하는 노력을 기울였다. 그러나 그들은 그러한 전제들을 근원적으로 대체하지는 못했다. 1920년대와 1930년대 이후 주권에 관해서 쓴 책 중에서 기존 주권 이론의 주요 내용을 이런 저런 방식으로 다시 확인한 수준을 조금이라도 넘어선 책은 거의 눈에 띄지 않는다. 현재까지 국가가 취한 행동을 관찰해보면, 주권 이론의 주요 사상가들이 제시했던 원리와 거의 유사한 원리가 국가의 행동을 계속 지배했다는 사실을 쉽게 확인할 수 있다. 정부는 법률을 제정하고 집행할 수 있는 절대적 권리를 주장했으며, 개개인이 요구한 자유를 허용한 경우에도 (행정부와 사법부 같은) 주권 기관이 법률을 제정하여 개인의 자유를 인정하고 보호해주어야만이 비로소 효력을 발휘할 수 있다. 그러나 통치자 역시 피치자가 묵종하고 기꺼이 따라주는 경우에만 권력을 유지할 수 있다. 만일 국민 전체가 집권당에 저항한다면 집권당은 이내 권력을 상실하고 말 것이다. 민주주의 국가에서는 선거 시기에 권력의 교체가 발생하고, 전체주의 체제에서는

---

7) J. J. Rousseau, *Du contrat social* (Leipzig: Gerhard Fleischer, 1818), chapter 6.

무혈혁명이나 폭력혁명을 통해 권력이 교체된다. 실제로 이런 현상은 소련과 동유럽의 소련 위성국, 남아프리카, 라틴 아메리카 등지에서 발생했다.

국제정치의 세계에서도 사정은 다르지 않다. 비록 국제연맹이나 국제연합과 같은 국제기구가 등장했지만 현재까지도 국가 간의 관계를 지배하는 원리는 홉스, 헤겔, 클라우제비츠 등이 제시한 원리와 크게 다르지 않기 때문이며, 국가들이 자국의 주권을 주장하고, 또 국가들 사이에서 각국의 주권을 인정하는 관행이 지금처럼 계속되는 한 앞으로도 사정은 크게 바뀌지 않을 것이다. 국가의 주권은 분할할 수 없기 때문에 요즘 가끔 제기되는 주장, 즉 국가의 주권은 국제법과 국제연합이 부과하는 책임의 제약을 받아야 한다는 주장은 받아들이기 어려운 주장일 뿐이며, 그 밖의 다양한 이유도 쉽게 확인해볼 수 있다. 국제법을 준수하고 국제연합의 결정을 존중하는 문제는 항시 권력을 쥔 정부의 독자적인 결정과 정책에 따라 좌우되기 마련이다. 이처럼 국가가 주권의 독립성을 강력하게 주장하기 때문에, 세계 평화를 유지하고 지구의 환경을 보존하려는 노력이 번번이 좌절된다. 사람들은 앞에서 검토한 문제의 심각성을 거의 자각하지 못하지만, 앞으로 이런 문제에 적극적으로 대처하지 않는다면 21세기 인류의 미래는 대단히 암울한 것이 되고 말 것이다.

국제정치의 세계에서 주로 확인할 수 있는 것은 주권의 법률적 측면이다. 각 국가는 주권의 독립성을 주장하고, 다른 국가에게도 그러한 독립성의 승인을 요구한다. 국가는 자국의 내정으로 판단하는 문제에 외국이 간섭할 경우 강력하게 저항한다. 또한 어떤 대가를 치르더라도 모든 종류의 내정간섭으로부터 스스로를 지켜내고자 하고, 자국의 내정문제에 대해서 절대적 관할권을 주장한다. 아울러 국가는 자국의 사활을 건 이익이라고 판단한 것을 배타적으로 그리고 집요하게 추구한다.

정치인들이 일상적으로 사용하는 언어에서 위와 같은 사실을 쉽게 확인해볼 수 있다. 특히 유럽연합에 대해서 회의적 견해를 가진 영국의 정치가들이 유럽통합 문제와 관련해서 하는 얘기를 신문 같은 데서 한 번이라도 읽어보라(라디오를 청취하거나 텔레비전을 시청해도 좋다). 그러면 그들의 마음속에서 주권 유지와 동일한 것으로 간주하는 국가이익을 항시 최우선시한다는 사실을 이내 확인할 수 있을 것이다. 유럽의 다른 나라에서 활동하는 대부분의 정치가들 역시 같은 태도를 보여준다. 설혹 그들이 긴밀한 유럽통합에 대해서 우호적 입장을 취하더라도 사정은 크게 다르지 않다. 미국의 대통령이나 의회 의원들이 하는 얘기 역시 자국의 국방이익이나 경제적 번영 등 어떤 것이든 상관없이 국가이익을 한결같이 옹호하는 쪽에 초점을 맞춘다. 개발도상국가들 또한 자국 주권의 독립성을 강력하게 주장하는데, 옛 유고슬라비아, 독립국가연합, 옛 소련 등에서 발생한 인종분규와 옛 체코슬로바키아에서 발생한 타 인종 간의 다소 위협적인 긴장 분위기 등은 모두 몇몇 인종집단이 주권의 독립성을 주장하면서 발생했다. 코소보의 알바니아계 주민들도 이들과 유사한 주장을 함으로써 2차 세계대전 이후 유럽에서 발생한 참사 중 최악의 참사를 촉발시켰다.

주권의 윤리적 측면은 정부가 국가이익에 부여한 우선권에도 함축되어 있다. 국가의 중요한 이익은 어떻게든 국민의 공공복지에 기여한다고 보기 때문에 정권을 획득한 정부가 주권을 행사할 수 있는 자격을 유지하려면 국가이익을 효과적으로 보호할 수 있어야만 한다. 요컨대 국가이익이란 간단히 말해 개인의 이익을 그 개인이 소속된 정치단체에 양도한 것을 의미한다. 오늘날 몇몇 국가에서 국민이 진정으로 공유하는 이익이 그들의 정부가 국가이익이라고 강변하는 것과 실제로 일치하는지는 좀 더 따져봐야 할 문제다. 그러나 실제 현실에서 정부는 늘 양자가 일치한다는 전제하에 행동한다.

(옛 상설국제사법재판소의 규약에 있는 조항과 유사한 내용을 반복한) 국제사법재판소의 규약은 오직 주권국가만이 국제법의 주체가 될 수 있다고 못 박았다. 그러나 국제법에서 정의한 주권 개념은 국제법이 가정한 주체의 절대 권력과 독립적 지위를 고스란히 남겨두었다. 따라서 라우터파흐트 박사는 이런 사정을 다음과 같이 설명했다. "주권국가는 그것보다 상위에 있는 중앙행정기구를 인정하지 않는다. 국가보다 상위에 있는 입법자도 인정하지 않는다. 또한 국가보다 상위에 있는 재판관에게 복종할 필요도 없다." 또 1928년 팔마스 사건(Palmas case)을 판결했던 후버 판사는 다음과 같이 선언했다.

국가 간의 관계에서 주권은 독립성을 의미한다. 이러한 독립성을 지구의 표면을 구획한 영역으로 표현하면 특정 영역 내부에서 여타의 모든 국가를 배제한 후 국가의 기능을 독자적으로 행사할 수 있는 권리를 의미한다. 지난 수세기 동안 국가 내부의 조직이 개발되면서, 그리고 그에 따라 국제법이 개발되면서 국가가 자국

의 영토 내에서 배타적 권력을 소유한다는 원리가 확고하게 정립
되었다. 이렇게 형성된 주권 개념은 이후 국제정치와 관련된 대부
분의 분쟁을 해결하는 데 필요한 출발점을 제공했다.[8]

상설국제사법재판소는 1923년 카렐리야 동부지방 사건을 처리
하는 국제연맹에 조언하면서 국가주권의 독립성을 인정하는 것이
'국제법의 근본원리'라고 밝혔다.

그러나 만일 주권이 라우터파흐트 박사의 정의에 따라 법률적
으로 정의된다면 국제법의 권위는 곧바로 사라져버린다. 왜냐하면
주권국가가 더 이상 주권을 유지할 수 없고, 국가의 입법기관보다
상위의 입법기관을 인정할 경우 국가는 더 이상 국제법의 주체가
될 수 없기 때문이다. 같은 논리로 국가가 그 자체보다 상위에 존
재하는 재판관에 복종할 의무가 없다면 국제사법재판소에도 복종
할 의무가 없어진다. 실제 현실에서는 분쟁 당사국들이 국제사법
재판소의 결정을 수용하겠다고 동의한 사건만을 국제사법재판소
가 심의할 수 있을 뿐이며, 만일 국제사법재판소의 판결이 당사국
의 마음에 들지 않는다면 어떤 국가도 그 판결을 거부할 수 있게
된다.

따라서 국제법의 권위는 이론적으로도 허구에 불과하며, 제도
적으로 정착된 입법부가 아니라 (보통 입법조약이라고 부르는) 헤
이그 조약과 같은 협정에 겨우 의존해서 국제법을 만든다는 사실

---

8) H. Lauterpacht, *The Function of Law in the International Community* (Oxford: Clarendon Press, 1933), p. 64.

을 감안할 때 국제법의 불완전한 성격은 더욱 분명하게 드러난다. 이제 사람들은 조약을 신성한 것으로 간주하고, 국제법학자들은 "조약은 준수되어야 한다(pacta sunt servanda)"고 역설하지만, 실제 현실에서 국가는 조약을 준수하면 자국의 이익에 도움이 된다는 판단이 서는 경우에 한해서만 준수할 뿐이다. 조약을 준수해도 국가의 (이른바 '사활을 건') 이익에 아무런 도움이 되지 않는다면 국가는 늘 조약을 폐기하거나 무시해버렸다. 하여튼 주권을 가진 국가는 자국의 이익의 관점에서 조약을 해석할 자유를 가지며, 상황이 허락한다고 판단될 때는 언제든지 조약에서 탈퇴할 자유도 갖고 있다. 일찍이 시어도어 루스벨트와 우드로 윌슨 대통령은 적절한 시기라고 판단되면 언제든지 국가는 조약을 포기할 수 있다고 주장한 바 있다. 1870년 하원에서 연설한 글래드스톤 역시 "1839년에 체결된 벨기에 중립국 보장 조약(Belgian Guarantee Treaty)이 존재한다는 단순한 사실만으로 조약의 의무를 수행해야 할 시점에서 국가가 처한 특수한 사정을 완전히 무시한 채 모든 조약 당사국들을 무조건 구속할 수 있다는 시각을" 부정했다. 그 밖의 많은 정치가들도 이와 비슷한 견해를 발표했으며, 여러 국가의 지배적인 행동 패턴이 그들의 견해를 확증하고 있다.

역사의 페이지를 펼쳐 보면 조약을 폐기한 수많은 사례가 어지럽게 널려 있다는 사실을 쉽게 확인할 수 있다. 몇 가지만 예를 들어보기로 하자. 1668년 영국의 찰스 2세는 스웨덴 및 네덜란드와 동맹조약을 체결했다. 그러나 약 4년 후 그는 루이 14세와 함께 네덜란드를 상대로 전쟁을 벌였다(1670년[9] 프랑스와 체결한 도버 비밀 조약에 사인했다). 1818년 러시아, 프러시아, 오스트리아, 영국은 4국 동맹을 체결하면서 "동맹국 사이에서나 동맹국 이외의 다른 국가와의 관계에서 국제법의 원리를 엄격하게 준수하는 의무를 결코 포기하지 않겠다는 만고불변의 결정"을 엄숙하게 선언했다. 그러나 1831년 러시아의 황제는 비엔나 회의에서 러시아가 서명한 조약에 따라 탄생한 폴란드 왕국을 침략했다. 이후 영국은 선전포고를 전혀 하지 않은 채 터키 함대를 격침시켰고, 프러시아는 어떤 구실이나 권리도 제시하지 않은 채 슐레스비히와 홀스타인 공국을 점령해버렸다. 이처럼 국제법과 조약 의무를 파기한 사례가 19세기 역사 전체를 가득 채웠으며, 그런 역사적 추세는 20세기 초반 독일의 빌헬름 황제가 자신이 벨기에의 중립국 지위를 존중하기로 약속했던 1914년의 조약문을 '휴지조각'처럼 찢어버리면서 절정에 달했다. 1차 세계대전 후 국제평화를 위해 마련된 베르사이유 강화조약이나 국제연맹 중 어떤 것도 아돌프 히틀러가 자르 지방을 다시 점령하고 오스트리아를 합병하는 것을 방지하지 못했고, 히틀러가 뮌헨에서 프랑스 및 영국과 함께 직접 서명한 협정조차도 1938년 히틀러가 단행한 체코슬로바키아 침공을 저지시키지 못했다.

이처럼 조약을 붕괴시키는 역사가 끊임없이 지속되는 까닭은 자명하다. 모든 국가는 주권을 주장하고, 항시 자국의 국가이익을 우선시하는 방향에서 배타적으로 주권을 행사하기 때문이다. 주권으로 무장한 국가들은 자국보다 상위의 권위를 전혀 인정하지 않

---

9) 영국과 프랑스가 도버 비밀 조약에 사인한 시점은 1670년 6월 1일이다. 원문에는 1771년으로 되어 있으나 1670년으로 바로잡는다. ─ 옮긴이.

는다. 따라서 주권국가가 어떤 '불가항력(force majeur)'으로부터 위협을 받는 상황이 아니라면 그들에게 조약의 의무를 강제할 수 있는 방법이 현실적으로 존재하지 않는다. 이렇게 볼 때 일찍이 (조약은 반드시 준수되어야 한다는) 국제법의 근본 원칙은 "당위의 영역을 결코 벗어날 수 없다(bleibt daher beim Sollen)"[10]고 천명했던 헤겔이 옳았다고 할 수 있다.

2차 세계대전 후 국제연합이 창설되면서 모든 상황이 바뀌었다고 말하는 사람이 있을지 모르지만 실제 현실을 그렇지 않다. 국제연합 헌장 그 자체는 조약문과 크게 다를 바 없다. 특히 국제연합 헌장은 제2조에서 국제연합의 조직을 모든 회원국의 주권 평등의 원칙에 입각해서 구성하도록 명시했다. 따라서 남아프리카, 이스라엘, 북한, 이라크 같은 경우만 해도 안전보장이사회의 결의안을 지금까지 수없이 무시했으며, 상임이사국들 역시 자국의 국가이익과 양립하지 않는다고 판단되는 안전보장이사회의 모든 결정에 대해서 거부권을 행사할 수 있도록 되어 있다. 어떤 회원국이 국제연합의 총회나 안전보장이사회에서 합의한 결정을 무시하거나 거부했을 경우 그 회원국은 주권을 소유했기 때문에, 어떤 형태의 군사적 위협을 선택하지 않는다면, 결정에 따르도록 강제할 수 없는 게 현실이다.

주권국가에 대한 모든 강제력은 결국 군사력을 수반한다. 군사력이 뒷받침되지 않은 경제적 제재나 그 밖의 비군사적 제재는 효력을 발휘할 수 없기 때문이다. 만일 제재를 받는 국가가 '반항하

---

10) Hegel, *Philosophie des Rechts*, section 333.

려 든다면' 국제적 연대를 통해 제재할 필요가 있으며, 그러기 위해서는 어떤 형태의 압력을 통해 국제연합 회원국들이 제재에 동참할 수 있도록 설득하는 작업을 할 필요가 있다. 그러나 제재를 뒷받침할 군사력이 준비되지 않는다면 제재는 실패로 돌아가는 게 상례다. 따라서 (아이티 사례나 세르비아에 군사적 위협을 가했던 사례처럼) 종종 해양봉쇄를 개시하고 강력한 제재수단 등을 동원해서, 제재를 받아야 할 국가가 자국의 군사력을 이용해서 제재를 무력화시키려는 기도를 차단할 필요가 있다. 요컨대 효과적 제재수단은 어떤 형태로든 전쟁뿐이다. 그러나 국제질서가 유지되려면 평화가 유지되어야 하고, 평화가 유지되려면 국제법의 지배라는 조건이 충족되어야 하는데, 현실에서는 군사적 갈등이 발생해서 그런 조건을 와해시켜버리고 만다.

따라서 국제연합은 세계평화를 유지할 수 있는 능력과 채비를 충분히 갖추지 못했다고 평가할 수 있다. 국제연합이 회원국에게 결의안을 강제하려면 콩고, 한국, 쿠웨이트, 이라크 등에서 그랬던 것처럼 (결국에는) 전쟁을 치르는 수밖에 없기 때문이다. 또한 국제연합은 보스니아, 나고르노 카라바흐(Nagorno-Karabakh),[11] 체첸 등지에서 발생한 내전을 평화적으로 해결하고자 노력했지만, 회원국의 주권을 존중해야 한다고 규정한 국제연합 헌장의 의무조항 때문에 별다른 성과를 거두지 못한 채 실패하고 말았다. 국제연합은 국제사회에서 분쟁이 발생했을 때 판결을 내릴 능력도 없

---

11) 본문에는 "Kavorno-Karabakh"로 되어 있으나 "Nagorno-Karabakh"로 바로잡는다. — 옮긴이.

다(국제연합이 옛 유고슬라비아의 분쟁 당사자들을 중재하려고 노력했지만 결국 수포로 돌아간 사례가 이를 증명한다). 설혹 국제연합이 판결을 내릴 수 있다고 해도 그 판결을 실행에 옮길 능력이 없다. 중재에 나선 국제연합의 집행기관은 엄정하게 중립을 지켜야만 하며, 중재를 시작하려면 먼저 분쟁 당사자인 주권국가의 동의를 반드시 얻어야 한다. 따라서 국제연합의 중재활동은 보스니아의 사례처럼 계속 실패할 수밖에 없었다. 그러나 문제는 여기에서 그치지 않는다. 국제연합의 회원국들은 (항시 자국의 국가이익을 우선시하기 때문에) 분담금 지출을 만성적으로 등한시한다. 따라서 국제연합의 집행기관에 종사하는 유능한 인력들이 헌신적으로 노력하는데도 불구하고 집행기관이 매번 실패하는 모습을 보여주는 까닭은 결코 이해하기 어려운 문제가 아니다.

그러나 코소보에서 발생한 참사를 보고 있노라면 국제사회의 질서가 얼마나 엉성하고 부조리한 상태에 있는지 명확하게 확인할 수 있다. 슬로보단 밀로세비치가 자행한 무자비한 인종청소 정책은 이른바 인류 공동체가 도저히 묵인할 수 없을 만큼 잔인했기 때문에 강하게 비판해야 마땅한 것이었다. 그러나 국제연합은 러시아와 중국의 반대 때문에 효과적인 행동을 취할 수 없었다. 당시 회원국들은 안전보장이사회에서 러시아와 중국이 거부권을 행사할지도 모른다는 우려를 하고 있었다. 따라서 나토가 상대적으로 온건한 해결책을 세르비아에게 제안했지만 세르비아는 그 제안을 거부해버렸다. 그러자 군사력을 행사하는 것 외에는 선택할 수 있는 방법이 전혀 없게 되었다. 나토의 군사력은 밀로세비치의 비타협적 태도를 타개할 수 있는 제재수단으로만 활용되고, 또 나토의

'신뢰성'을 훼손하지 않는 선에서 신중하게 사용되어야만 했다. 그러나 이후 단행된 나토의 공습은 당초 예상했던 것보다 문제를 훨씬 더 악화시켜버리고 말았다. 나토의 공습을 받은 세르비아인 들은 밀로세비치를 더욱 확고하게 지지했고, 한때 그에게 적대적 태도를 취했던 사람들까지도 지지하고 나섰다. 또한 나토의 공습 은 밀로세비치에게 알바니아계 코소보 사람들을 더욱 잔인하게 추 방할 구실을 제공했는데, 이로 인해 2차 세계대전 이후 유럽에서 최악의 난민사태가 발생했으며, 그것은 가히 인류의 재앙이라고 부를 만한 것이었다. 공중포격은 정밀 조준 포격이긴 했지만 민간 인 살상을 피할 수 없었고, 세르비아의 기반시설을 파괴함으로써 세르비아에게 치명적인 타격을 주었을 뿐만 아니라, 이웃 국가로 부터 세르비아를 고립시킴으로써 유고슬라비아의 해체를 가속화 시켰다. 그런 와중에 베오그라드의 중국 대사관을 잘못 폭격하는 사건이 발생함으로써 중국과 외교 문제를 야기했고, 그때까지 국 제연합이 추구한 모든 갈등해결 방식을 지지했던 중국의 입장을 매우 불확실하게 만들었다. 그러자 세르비아는 국제사법재판소에 호소해서 나토의 행동을 불법 행동으로 규정하고자 했다. 그러나 국제사법재판소로부터 판결을 얻어내는 데 필요한 엄청난 시간은 별문제로 치더라도, 그것의 재판권은 당사자들의 재량으로 얼마든 지 거부해버릴 수 있는 것이었다. 따라서 국제사회에서 취한 모든 행동노선이 파국으로 치닫는 끔찍한 상황이 벌어졌고, 어떠한 합 리적 해결책도 상상할 수 없는 지경에 이르렀다. 알바니아계 코소 보 사람들을 결국 고향으로 돌아가게 한다는 결정을 했지만, 그들 의 집과 마을은 이미 처참하게 파괴되고, 모든 재산은 상실해버렸으며, 수많은 남정네들이 학살당한 상태였다. 따라서 그들이 체험한 고통은 이루 헤아릴 수 없을 만큼 충격적인 것이었다.

하지만 국제연합의 무기력한 모습은 국가의 주권 개념으로 오염된 국제정치 세계의 풍토병을 암시하는 하나의 징후에 지나지 않는다. 모든 국가는 자국의 주권을 보호해줄 수 있는 상위의 권력이 존재하지 않기 때문에 자국의 독립성을 유지할 수 있는 유일한 방법은 군사력에 의존하는 방법뿐이라는 사실을 잘 알고 있다. 따라서 모든 국가가 추구하는 가장 중요한 이익은 안보이익이며, 국가이익을 계산해야 하는 상황에 처하면 반드시 안보이익을 다른 어떤 이익보다 우선시한다. 따라서 국가가 확보해야 할 가장 중요한 능력은 국가이익의 방위능력이다. 국가는 될 수 있는 한 자국의 군사적 능력을 안정적으로 유지하고, 자국의 국가이익과 양립할 수 있는 국가이익을 소유한 다른 국가와 동맹을 체결하는 방법을 통해 군사적 능력을 증대시키려고 한다. 반면, 국가이익이 상충하는 국가들끼리는 상대방을 잠재적 적대국으로 간주하는데, 이런 태도가 확산되면서 적대적인 국가 블록이 형성되고, 그들 간의 힘의 균형(balance of power)을 이루려는 노력이 지속적으로 전개된다.

그러나 이러한 힘의 균형이 지속적으로 안정을 유지하기는 매우 어렵다. 적대적 국가 블록 중 어느 한쪽에서 군사력의 기술적 혁신을 성취하기만 하면 균형은 곧바로 깨져버리고 말기 때문이다. 각 블록은 항시 적대국가의 군비확장 가능성을 의심하기 때문에 자국의 군사력을 향상시키기 위해 끊임없이 노력한다. 그 결과 군비경쟁이 불가피하게 되고, 군비경쟁은 국가 간의 긴장을 낳게 되며, 긴장이 고조되면서 전쟁의 징후를 보이거나 실제로 전쟁이 돌발하는 국제사회의 위기가 간헐적으로 발생한다. 실제로 이런 문제가 외교사와 국제연합의 행동을 지배했으며, 그에 따라 자칫하면 대규모 전쟁으로 확산될 수 있는 국제사회의 위기와 소규모 전쟁이 이른바 평화시대를 끊임없이 위협했다. 더욱이 현대무기의 엄청난 파괴능력 때문에 국제사회에 만연된 위기의 규모는 도저히 상상할 수 없는 지경에 이르렀다. 그러나 앞에서 검토한 것처럼 국제연합은 그러한 위기를 방지하거나 완화시키는 과제 앞에서 대단히 무력한 모습을 보여주었다. 그렇다고 해서 상충하는 국가이익을 조정하지 못하는 주권국가 사이에 불가피하게 발생하는 적대감을 치유할 수 있는 방법이 별달리 존재하는 것도 아니다.

지난 3세기 동안 전개된 국제정치의 역사는 이처럼 반복된 역사의 패턴을 잘 보여준다. 18세기 내내 유럽에서 발생한 전쟁과 식민지 전쟁이 어느 정도 마무리되자마자 나폴레옹 전쟁이 유럽 전체를 다시 휩쓸었으며, 그 여파 또한 전 세계로 확산되었다. 19세기에는 유럽의 강대국들이 평화를 유지하려는 의도를 명시적으로 과시했음에도 불구하고 소규모의 전쟁과 위기가 끊이지 않고 발생했으며, 그런 추세는 이른바 '모든 전쟁을 끝내기 위한 전쟁(the war to end all war)'으로 간주되었던 1차 세계대전에서 정점에 달했다. 하지만 어쩌랴! 1차 세계대전 후 체결된 베르사이유 평화조약은 차라리 '모든 평화를 끝내기 위한 평화(the peace to end all peace)'라고 부르는 것이 더욱 적합했다. 1차 세계대전이 끝난 후 국제연맹이 창설되었지만 이후 20여 년 동안(즉, E. H. 카아가 자신의 책[12] 제목에서 얘기했던 '20년의 위기' 동안) 계속된 국제사회의 위기와 소규모 전쟁을 방지하는 데 별다른 역할을 하지 못했으며, 그런 추세는 결국 1차 세계대전보다 훨씬 더 광범위한 영역에서 더욱 파괴적인 참사를 초래한 2차 세계대전으로 귀결되고 말았다. 또한 2차 세계대전이 끝난 후 국제연합이 창설되었지만 1945년 이후 약 150건에 달하는 소규모 전쟁이 발발했으며, 그 중 어떤 전쟁은 국제연합이 파견한 평화유지군의 이름으로 수행되었다. 쿠바 미사일 위기는 세계를 3차 세계대전의 공포로 몰아넣었다. 이후 소련이 붕괴되고, 냉전이 종식되었다고들 말하지만 현재까지도 그와 유사한 위기는 국제사회에서 계속되고 있다. 강대국 간의 군비경쟁이 잠시나마 다소 완화되긴 했지만, 예컨대 인도와 파키스탄, 이스라엘과 그 주변 국가들과 같은 개발도상국가들 사이에서, 특히 시리아와 이라크 사이에서 군비경쟁은 여전히 계속되고 있다.

이른바 핵 억지정책 덕분에 지난 50년 동안 강대국 간의 전쟁을 방지할 수 있었다고 주장하는 사람들이 적지 않은데, 이들은 뭔가 커다란 오해로 세상을 혼란스럽게 만들고 있을 뿐이다. 핵 억지력이란 힘의 균형을 추구하는 과거의 국제정치적 관행이 현대적 색채를 띠고서 계속되는 것일 뿐이다. 힘의 균형은 이제 공포의 균형(balance of terror)으로 바뀌었고, 그 전략을 머리글자어로 표현하면 '미쳤다(MAD)'는 뜻으로도 읽을 수 있는 상호확증파괴(Mutually Assured Destruction)가 된다. 국가들이 핵무장 능력을

---

12) 우리말 번역본이 있다. E. H. 카아, 김태현 편역, 『20년의 위기』(*The Twenty Years' Crisis, 1919-1939: An Introduction to the Study of International Relations*), 녹문당, 2000. ─옮긴이.

지속적으로 증가시키기 때문에 공포의 균형이 만들어낸 국제사회의 불안정성은 최근까지 감소하기는커녕 오히려 증가했다. 한때 미국의 군사 전략가들은 핵전쟁에서 미국이 승리할 가능성이 있다고 생각한 적이 있으며, 심지어는 예방적 차원의 선제공격(preemptive first strike)에서 핵무기를 사용할 계획을 입안하기까지 했다. 냉전이 종식되자 초강대국들은 각국이 소유한 낡은 핵무기들을 파기하기로 약속했다. 그러나 이런 약속만으로는 새로운 문제가 발생하는 것을 방지할 수 없었다. 핵폐기물을 처리하는 데 따르는 어려움뿐만 아니라, 당장 경화가 필요했던 옛 소련 소속 국가들이 핵무장을 원하는 약소국들에게 핵무기를 만드는 데 필요한 재료와 노하우를 팔아먹을 가능성이 높아졌기 때문이다. 그뿐만이 아니다. 핵무기 생산 수단을 테러리스트들에게 공급함으로써 국제사회의 조직적 범죄를 확산시킬 가능성 또한 높아졌다. 강대국들은 여전히 핵무기를 보유하고 있지만, 국제연합이 핵확산 방지를 위해 할 수 있는 일은 거의 없다. 따라서 핵전쟁의 공포는 여전히 사라지지 않았다. 유럽에서 1차 세계대전이 발발한 때는 워털루전쟁 후 약 100년이 경과한 시점이었다. 우리는 2차 세계대전 후 약 50년간의 불안정한 '평화', 그것도 어느 정도는 위장된 '평화'를 겨우 체험했을 뿐이며, 또 다른 세계대전이 발발할 가능성은 여전히 우리 옆에 있다.

20세기가 저물어가는 현재,[13] 인류 앞에는 국제정치적 평화를 유지하는 난제뿐만 아니라 환경파괴 때문에 생겨난 엄청난 문제가

---

13) 이 책은 2000년도에 출간되었다. ─옮긴이.

놓여 있다. 과도한 인구 증가에 따른 식량 부족 문제와 전 세계 도처에 넘쳐나는 공산품 때문에 복잡하게 얽혀 사태를 더욱 악화시키는 문제들이 엄청나게 확산되고 있다. 지구의 자원은 빠른 속도로 소진되고 있다. 대규모의 화석연료를 사용함으로써 대기가 오염되었고, 인류의 대재앙을 극적으로 초래할 수 있는 기후변화를 예고하는 온실효과가 나타났다. 이러한 기상이변 때문에 초래된 식량 부족 현상은 세계 도처에서 굶어 죽는 사람을 증가시킬 것이다. 대기에 산소를 공급하는 주요 원천인 열대우림이 광범위하게 파괴됨으로써 대기 중 이산화탄소를 감소시킬 결정적 수단을 잃어버렸는데, 주지하는 것처럼 이산화탄소는 지구 온난화를 만들어내는 온실가스의 핵심 요소이다. 또한 산림자원이 고갈되면 사막화가 촉진되는데, 사막화의 효과가 점진적으로 축적되면서 야생동물과 가축의 생존은 물론, 인간의 생존까지 위협하고 있다. 프레온가스 사용량이 늘어나면서 과도한 자외선으로부터 생명체를 보호해주는 오존층이 파괴되었다. 그런데 자외선에 노출되면 인간의 신체는 암을 유발할 수 있고, 어떤 식량에는 치명적인 영향을 준다. 그뿐만이 아니다. 산업현장과 원자력 발전 등에서 유출되는 유독성 폐기물과 유해 폐기물도 심각한 문제라고 할 수 있는데, 이러한 폐기물을(이들 중 어떤 것이 보유한 유독성은 수천 년간 지속된다) 처리하는 문제는 아직까지도 해결책을 찾지 못한 새로운 문제를 야기한다. 따라서 인류가 머지않은 장래에 치명적인 위험에 직면하리라는 전망은 지극히 타당하다고 할 수 있다.

현재 멸종된 동물과 식물의 종류가 엄청나게 증가한 것도 위에서 검토한 여러 조건들과 밀접한 관련이 있다. 어류를 남획함으로써 수많은 어장에서 현격하게 어류가 줄어들었다. 열대다우림의 황폐화와 함께 습지대가 파괴되고 황야가 '개발되면서' 수많은 종류의 생물들이 고유한 습성을 상실했다. 그 결과 다양한 종류의 조류, 파충류, 포유류는 물론, 식물과 곤충까지 멸종 위기에 놓이게 되었다. 사냥과 밀렵이 너무 성행한 나머지 호랑이, 코끼리, 코뿔소, 기타 포유류 등의 멸종도 이제는 시간문제일 뿐이다. (수력 발전을 위해) 강에다 댐을 건설하자 연어와 기타 어류들이 자연 번식지에서 강제로 쫓겨났다. 바다가 오염되자 전체 먹이사슬의 기초가 되는 플랑크톤의 생존이 위협받고 있다. 따라서 지구상의 모든 생태계가 파괴된다. 생물권이란 하나의 생물 군집을 의미하기 때문에 모든 종류의 생명체가 현재 생존의 위협을 받고 있는 셈이다.

지금까지 지극히 간략하게 개관한 환경파괴를 저지하거나 복원하지 않는다면 지구상에서 생명체가 생존할 가능성은 갈수록 희박해질 것이다. 그리고 인류의 후손이 어떻게든 살아남는다고 하더라도 생활수준은 비참한 상태로 전락하고 말 것이다.

과학자들은 지금과 같은 추세의 환경파괴를 저지할 효과적인 방책이 채택되지 않는다면 21세기 말쯤에는 그런 추세를 역전시키는 일이 현실적으로 불가능하게 될 것이라고 경고한다. 그러나 1992년 브라질의 리우 정상회담에서 체결된 기후변화 방지를 위한 국제적 협약조차도 적절한 방책을 전혀 도출하지 못하고 있다. 구속력이 거의 없는 의사결정은 처음부터 문제해결의 실패를 암시하는 것이었고, 이산화탄소 방출량을 2005년까지 현재의 수준으로 동결하자는 결정도 형편없이 불충분한 것이었다. 이처럼 각국이 이른바 정치적 의지를 결여한 상태에서 미온적 태도를 보인 까닭은 분명 환경문제 해결보다 자국의 이익을 우선시했기 때문이다. 환경문제와 관련된 국제협약은 극히 체결하기 어렵거나, 어쩌다 체결되더라도 구속력이 전혀 없기 때문에 체약국의 지지를 겨우 이끌어낼 수 있을 뿐인데, 그 어떤 경우에도 효과적으로 문제를 해결할 수는 없다.

현재 인류가 직면한 문제는 지구 전체의 영역에 연루되어 있기 때문에 오직 지구적 차원의 처방만이 적절하게 문제를 해결할 수 있다. 사적인 노력이나 비정부 기구들의 주장을 통해서는 그런 문제를 해결할 수가 없다. 문제를 해결하기 위해서는 모든 사람들에게 강제할 수 있는 법률을 제정해야 하기 때문이다. 그러나 각국 정부의 재판권은 각국의 영토 내부로 한정되므로 지구적 규모의 문제를 해결하기에는 턱없이 제한적이다. 설혹 각국이 그런 문제를 해결하기 위해 법률을 제정하기로 결정했어도 (예컨대 공기오염이나 열대다우림 파괴 등과 관련된 문제에 대해서) 어느 한 국가만 행동하지 않아도 다른 국가들이 제정한 법률을 쉽게 무효화시킬 수 있다. 오직 국제적으로 합의된 행동만이 필요한 결과를 산출할 수 있는 조건이 된다. 그러나 어떤 외교도 국제적으로 합의된 행동을 도출할 수는 없다. 그 이유는 앞에서 이미 말했던 것처럼, 주권국가는 항시 자국의 이익을 우선시하기 때문이며, 따라서 어렵게 도출된 국제적 협약은 문제를 해결하는 데 필요한 충분한 강제력이나 폭넓은 영향력을 결코 확보하지 못한다. 환경파괴를 심화시키는 행동의 목적을 물리적으로 격퇴할 수 있는 군사적 수단을 제외하면 체약국에게 국제적 협약의 준수를 강요할 방법도 더 이상 존재하지 않는다. 국제연합 역시 헌장에서 개별국가의 주권을 존중한다고 명시했기 때문에 위와 같은 상황을 개선할 수 있는 어떤 일도 할 수 없는 상태에 있다.

따라서 현재 세계가 당면한 문제의 해법을 찾는 데 치명적인 걸림돌로 작용하는 것이 바로 국가 주권의 독립적 성격이라고 할 수 있다. 그러나 인간의 복지와 인류의 생존 그 자체는 이러한 지구적 차원의 문제를 해결할 수 있느냐 없느냐에 달려 있다. 이제 주권국가는 전쟁의 참화로부터 자국의 시민을 효과적으로 보호할 수도 없고, 그들의 생활수준을 보장하지도 못하며, 환경파괴가 진행되는 상황에서 쾌적한 삶의 여건을 유지하지도 못한다. 각국의 정부가 배타적 주권을 주장하면 할수록 평화나 환경을 보존할 수 있는 국제연합의 능력은 점차 침식될 수밖에 없다. 요컨대 이제는 국가가 주권을 행사하고 국민의 번영과 안전을 보장할 수 있는 유일한 주체라는 주장이 정당성을 상실했다. 국가의 윤리적 성격은 이미 오래전부터 침식되었고, 국가가 법률적으로 최고의 권력을 소유한다는 주장의 근거도 이제는 더 이상 타당하지 않게 되었다.

그러나 정치가들이나 일반 대중들 중에서 국가주권이 한계에 봉착했다는 사실을 인정하거나 자각하는 사람은 극히 드물다. 아직까지도 그들은 뉴턴 패러다임을 무의식적으로 수용한 상태에서 국가를 고립되고 독립된 단위로 생각하는 습성에 젖어 있기 때문이다. 현재 인류가 처한 문제를 관찰하고 그것을 해소할 방책을 제안하는 과학자들과 그 밖의 사람들이 미처 깨닫지 못한 사실이 하나 있는데, 그것은 바로 문제를 해결하기 위해서는 정치적 행동이 필요하다는 사실이다. 그런데 개별 국가의 정부가 독자적으로 정치적 행동을 취할 경우 지구적 차원의 문제를 해결하기에는 행동의 범위가 너무 협소하고, 그런 행동조차도 자국의 핵심적 국가이익에 별로 도움이 되지 않는다고 생각하여 좀처럼 실천하지 않으려고 한다. 마찬가지로 국제사회에서 요구되는 협약도 조만간 이루어질 것 같지 않으며, 설혹 이루어진다고 해도 협약의 의무를 이행하도록 강제할 수단이 결여되어 있기 때문에 좋은 결과를 기대하기가 어렵다. 과학자들과 '그린피스' 나 '지구의 벗(Friends of the Earth)' 과 같은 비정부기구들이 저항하거나 시위할 수는 있지만, 법률까지 제정하지는 못한다. 따라서 그들은 문제의 심각성을 사람들에게 알릴 수는 있지만, 문제의 해악을 효과적으로 치유할 수 있는 구체적 행동은 전혀 할 수가 없다. 따라서 국가의 주권문제를 정면으로 응시하면서 해결책을 모색하지 않는 한, 그리고 실질적인 해결책을 마련하는 시기가 도래하지 않는 한, 인류 문명의 미래는 지극히 암울할 수밖에 없을 것이다.

일찍이 1939년, 조지 키튼 교수가 자신의 저서에서 "국가주권을 맹목적으로 신봉하는 것은 … 국제정치 세계에서 사악한 천재의 속성을 지닌 어떤 유령을 당연시하는 것이다"[14]라고 말한 것은 지극히 타당한 주장이었다. 주권국가가 최고의 권력을 소유한다는 주장의 철학적 기초는 이미 오래전부터 침식되기 시작했고, 주권국가의 정당성 역시 자국의 시민을 전쟁의 참화나 환경파괴의 재앙으로부터 보호할 수 있는 능력을 상실함으로써 와해되어버렸다.

단지 서구 세계뿐만 아니라 전 세계에서 진행되는 문명의 쇠퇴

---

14) George Keeton, *National Sovereignty and International Order* (London: Stevens, Peace Book, 1939).

와 몰락을 방지하려면 어떤 새로운 형태의 세계정부[15]가 반드시 수립되어야 한다. 그런데 그 정부의 형태는 국제연합의 형태와는 분명히 달라야 하는데, 국제연합이 공적으로 추구하는 목표가 국제연합 헌장에서 승인하고 옹호하는 회원국의 주권 때문에 끊임없이 좌초되고 있기 때문이다. 이런 근본적인 장애요인은 어떤 형태로든 제거되어야만 한다. 그러나 안전보장이사회의 상임이사국을 늘린다든지, 보통선거를 통해 총회에 권고할 수 있는 신생 기구를 만들자는 제안 등과 같은 작금의 국제연합 개혁 노력은 회원국의 독립적 주권을 보장한 헌장의 조항이 그대로 존재하는 한 물거품이 될 수밖에 없다. 새롭게 구상한 회의 기구는 단지 조언 기능만을 갖고 있는데, 그것도 총회에 대한 조언 기능만 갖고 있을 뿐이다. 그런데 총회 그 자체가 조언 기구에 지나지 않는다는 한계가 있다. 요컨대 국제연합 회원국의 주권이 보장되는 한 총회나 안전보장이사회 그 어느 것도 법을 제정할 수 있는 권한을 보유할 수가 없다. 국가들이 별다른 제재를 받지 않으면서 안전보장이사회의 결의안을 거부할 수 있다든지, 오직 군사력이라는 최종적 수단으로부터 위협을 받는 경우에만 결의안을 준수할 수 있다면 안전보장이사회에서 거부권 제도를 폐지해도 아무런 효과를 거둘 수가 없다. 국제연합을 구제할 수 있는 방책을 찾으려면 이른바 개량적인 접근보다 훨씬 더 근원적이고 장기적인 방책을 모색해야만 한다. 국제연합은 정면으로 다루어야 할 핵심적인 문제, 즉 국가의

---

15) 해리스가 제안하는 세계정부의 대안은 '세계연방정부' (World Federal Government)다. 자세한 내용은 제7장, "포스트모던 시대를 어떻게 개척할 것인가 – 인류가 직면한 딜레마" 의 후반부 참조. – 옮긴이.

주권문제를 계속 외면하고 있기 때문이다.

우리는 어떻게 해서든지 17세기 자연과학적 패러다임의 전형적인 사유양식이 꾸준히 관철되면서 만들어낸 위험천만한 상황을 타개하거나 그것으로부터 탈출해야만 한다. 홉스의 정치철학에 깔린 기계론 및 원자론적 자연관과 홉스의 이론 및 로크의 자연권 개념에 영감을 불어넣은 개인주의가 근대적 가치들을 탄생시킨 최초의 원천이었다. 여기에서 근대적 가치들이란 한편으로는 개인 및 인종의 자유를 꼽을 수 있고, 다른 한편으로는 국가의 독립을 꼽을 수 있다. 현재 우리는 어떤 개인도 사회의 규칙 및 규정으로부터 완전히 자유로울 수 없고, 어떤 국가도 (경제적으로나 문화적으로) 다른 국가로부터 완전히 독립된 상태로 존재할 수 없으며, 자연이란 인간이 자의적으로 이용할 수 있는 외부 세계의 단순한 기계가 아니라 인간의 경제 및 사회 활동을 가능하게 하는 자산이자 양식이기 때문에 어떤 대가를 치르더라도 부양하고 보호해야 할 대상이라는 사실을 깨닫기 시작한 바로 그런 시대를 살고 있다. 그러나 개인 및 국가의 배타적 자유를 중시하는 근대의 가치들은 이러한 시대의 변화에도 불구하고 다양한 형태의 테러와 파괴, 내란과 전쟁 등을 계속 조장하고 있다.

역사적인 경험으로 미루어 보면 새로운 과학적 패러다임이 과학 그 자체의 영역을 넘어서 일반인의 사유양식에 침투하고 사회적 행동에 영향력을 행사하기까지는 대단히 오랜 기간이 소요될 것이다. 따라서 20세기의 물리학이 지금까지도 철학, 윤리학, 정치학, 경제학 등에 별로 영향을 끼치지 못했다는 사실은 충분히 예상할 수 있는 일이었다. 그러나 지금은 근대 과학문화의 선진 기술이

야기한 인류 문명의 변화가 지구상의 생명체에게 필요한 생존 환경 그 자체를 대단히 빠른 속도로 파괴하고 있기 때문에, 우리는 정상적인 역사적 과정이 제자리를 잡을 때까지 앉아서 편안하게 기다릴 수만은 없다. 인류가 이처럼 유감스런 사태를 체험하면서 스스로 깨닫게 된 것은 뉴턴 패러다임이 앞으로도 계속 영향력을 행사하고, 가까운 시일 내에 인간의 습관 및 사고방식이 근본적으로 수정되지 않는다면 인류 전체는 심각한 멸종의 위험에 직면할 것이라는 사실이다. 과거에는 인간의 행동과 생활양식 때문에 몇몇 흥미롭고도 아름다운 종류의 조류와 포유류들이 멸종되는 데 그쳤지만, 현재는 수없이 많은 생명체들, 그 중에서도 특히 우리들 자신의 생명이 위협받고 있다.

paradigm
+
thinking

제5장

20세기 과학혁명

20세기 초반 막스 플랑크가 작용양자(quantum of action)를 발견하고, 앨버트 아인슈타인이 특수상대성이론과 일반상대성이론을 공식화한 이후 자연세계에 대한 물리학자들의 이해방식은 혁명적으로 변화했다. 그들은 새로운 과학적 패러다임을 채택한 것이다. 물론 막스 플랑크가 주장했던 것처럼 어떤 측면에서 새로운 패러다임은 "고전물리학의 구조가 최종적으로 완성된 것이긴 하지만,"[1] 주된 내용에서는 르네상스 과학의 핵심적 개념들을 반박하거나 상쇄했다.

---

1) Max Plank, *The Universe in the Light of Modern Physics* (London: Allen and Unwin, 1937), p. 17.

위에서 플랑크가 한 말은 새로운 패러다임의 개념들이 고전물리학 이론들을 새롭게 관찰된 현상들(예컨대 수성이 근일점에 접근하는 현상처럼 뉴턴 물리학의 법칙으로는 부정확하게 예측되었던 현상들)에 적용하고자 했을 때 발생했던 어떤 모순들을 고전물리학으로부터 제거했고, 고전물리학의 어떤 개념들을 일반화시킴으로써 물리학 이론을 더욱 정합적으로 만들었다는 뜻이다. 아인슈타인과 인펠트가 표명했던 것처럼 "새로운 물리학 이론은 고전 물리학 이론의 장점과 한계를 동시에 보여주고, 고전 물리학의 개념들을 고차원에서 새롭게 발견할 수 있는 계기를 제공했다."[2] 그러나 이런 현상은 모든 과학혁명에서 추구하는 목적과 결과라고도 할 수 있다. 우리가 이 책의 제1장에서 주목했던 것처럼 과학자 사회에서 통용되는 개념적 도식에서 모순이 발생할 때 과학혁명의 필요성이 대두되기 시작하고, 새로운 과학적 패러다임을 새로운 사태에 적용했을 때 일관성과 보편성을 보여주었을 경우 마침내 학계는 새로운 패러다임을 수용하게 된다.

고전물리학에서 19세기 말까지 해결하지 못한 가장 골치 아픈 문젯거리는 에테르라는 기계론적 개념이었다. 당시 물리학자들은 고체가 에테르를 통과할 때 에테르로부터 전혀 저항을 받지 않는다고 판단했기 때문에 에테르를 극도로 유동적인 것으로 간주했다. 그러나 에테르가 전자기적 진동의 매질이 될 수 있으려면 에테르는 매우 딱딱해야 했다. 더욱이 고전역학의 세계는 절대공간 내에서

---

2) A, Einstein and L. Infeld, *The Evolution of Modern Physics* (New York: Simon and Schuster, 1954), p. 158.

가해진 힘의 영향을 받아 운동하는 분할 가능한 입자들로 가득 채
워졌는데, 입자들의 진정한 위치는 불변의 점들로 간주되었다. 그
러나 위치와 운동을 측정하려면 어떤 기준 좌표계(reference frame)
를 참고해야만 하는데, 현실에서는 보통 지구와 태양을 기준으로
측정한다. 하지만 지구와 태양 역시 끊임없이 운동하는 상태에 있
다. 즉 지구는 태양의 둘레를 공전하고, 태양은 은하계 중심부의 둘
레를 공전한다. 따라서 19세기 말 물리학자들은 전자기 복사를[3] 측
정할 수 있는 절대 좌표계를 찾아내고자 노력했다. 그들은 빛 에테
르(lumeniferous ether)가 절대 좌표계라고 가정했고, (지구와 같
은) 물체가 에테르를 통과하면 에테르 바람(ether wind)이 발생할
것이라고 생각했다. 그러나 에테르 바람의 속도를 측정하기 위해
마이컬슨과 몰리의 실험이 계획되었지만 실험 결과 속도를 전혀 측
정할 수 없었으며, 따라서 에테르 바람은 존재하지 않는다는 점을
보여주었다.

아울러 천체를 회전하는 이중성(double stars)의 모습에서 어떤
차이도 발견할 수 없다는 사실로부터 빛의 속도가 그것의 원천으로
부터 영향을 받지 않는다는 사실을 확인할 수 있었으며, 도플러 효
과와 피조 효과(Fizeau effects) 역시 에테르가 이동하는 관찰자에게
끌려 다니지 않는다는 사실을 보여주었다. 따라서 빛의 속도는 관
찰자의 속도와 상관없이 변하지 않는 것이었다. 사정이 그렇다면
멀리 떨어진 여러 물체 사이의 거리를 측정하기 위해 빛의 신호를
사용하는 상이한 관찰자들은 상이한 사건이 동시에 발생할 수도 있

---

3) 가시광선을 포함한 전파를 의미한다. – 옮긴이.

다는 사실을 확인할 수 있을 것이다. 요컨대 어떤 거리를 두고서 발생하는 (두 사건의) 절대적 동시성을 확정지을 수 없게 된다. 아인슈타인은 고전물리학에서 발생한 이러한 모순들을 해결하기 위해 특수상대성이론을 개발했다.

아인슈타인은 측정대상에 대한 기준 좌표계의 상대 속도에 따라 거리와 시간 간격의 측정값이 변한다는 사실을 깨달았다. 측정대상에 대한 관찰자의 상대 속도에 따라 공간과 시간의 측정값이 달라졌고, 중력과 질량의 양적인 추정치 또한 이들에 좌우되었다. 시간 간격, 거리, 질량, 에너지 등의 관계는 서로 얽혀 있고, 이들 중 하나의 상태는 다른 모든 것의 상태에 좌우되었다. 따라서 이들 간의 관계는 내적인(internal) 것으로, 이 관계에 의해 각자의 성질과 크기가 결정된다. 더욱이 이들 간의 피할 수 없는 상호의존관계는 관찰자의 운동과 분리불가능하게 연관되어 있다. 따라서 관찰자는 이제 관찰대상과 함께 관찰내용을 구성하는 중요한 요소가 되었다.

19세기 후반부에 전자기학 이론이 개발되면서 물리학자들은 입자 개념보다 장(field) 개념을 더욱 중시하기 시작했다. 하전입자나 자석은 역장(力場)에 둘러싸여 있다고 여겨졌는데, 역장은 자유물체를 자신의 방향에 따라 가속하는 역선들의 분포상태로 간주되었다. 입자 개념을 어느 정도 해체시켜버린 장 개념은 당시의 물리학에서 중요한 요소가 되었다.

거리를 두고서 발생하는 동시성이 불확정적이기 때문에 하나의 좌표계에서 시행한 측정과 다른 좌표계에서 시행한 측정 사이에서 발생한 차이는 4차원 다양체에서 시행하는 좌표축의 회전(rotation of axes)과 같다. 현대 물리학에서 공간과 시간은 결합되었고, 시공간 그 자체는 물질과 에너지의 분포에 따라 구조가 결정되는 계량장(metrical field)[4]으로 간주되는데, 물질과 에너지는 동일한 실체의 동등한 형태들에 불과한 것이다. 이제 물질은 불가입적(impenetrable)이고 단단한 원자로 분해될 수 있는 것이 결코 아니라, 시공간상에서 존재하는 독특한 그 무엇—에딩턴의 말을 빌자면 '주름이나 굴뚝(연기)'—으로 간주되며, 모든 힘은 시공간상의 곡률로 변형되었다. 그에 따라 동역학은 기하학으로 전환되었다. 요컨대 우주를 상대론적으로 이해하면 이음매가 없는 하나의 시공간 전체가 된다.

아인슈타인과 인펠트는 마침내 물질주의와 기계론이 폐기되었다고 선언했다. 현대 물리학은 장 개념을 입자 개념보다 더욱 중요시했고, 물질을 더 이상 미립자로 간주하지도 않았다. 그 대신 물질을 에너지와 거의 유사한 것으로 파악했고, 그 두 개념을 분리하는 것이 이제는 가능하지 않다는 관점도 확실하게 정립했다. 장 개념은 전체론적 성격을 띠었다. 장에서 발생하는 모든 변동은 장의 전체적인 패턴에 따라 결정되고, 그러한 변동은 장의 모든 부분과 필연적으로 긴밀하게 연결되며, 장 그 자체는 원칙적으로 시공간상의 전체 영역으로 확대되기 때문이다. 장 전체를 구성하는 부분들은 상호작용하는 가운데 각자가 타자를 결정하고, 질서 잡힌 체계에서 서로 긴밀하게 연결되어 있다. 이처럼 유기적으로 구성된 장에서

---

4) 시공간의 각 지점마다 어떤 양의 가중치가 정해져 있고, 두 사건 사이의 어떤 양을 측정하거나 계산하려면 두 사건 사이의 시공간을 따라서 가중치를 곱해가면서 적분한다는 개념이다. – 옮긴이.

모든 부분은 내적(internal) 관계를 유지하는데, 상대성이론이 확실하게 지지하는 조건이 바로 이것이다. 따라서 뉴턴 과학의 근본적인 전제는 이제 완전히 포기되었고, 그 대신 완전히 새로운 세계상(world picture)이 등장했다.

(스크린 상에서 인접한 틈새를 관통하는 전자처럼) 어떤 상황에서 입자는 파동처럼 행동하고, 파동은 결국 (광자와 같은) 미립자로 구성되었다는 사실이 드러났다. 사실상 입자들은 중첩파동(superposed waves)이 매우 제한된 부피를 제외한 모든 영역에서 서로 상쇄됨에 따라 파동묶음(wave packets)으로 간주되었다. 원자핵 주변의 궤도를 도는 전자는 분리 가능한 입자들의 운동 대신 (소리 나는 나팔의 주둥이 주변에서 발생하는 진동과 유사한) 정상파(standing wave)로 간주되었다. 모든 유형의 입자는 장과 긴밀하게 연결되어 있고, 모든 장 역시 하나나 몇 가지 종류의 입자와 연결되어 있다는 사실이 밝혀졌다. 요컨대 원자론은 (장이라는) 유기적 통일체 개념으로 대체되었고, 그것의 전체적인 구조가〔양자적 사건(quantum event)과 같은〕부분의 성격과 행동을 결정한다. 양자역학의 연구결과 어떤 파라미터들은 상보적 성격을 지녔으며, 따라서 타자를 완전히 불확정적 상태로 만들지 않는 한 어떤 것도 정확하게 측정할 수 없다는 사실이 밝혀졌다. 명확하게 확정할 수 있는 것은 모두 전체 체계 내에서의 확률 진폭(probability amplitude)뿐이며, 그것은 측정하기만 해도 '붕괴되어버린다.' 이러한 전체론은 현대 물리학에서 널리 수용되고 있다.

"신은 주사위를 던지지 않는다"고 주장했던 아인슈타인은 오랫동안 하이젠베르크의 불확정성원리를 의심하면서 불편하게 생각했다. 그래서 아인슈타인은 포돌스키 및 로젠과 함께 양자역학이 물리적 실재를 불완전하게 기술한다는 사실을 증명하기 위해 사고 실험을 고안했다. 그들은 이른바 EPR 패러독스를 제시하면서 과학 자들이 실험을 통해 정확한 측정을 하지 못하도록 방해하는 숨은 변수들이 존재할 수 있다는 가설을 주장했다. 그러나 그 후 등장한 벨의 정리(Bell's theorem)를 통해 숨은 변수 같은 것은 존재할 수 없다는 사실이 입증되었다. 그런 와중에 데이비드 봄과 아하라노프 는 EPR 실험의 수정된 형태를 고안해서 실험한 결과 양자역학의 예측이 옳다는 사실을 확인했다. 헨리 스태프는 이러한 이론적 전 개를 비판적으로 검토하면서 빛보다 빠른 속도를 가진 영향력이 있 을 수 있으며, 그런 영향력은 일정하게 떨어진 거리에서 발생하는 사건들을 연결해주는 신호와 근본적으로 다르다는(신호는 빛보다 빠르게 이동할 수 없기 때문이다) 사실을 증명했다. 따라서 양자역 학 체계의 상태와 운동은 서로 분리할 수 없을 정도로 밀접하게 연 결되어 있음(비국소적임)이 입증되었다. 또한 지금까지 불가능하 다고 여겨졌던 정20면체적 대칭성(icosahedral symmetry)을 지닌 준결정구조들이 발견되었는데,[5] 이런 준결정에서는 결합점에서 떨 어져 있는 원자가 결정면이 결합되는 방식에 영향을 주기 때문에, 이런 준결정의 형성은 비국소적일 수밖에 없다. 간단히 말해서 물 리적 세계는 서로 긴밀하게 연결된 사건들과 중첩된 장들로 이루어

---

5) D. Shechtman, I. Blech, D. Gratias and J. W. Cahn, "Metallic phase with long-range orientational order and no translational symmetry," *Phys. Rev. Lett.* 53(1984), 1951-1953. 이 논문과 후속 연구, 이 논문에 선행하는 펜로즈의 수학연구를 지칭하는 듯하다. ─옮긴이.

진 하나의 유기적 통일체임에 틀림없다.

카오스 이론이 등장하면서 우주를 하나의 전체로 간주하는 사고방식이 더욱 힘을 얻었다. 복잡계에서는 (프랙털 기하학의 지배를 받는) 전체의 구조가 각 부분의 성격을 결정하는 우선권을 지닌다. 아울러 결과에 영향을 주는 초기 조건의 감수성이 대단히 민감하기 때문에 초기 조건에서 미세한 차이만 발생해도 멀리 떨어진 거리에서 발생하는 결과에 엄청난 차이를 초래하는 것으로 본다.

에드워드 로렌츠가 '나비효과(butterfly effect)'와 이상한 끌개(strange attractors), 즉 특정 수준의 에너지 흐름이 있을 때 복잡계의 모든 운동이 그것으로 수렴되는 경향이 있는 역학구조를[6] 발견한 이후, 여러 수학자와 물리학자는 난류들이 규칙적인 원리를 따르면서 자기재현적 프랙털 체계를 형성하는 어떤 정형화된 힘들에 의해 조절된다는 사실을 발견했다. 이러한 프랙털 체계는 (카오스 내의 안정성을 보여주는 하나의 사례인) 목성의 대적반부터 생리학적 주기 및 형태 발생학적 주기, 해부학적 구조, (규조류와 조가비의 구성과 같은) 식물이나 동물의 형태, 심지어는 시장경제의 가격변동까지를 망라하는 자연적 과정 및 인위적 과정의 기초에 놓여 있다. 또한 상변이(phase transformations)가 발생하는 문턱이 이상한 끌개의 작용권들을 구분하는 경계가 된다는 사실이 입증되었다. 이러한 경계들이 바로 눈송이들, 양치류의 잎사귀들, 유공충들(foraminifera) 등과 같은 자연계의 사물에서 발견한 수 있는 모양에

---

6) 엄격하게 말해서 수렴되지 않을 수도 있지만, 본문의 내용은 이상한 끌개에 거의 무한히 가까워지는 정도를 의미하는 것으로 이해할 수 있다. - 옮긴이.

상응하는 프랙털 형태라는 것도 판명되었다. 이런 연구 분야에서 도달한 최종 결론은 전체적인 체계가 부분의 세부 사실보다 더욱 중요하고, 설명의 수단으로 채택했던 환원주의는 이제 생명을 다했다는 사실이다.

더욱이 하이젠베르크의 불확정성 원리 때문에 물리학계에서는 측정이나 관찰이 실제로 이루어지기 전까지는 양자역학 체계(즉, 미시적인 물리적 구조)가 존재할 수 없다는 사실(또는 오직 잠재적으로만 존재할 수 있다는 사실)을 점차 신뢰하게 되었다. 이후 슈뢰딩거의 고양이 역설을 통해 이런 불확정성을 거시적인 물리적 구조에도 적용할 수 있게 되었고, 존 폰 노이만은 측정 장치의 모든 것을 포괄하는 프사이 함수(psi function)를 정식화하는 것이 실제로 가능하다는 사실을 보여주었다. 유진 위그너는 관찰자의 마음에 새로운 정보가 투입되기만 해도 확률 진폭(probability amplitude)은 이내 붕괴될 것이라고 주장했다. 뉴턴 패러다임에서 관찰자는 관찰 대상으로부터 철저히 배제되었지만, 이제는 상대성 이론뿐만 아니라 양자역학까지도 관찰자와 관찰대상이 서로 긴밀하게 연결되었다는 사실을 확립했다.

슈뢰딩거, 바일, 칼루자 등은 지금까지 알려진 모든 힘을 통합할 수 있는 통일장 이론을 찾으려는 노력을 처음 시도했고, (비록 성공은 못했지만) 아인슈타인 역시 그런 노력을 죽을 때까지 계속했다. 수학자들은 상대성 이론과 양자역학을 통합하려는 노력을 시도했지만 그들을 좌절에 빠트린 무한대와 직면해야만 했으며, 이 문제는 훗날 리처드 파인만이 관련 방정식들을 '환치 계산하는(renormalize)' 방법을 발견하고서야 해결되었다. 이후 많은 학자들이 통일장 이론을 찾으려는 노력을 계속했고, 최근 수십 년 동안 그들의 목표에 상당히 접근하는 성과를 거두었다. 양자장이론(Quantum field), S행렬이론(S-Matrix), 대통일이론(Grand Unified), 초끈이론(Super-String) 등이 물리적 세계의 모든 장을 최종적으로 통합하고, 일찍이 하이젠베르크가 예견했던 가장 기본적인 수학 방정식 같은 것으로 그것을 표현할 가능성이 있다. 하이젠베르크는 다음과 같이 얘기한 바 있다.

그것은 어떤 특정 종류의 파동이나 입자가 아니라 단순히 물질을 나타내는 연산자의 파동장을 기술하는 어느 정도 양자화된 비선형 파동방정식이다. 이러한 파동방정식은 물리학자들이 말하는 '고유치(Eigenvalues)'와 '고유해(Eigensolutions)'를 갖는 다소 복잡한 적분방정식의 집합과 동일한 것이 될 것이다. 이러한 고유해들이 기본적인 입자들을 최종적으로 표현해줄 것이다.[7]

현대 물리학자들은 아직 이러한 방정식을 발견하지 못했다. 그러나 그들은 이미 4개의 기본적 힘 중 3개를 통합할 수 있는 방정식을 발견했고, 조만간 마지막 힘(중력)까지 통합시킬 수 있는 공식을 발견할 수 있을 것으로 보인다. 이러한 목표를 달성할 수 있는 후보로 거론되는 이론이 바로 초끈이론이다. 자기모순이 없고 모든 변칙과 발산을 회피하기 위해서는 우주를 설명하는 오직 하나의 이론만이 있을 수 있다는 관점에서 볼 때, 초끈이론은 우주의 가장 기본

---

7) Werner Heisenberg, *Physics and Philosophy* (New York: Harper, 1958), p. 72.

적인 대칭성들을 모두 설명한다.

　우주는 인위적으로 쪼갤 수 없는 하나의 전체이며, 그곳에서 존재하는 모든 단위와 모든 사건은 서로 의존하면서 긴밀하게 연결되어 있다는 것, 바로 이것이 현대 물리학이 우리에게 던지는 분명한 메시지다. 나는 나의 저서 『코스모스와 안트로포스』(*Cosmos and Anthropos*) 제3장에서 물리학적 우주의 개념상에서 발생한 혁명의 본성과 추세를 내가 아는 범위 내에서 설명하고자 했고, 이어지는 장에서는 그러한 개념적 혁신이 생물학의 전체론적 접근에도 유사한 방식으로 확산되는 과정을 살펴보고자 했다. 이런 확산 과정은 생물권 전체의 유기적 통일성을 인정하면서 정점에 달했는데, 생물학자들은 생물권을 분리할 수 없는 하나의 거대한 생물학적 공동체로 간주하게 되었다. 이 공동체는 생명체들이 주변 서식지에 적응한 것과 마찬가지로 생명의 요구에 따라 복잡하게 조정된 환경에 유기적으로 연결되어 있다. 살아 있는 유기체는 (수천 년 전에 아리스토텔레스가 주장했던 것처럼) 각 부분이 전체의 본성과 자기유지 요구에 따라 형성되고 기능하는 단순한 통일체가 아니다. 개별적인 유기체의 생명은 그것의 환경에서 그것과 상호작용하는 다른 유기체의 활동과 기능에도 크게 의존하기 때문이다. 이른바 '자연의 균형(balance of nature)'이라고 지칭하는 이러한 상호의존성이 생물권 전체에 편재하는데, 이런 사실은 생명체들이 비단 그들끼리뿐만 아니라, 그들의 비유기적 환경과도 긴밀하게 상호작용한다는 사실을 항구적으로 예증한다.

　마스턴 베이츠는 이처럼 다양한 생명체들이 자기들끼리뿐만 아니라 주변 환경과도 긴밀하게 연결되어 있다는 사실을 다음과 같이 생생하게 묘사했다.

이팔루크 섬의 환초에서 바라보면 육지와 바다의 차이는 생물학적 의미를 상실한 듯하다. 우리는 하나의 환경 전체를 일련의 분산된 생물학적 공동체로 분리할 수 있는 논리적 방법을 찾아낼 수 없으며, 따라서 공동체가 의미를 상실하지 않으려면 환초의 모든 상황, 즉 육지, 모래톱, 초호, 그리고 인접한 주변의 바다 전체를 망라해야 한다는 결론에 도달한다. 이곳에서 모든 것은 완전히 뒤섞여 있다. 사람들도 식량을 구하려면 다른 동물처럼 육지와 바다에 의존해야만 한다. 환초 위의 모든 곳을 기어 다니던 소라게는 바다에 들어가서 알을 낳는데, 야자집게나 참게도 동일한 행동 패턴을 보여준다. 반면 바다거북은 그들의 알을 땅에다 묻기 위해 바다에서 기어 나온다. 바다는 모든 곳에 영향을 미친다. 예컨대 바다는 어떤 식물과 어떤 동물이 육지에서 살 수 있는지를 결정한다. 이들 모두가 육지에 도착하려면 의도적이든 우연히든 인간이 그들을 옮겨주지 않는다면 그들 나름대로 바다를 건널 수 있는 어떤 방법이 있어야만 하기 때문이다. …

그렇다면 생물권은 본질적으로 공간을 가로지르는 연속적 성격을 띤 것으로서, 지구의 표면 전체를 둘러싼 하나의 유기적인 생명체의 그물망이다. 그러나 그것은 단일한 형태의 단조로운 그물망이 결코 아니다. 대신 다양한 종류의 패턴과 디자인으로 짜여 있다.

루이스 토머스 역시 비슷한 시각을 보여주었다. 그는 대기권으로 둘러싸인 지구 전체를 살아 있는 하나의 세포에 비유하면서, 스페인의 사르고싸 해안에서 서식하는 생물과 알프스 산맥에서 서식하는 동식물상(flora and fauna)이 상호 밀접하게 연관되어 있다고 말했다. J. E. 러브록 또한 자신이 명명한 가이아 가설(Gaia hypothesis)을 제시하면서 지구 전체는 생존을 위해 그 자체 및 환경 조건을 스스로 부양한다고 주장했다. 또한 지구 및 그것의 환경에는 순전히 물리화학적 원인만으로는 설명할 수 없는 물리적 특성이 많이 있으며, 그들 중 일부는 식물 및 동물의 활동 때문에 계속 유지된다고 주장했다. 한편, 루퍼트 셸드레이크는 본질적으로 전체론을 뜻하는 장 개념(field concept)을 생물학에서 도입할 것을 제안했다. 그는 세대 및 개체의 발생 과정을 결정하는 형태발생적 장(morphogenetic field)이 존재한다고 주장한다. 현재 주류 생물학자들이 이런 이론들을 거부한다는 사실이 전체론적 사고방식의 필요성을 느끼는 과학자들의 점진적 증가 추세를 호도할 수는 없다.[8]

신다원주의자는 특별한 형태의 생명의 진화를 우연변동(chance variation)과 자연선택 과정으로 축소해서 해석했다. 그러나 자연은 선택하지 않기 때문에 자연선택이란 표현은 부적절한 용어라고 할 수 있다. 생존경쟁과 생존조건에서 유기체에게 불이익을 가져다주는 독특한 변이는 번식하지 못하거나 점차 소멸할 수밖에 없다. 따라서 '자연선택'은 단순히 부적격자의 제거를 의미할 뿐이다. 그러

---

8) Cf. Marston Bates, *The Forest and the Sea* (New York: Random House, 1960), p. 31; Lewis Thomas, *The Lives of a Cell* (New York: Viking, 1974), pp. 5, 41, 145-148; James Lovelock, *Gaia: A New Look at Life on Earth* (Oxford: Oxford University Press, 1979); Rupert Sheldrake, *A New Science of Life: The Hypothesis of Formative Causation* (London: HarperCollins, Palladin, 1987), p. 26.

나 신다윈주의에서는 긍정적인 생존가치를 소유한 변이를 순수한 우연의 산물로 간주한다. 그러나 이런 경우는 매우 드물고 실제로도 일어날 가능성이 별로 없기 때문에 지구상에서 생명이 출현한 이래 아주 짧은 시간에 성취될 수는 없었다. 엄청나게 복잡하고 섬세하게 만들어진 작금의 유기체 구조뿐만 아니라, 생명체의 생존에 기여할 수 있는 (몇 가지 상이한 개체들의) 복잡한 행동패턴까지 우연히 생산하기 위해서는 엄청난 시간이 소요되기 때문이다. 따라서 진화의 과정에는 단순히 우연뿐만 아니라 다른 어떤 영향력도 함께 작용한다고 보아야 한다. 스튜어트 카우프만은 어떤 자기 조직화의 원리(principle of self-organization), 즉 먼저 조직 그 자체를 통합하고, 이어서 변이들을 조직의 구조에 통합시키는 원리가 작동한다는 사상을 지지하는 설득력 있는 사례를 제시했다. 그는 이런 원리가 혼돈과 질서 사이의 상전이(phase transition)에서, 다시 말해서 특정의 이상한 끌개 사이에서 발생한다고 생각했다. 그렇다면 동일한 자기 조직화 원리가 유기체를 그것의 환경에 적응시키고, 생물학적 공동체의 구성원을 유기적으로 연결시키며, 궁극적으로는 그들 모두를 상호 연결된 하나의 전체, 즉 생물권에 통합시킨다는 생각도 충분히 해볼 수 있다.

이러한 유기체 전체의 진화과정이 최종적으로 성취한 결과가 바로 지적 생명체(intellectual life)라고 할 수 있다. 그리고 일부 물리학적 우주론자들에 따르면 이런 진화과정이 우주 전체의 구조에서 반드시 그리고 유기적으로 진행된다. 이런 현상을 보통 '인간원리에 근거한 우주원리(Anthropic Cosmological Principle)'라고 하는데, 우주론자들은 철학적 관점에서 보면 항시 만족스런 것은 아니었지만 하여간 이 원리를 다양한 방식으로 제시했다. 그러나 중요한 철학적 함의가 전혀 없는 것도 아니다. 지구상에 편재된 물리학적, 기상학적, 천문학적 조건들은(아울러 우주의 어딘가에 존재하는 다른 행성도 함께 생각해볼 수 있다) 모두 생명이 요구하는 조건과 정확하고 정교하게 조화를 이루고 있으며, (탄소, 산소, 인광체 등과 같이) 생명을 유지하는 데 필수불가결한 요소들은 주계열성(main sequence stars) 내부에서 종합되는데, 이런 과정이 형성되기 위해서는 반드시 물리적 우주 전체의 역사와 진화가 진행되어야만 한다. 현대 물리학 이론이 주장하는 것처럼 이런 우주가 생명이 요구하는 모든 균형을 유지할 수 있는 유일한 장소라면, 지적 생명체 역시 그곳에서 필연적으로 출현할 수 있을 것처럼 보인다. 이런 우주는 불가피하게 어떤 관찰자를 탄생시키는 우주이며, 그 관찰자에 의존해서 우주의 미세한 부분들이 실현된다.

'인간원리에 근거한 우주원리'는 몇 가지 상이한 형태가 존재한다. 이들 중 일부는 지극히 진부한 것처럼 보이고, 다른 것들은 의문시되거나 심지어는 조롱을 당하기까지 했다. 그러나 '인간원리에 근거한 우주원리'의 기본적인 관심은, 우리가 관찰하는 물리적 우주는 우리가 그 우주에서 살고 있으면서 우주를 관찰한다는 사실 그 자체로부터 제약을 받는다는 것이었다. 우리가 관찰한 내용에 우리들 자신의 생존에 필요한 조건들이 포함되어 있어야만 한다는 사실은 지극히 자명하다. 어떤 물리학자들은 이런 사실을 중요한 색출적 원리(heuristic principle)로 간주하지만, 다른 학자들은 우리들의 지식에 개탄스런 제약을 강제하는 것으로 간주한다. 그들은 우리가 관찰하는 우주가 오직 하나뿐이 아닐 수도 있다고 추측하고, 우리가 관찰할 수 없는 다른 우주가 존재하면서 지적 생명체의 진화에 적대적 태도를 취할 수도 있다고 상상한다. 그렇지 않을 경우 우리가 관찰할 수 있는 우주는 (우주 대수축 이후 발생한 우주 대폭발을 계기로) 팽창과 수축이 반복을 거듭하면서 만들어낸 일련의 우주 중 하나일 뿐이라고 생각한다. 아울러 이들 중 우리가 관찰할 수 없는 우주는 생명에 적합한 조건이 아니라고 간주한다. 만일 지금 이곳의 우리의 존재가 이와 유사한 방식으로 형성되었다면 우리의 존재란 단지 우연히 발생한 사건에 지나지 않으며, 사물의 본성에 있는 어떤 필연성은 전혀 반영하지 못하게 된다.

나는 『코스모스와 안트로포스』 제1장에서 '인간원리에 근거한 우주원리' 의 추측이 논리적 일관성을 확보하지 못했다고 주장했다. 그 까닭은 첫째, 우주가 독자적으로 존재하는 수많은 세계를 포괄한다손 치더라도 우주 그 자체는 오직 하나만 존재할 수 있고, 다른 우주에 관한 우리의 추측 내용은 우리가 관찰한 것만큼이나 '인간원리에 근거한 우주원리' 에 따라 좌우되기 때문이다. 아울러 우리가 관찰한 것으로부터 다른 우주의 존재 가능성을 추측하고 추론하는 자는 바로 우리들 자신이기 때문이다. 둘째, 현대의 가장 진보한 물리학 이론에 따를 때 우리가 관찰한 우주와 다르게 조직된 우주는 그 어떤 경우에도 존재할 수 없고, 만일 그런 우주가 존재한다면 우주의 생존에 필수적인 균형의 원리를 위반하기 때문이다.

'인간원리에 근거한 우주원리' 가 우리에게 제시하는 진정한 의미는 우주가 분리 불가능한 통일체로 존재한다는 사실과 상대성 이론 및 양자역학 이론이 요구한 조건, 즉, 관찰자가 반드시 관찰 결과에 포함되어야 한다는 사실을 발견한 데 있다. 이처럼 인간성이 물리적 세계의 본성에서 본질적 부분을 이룬다는 사실은 뉴턴 과학의 근본전제들, 즉 자연과 인간의 정신은 철저히 단절되어 있고, 생명은 기계론적 구조에서 우연히 발생하는 사건에 지나지 않으며, 따라서 생명 그 자체는 물리적 환경만큼이나 기계론적 성격을 띤다는 전제들과 정면으로 충돌한다.

기라성 같은 저명한 물리학자들은 현대 과학의 세계관에서 새롭게 등장한 전체론을 증명했다. 예컨대 막스 플랑크는 다음과 같이 쓰고 있다.

우리가 현대 물리학의 성취로부터 배운 중요한 사실 중의 하나는 모든 체계를 그것의 구성요소로 분해한 다음, 각 구성요소를 그 자체로서 연구할 경우 체계의 본성을 이해할 수 없다는 것이었다. 그런 방법은 체계의 중요한 성질들을 종종 사상시켜버리기 때문이다. 따라서 우리는 반드시 우리의 시선을 체계 전체 차원과 부분들 간의 상호 연관성에 고정시켜야만 한다.[9]

브리지맨 같은 경우는 다음과 같이 말한다.

우리가 알고 있는 것은 단순한 사건 B와 인과적으로 연결된 단순한 사건 A가 결코 아니다. 사건이 발생하는 체계의 전체적인 배

---

9) Max Plank, *The Philosophy of Physics* (London: Allen and Unwin, 1936), p. 33. 다음과 같은 얘기도 함께 참고하라. "물리적 체계를 전체로 간주하지 않는다면 우리가 탐구하는 물리학적 법칙의 적절한 이해에 결코 도달할 수 없다." Max Plank, *The Universe in the Light of Modern Physics*, p. 25.

경 역시 사건 개념에 포함되어 사건의 적극적인 구성 부분이 된다. … 따라서 인과관계는 사건이 발생하는 전체 체계까지 포함하는 상대적인 개념이라고 할 수 있다.[10]

루이 드 브로이 역시 동일한 메시지를 전한다.

입자의 개체성이라는 개념은 체계의 개체성 그 자체가 크게 강조됨에 따라 점차 모호한 개념으로 변질되었다. 따라서 개체와 체계는 어느 정도 서로를 보완하면서 이상화된 것(complementary idealization)처럼 보인다.[11]

D. W. 시아마 또한 다음과 같은 확신을 갖고 있다.

우주는 독립된 물체의 단순한 집단이 아니다. 우주의 상이한 영역들은 서로 긴밀하게 영향을 주고받는다.[12]

아서 에딩턴 경은 팽창하는 우주에 관한 책을 쓰면서 다음과 같은 의견을 말했다.

나는 사물이 광범위한 영역에서 상호 긴밀하게 연결되어 있다

---

10) P. W. Bridgeman, *The Logic of Physics* (New York: Macmillan, 1954), p. 83.

11) Louis de Broglie, *The Revolution in Physics*, trans. R. W. Wiemeyer (London: Routledge and Kegan Paul, 1954), p. 281.

12) D. W. Sciama, *The Unity of the Universe* (New York: Doubleday, 1961), p. 69.

는 사실을 분명하게 보여주고 싶을 뿐이다.[13]

E. A. 밀른은 몇 가지 일반적 원리로부터 다양한 현상의 법칙들을 연역해내는 작업을 시도했는데, 그 과정에서 그는 자유입자(free particle)의 운동이 '우주의 광범위한 영역'에 크게 의존한다는 사실을 보여주었다.[14] 또한 하이젠베르크는 다음과 같이 썼다.

따라서 세계는 사건들이 복잡하게 얽힌 조직처럼 보인다. 그곳에서 다양한 종류의 연계들이 교체되거나 중첩되거나 결합되는 가운데 전체의 조직구조를 결정한다.[15]

데이비드 봄은 자신이 물리적 세계의 숨겨진 질서(implicate order)라고 부른 것을 설명하면서 다음과 같이 단언했다.

따라서 양자역학 이론이 요구하는 질서를 적절하게 기술하기 위해서 가장 먼저 착수해야 할 사항은 세계를 상대적으로 자율적인 부분들로 분해한 다음, 그들이 독자적으로 존재하면서 상호작용한다는 사고방식을 포기하는 것이다. 그 대신 이제는 '더 이상 나눌 수 없는 전체(undivided wholeness)'를 가장 우선시하고, 그곳에서는 관찰도구와 관찰대상이 서로 분리될 수 없다는 사실을 자각해야

---

13) Arthur Eddington, *The Expanding Universe* (Cambridge: Cambridge University Press, 1933), p. 120.
14) E. A. Milne, *Proceedings of the Royal Society of Edinburgh*, sec. A, vol. 62 (1943-1944), p. 11.
15) Heisenberg, *Physics and Philosophy*, p. 96.

만 한다.[16)]

현대 물리학의 세계관과 동양의 신비주의적 세계관을 비교한 프리조프 카프라 역시 (『물리학의 도』를 집필하면서) 단호한 입장을 취했다.

현대 물리학의 가장 중요한 발견 중의 하나는 … 기본적으로 우주는 하나라는 사실이다. 그런 사실은 원자 수준에서 아주 자명한 것으로 드러났고, 우리가 물질의 세계로 더욱 깊이 들어가서 아원자 수준의 입자들의 영역까지 진입해도 사정은 달라지지 않는다. … 우리가 아원자 물리학의 다양한 모델을 연구하면 할수록 그 모델들은 동일한 통찰을 다양한 방식으로 반복해서 보여준다는 사실을 확인할 수 있을 것이다. 즉, 물질의 구성과 그것을 포함한 기본적 현상들은 모두가 서로 결합되어 있고, 서로 관련되어 있으며, 서로 의존하고 있다는 것, 따라서 그들은 고립된 단위로는 이해할 수 없고, 오직 전체에 통합된 부분으로서만 이해할 수 있다는 사실이 바로 그것이다.[17)]

아인슈타인, 인펠트, 슈뢰딩거, 스태프, 배로, 티플러 등을—이들은 모두 내가 이전에 출판한 책에서 언급한 학자들이다[18)]—포함

---

16) David Bohm, *Wholeness and the Implicate Order* (London: Routledge and Kegan Paul, 1980), p. 134.

17) Fritjof Capra, *The Tao of Physics* (London: Fontana, 1985), p. 142.

18) Cf. E. E. Harris, *The Foundations of Metaphysics in Science* (London: Allen and Unwin, 1965; reprint, Lanham, Md.: University Press of America, 1983; Atlantic

한 그 밖의 많은 과학자들의 저서와 코멘트에서도 위와 동일한 사상을 읽어낼 수 있다. 따라서 우리는 큰 이견 없이 새로운 패러다임이 이미 정착되었고, 그것은 본질적으로 모든 것을 포함하는 전체론적 성격을 띤다고 주장할 수 있다. 그러나 우리가 앞에서 검토한 것처럼 새로운 패러다임은 물리학과 생물학을 넘어선 영역으로는 아직까지 크게 침투하지 못하고 있다. 대부분의 철학자들과 일반 대중이 소유한 사고방식은 여전히 19세기에 편재되었던 개념의 도식에서 헤어나지 못하고 있다.

그러나 바로 이런 개념이 현대 문명을 자멸의 벼랑으로 몰아넣었기 때문에 그런 개념을 하루라도 빨리 혁신할 필요가 있다. 그리고 그런 혁신이 자연과학 분야에서 이루어진 것처럼 자연과학 이외의 분야에서도 일어나야만 한다. 그렇다면 철학, 윤리학, 정치학, 종교 등에서 개념의 혁신이 이루어진다는 것은 구체적으로 무엇을 의미하는가? 또한 우리의 생활방식에는 어떤 영향을 주어야만 하는가?

우선 현대 과학이 파악한 우주는 복잡성과 통합성의 지수를 점차 증가시키는 형태로 시공간상에서 전개된다는 사실에 주목할 필요가 있다. 우주는 변화의 각 단계에서 잠정적인 통일성을 유지하며, 전개가 계속될수록 통합의 응집성을 증가시킨다. 먼저 원초적인 시공간 상태가 존재한다. 이후 그것은 미시적 수준에서 진행되는 불확정적 활동을 통해 진공 속에서 잠시 나타났다가 사라지는

Highlands, N.J.: Humanities Press, 1993), pp. 136ff; idem, *Cosmos and Anthropos* (Atlantic Highlands, N. J.: Humanities Press, 1991), chapter 3 et seq.

가상입자(virtual particle)를 만들어낸다. 그것은 다시 에너지의 장으로 변모되는데, 그곳에서 물질은 소립자의 형태로 응축된다. 이러한 소립자를 예시하면 중간자(meson), 경입자(lepton), 강입자(hadron) 등이 있는데, 이들이 원자로 결합된다. 각 원자들의 고유한 구조는 파울리의 배타원리(Pauli's Exclusion Principle)에 따라 결정되고, 이 원리에 따라 입자들이 결합되는 것이다. 따라서 개개의 원자들은 모두 그 자체로서 하나의 전체를 이루지만, 각 원자는 다른 원자들과 결합해서 더욱 복잡한 전체를 새롭게 형성하는 경향성을 갖는다. 원자들은 그것과 유사하게 구성된 분자들(molecules)로 결합되고, 이들은 다시 더욱 크고 더욱 정합적으로 구성된 전체, 즉 결정체의 격자구조(leptocosm)로 결합된다. 결정체들은 생명 활동의 어떤 징후를 보이는 방식으로 성장하고 결합되며, 액체결정들은 원형질의 형상을 미리 나타내는데, 액정은 원형질의 구성요소가 되기도 한다. 고분자들은(그것 자체가 이미 복잡한 전체를 이룬다) 중합사슬(polymeric chains)로 증식하면서 유기화합물, 단백질, 염색체 등을 구성하는데, 이들의 특성은 각자의 결합방식에 따라 결정된다. 이들이 다시 결합하면서 살아 있는 세포를 형성한다. 이들 중 일부는 원생동물(protozoa)의 상태를 유지하고, 다른 부분은 궁극적으로 지능을 가진 종(intelligent species)으로 진화할 때까지 다양한 속들(genera)로 계속 분화하면서 복잡성과 융통성을 증가시키는 다세포생물(multicellular organisms)을 형성한다.

위 과정이 진행되는 동안 형태의 규모가 중첩되고, 각 단계의 전체적인 형태가 이전 단계에서 유지했던 형태의 성격과 활동을 모두 수용하면서 변화시키는 모습을 주의 깊게 관찰해보라. 테야르 드

샤르뎅이 얘기했던 '그 스스로 접히는 과정(enroulement sur soi meme)' 이 진행되는 형태를 관찰할 수 있을 것이다. 더욱이 그들은 서로 충돌하고 서로 보완하는 모습을 동시에 보여준다. 따라서 어느 단계에서 서로 충돌했다가도 다음 단계에서는 새롭게 형성된 전체적 형태에서 서로를 보완하면서 융합된다. 예컨대 시공간이 스스로 접히면서 곡률(curvature)을 형성하는데, 상대성 이론에서 그것은 힘과 동일한 의미를 갖는다. 에너지 장이 겹치면서 파동운동과 입자운동의 중첩인 파동묶음(wave packet)과 물질의 기본입자 등을 만들어낸다. 물리학자들이 발견한 시공간의 4차원 다양체(manifold)와 확산하는 빛의 파동은 상충하면서도 상보적인 개념이다. 마찬가지로 에너지와 물질은 등가이면서 상보적이지만 정반대의 개념이다. 파동과 입자는 전자가 동심구로 퍼져 나가지만, 후자는 직선궤도로 움직인다는 점에서 상호 모순적이다. 그러나 파동과 입자 개념은 중첩되기도 하는데, 이때 입자는 파동운동이 스스로 겹친 것이다. 또한 파동과 입자는 서로 결합하여 새로운 종류의 부수적인 통일체를 형성하기도 하는데, (겔만과 니만에 따르면) 이들의 형태는 규모에 따라 일정하게 분류할 수 있다. 쿼크가 중첩되면서 중간자(mesons)와 중입자(baryons)를 형성하고, 중성자(neutrons) 및 양성자(protons)와 조화를 이루는 중첩된 장이 유착해서 원자의 핵들을 만든다. 이들은 다시 전자(electrons)와 반대되는 양전하를 띠면서 상충하는 전하를 조율하고 통합시키는 원자와 결합된다. 전자를 공유한 원자는 중첩되고 결합되면서 분자를 형성하며, 그런 과정이 진행되는 가운데 단백질과 핵산의 고분자를 형성하기에 이르는데, 이러한 고분자의 특성은 그들 스스로 겹치는 방식과 그들의 화학 결합이 중첩되는 방식에 따라 결정된다.

이러한 형태들 간의 변증법적 관계는 형태의 규모가 멘델레예프의 주기율표에, 그리고 분자와 결정구조(crystalline structures)를 거쳐 살아 있는 세포의 수준에 다가갈수록 더욱 복잡해진다. 생물권 역시 비슷한 규모로 분화한다. 즉, 원생동물은 후생동물(metazoa)의 대립자(opposite)이지만, 양자의 특징은 후생동물에서 결합되고 중첩된다. 개체발생과정에서 배아는 두 상반된 배우체(즉, 정자와 난자)의 결합체이자 난자의 상충하는 동시에 상보적인 구성요소인 세포핵과 세포질의 통일체인 하나의 세포로 시작한다. 개체발생과정은 세포 분열을 통해 계속된다. 원시적 후생동물에 상응하는 배아(blastula) 단계에서 세포는 더욱 성장할 수 있는 잠재력을 지니는 반면, 이어지는 장배형성(gastrulation) 단계에서 세포들은 더욱 분화하면서 다양한 기관을 형성하는데, 이들은 배발생(embryogenesis) 단계에서 서로 분명하게 구분할 수 있을 만큼 뚜렷한 윤곽을 지닌다. 본래 동등한 잠재력(equipotentiality)과 분화(specialization)는 상충하는 능력을 뜻한다. 그러나 최종 단계에서는 다양한 기관들 모두가 하나의 유기적 통일체 속으로 대단히 긴밀하게 그리고 대단히 복잡하게 통합된다. 이런 과정의 전체 규모는 엄청나게 방대하고, 대단히 복잡하며, 지극히 세분화된 상태에서 진행되지만, 여기에서 우리는 단지 그것의 변증법적 구조를 보여주는 몇 가지 사례만을 살펴보았다. 이러한 변증법적 구조는 결국 인간 사유의 변증법으로, 그리고 원초적 지각력, 질서 정연한 세계의 경험, 지적 행동, 과학적 이론화 그 자체 등을 조직하는 원리로 등장한다.

물리적 우주는 소성단(stardust)에서 항성, 행성, 은하계에 이르기까지, 소립자에서 원자와 분자를 거쳐 결정체에 이르기까지 작은 규모의 통일체들이 켜켜이 쌓여 하나의 유기적 통일체를 구성한다는 사실이 밝혀졌다. 생물권 역시 속과 종이 분열하는 가운데 복잡성과 융통성을 증가시키는 복잡한 장치들로 구성되었다는 사실을 알게 되었다. 더욱이 생물권은 하위의 생물군집들(biotic communities)로 구성된 하나의 거대한 생물군집이며, 하위의 생물군집들 각자는 유기적으로 통합된 공생계(symbiosis)라는 것, 그리고 모든 공생계의 주인은 유기체들이며, 유기체들 각자는 부분들이 체계적으로 연계된 하나의 통일체라는 것, 또한 부분들 그 자체는 서로 콤비를 이루면서 유기적 체계의 자기유지기능을 도와주는 하위의 통일체라는 것 등이 밝혀졌다. 이런 부분들의 범위는 아미노산과 핵산의 고분자부터 복잡하고 다양한 단백질과 염색체까지, 그리고 원생동물의 신진대사부터 다세포 조직의 생리기능과 그들의 상호의존적 기관 및 생명 유지에 필요한 기능을 도와주는 복잡하고 항상적인 화학 주기까지를 아우른다. 이러한 전체 시리즈의 특정 지점을 더욱 상세하게 분석하면 전체 시리즈와 유사한 구조를 갖는 서브 시리즈가 모습을 드러낸다. 따라서 베노이트 만델브로이트가 자연의 기하학을 프랙털로 제시할 수 있었던 것은 그렇게 놀랄 만한 일이 아니었다.

앞에서 검토한 모든 사례는 지금까지 학계에서 충분히 검토되지 않은 철학적, 윤리적, 신학적 차원의 중요한 의미를 지닌다. 가장 먼저 확인할 수 있는 의미는 뉴턴 과학의 근본전제들은 이미 완전히 붕괴되었다는 것, 따라서 그러한 전제들이 과학 이외의 영역에서 우리의 사고방식을 지금처럼 계속 지배해서는 결코 안 된다는 것이다. 코페르니쿠스 혁명은 천체의 중심에서 지구를 추방함으로써 우주에서 인간이 차지하는 중요성을 축소시킨 것으로 평가되지만, '인간원리에 근거한 우주원리' 는 인간의 지적능력을 우주에서 핵심적 지위를 차지하는 것으로 복원시켰는데, 그것은 우주의 진화 방향을 지시하고, 심지어는 우주 그 자체의 본질적 부분을 이루는 것으로 간주되었다. 또한 이 원리는 (전체 체계의 구조에 의해 부분적 과정의 방향성이 정해진다는 의미에서) 목적론(teleology)을 과학적으로 용인할 수 있는 개념으로 과학적 우주론에 다시 도입했다.

20세기의 자연과학적 혁명과 그것이 소개한 새로운 패러다임의 의미를 진지하게 고려한다면 전체론(holism)이 우리의 모든 사유를 지배하는 개념이 되어야 마땅하다. 뉴턴 패러다임에 기초한 행동 습관으로부터 파생된 다양한 문제와 위기를 고려할 때, 이제는 반드시 전 지구적 차원에서 문제를 진단해야만 한다. 뉴턴 패러다임의 전형적 사고방식인 원자론(atomism), 개인주의(individualism), 분리주의(separatism), 환원주의(reductionism) 등은 이미 오래 전에 낡은 것이 되어버렸기 때문에 이제는 더 이상 허용할 수 있는 여지가 전혀 없으며, 따라서 반드시 포기하는 길밖에 남아 있지 않다. 물론 이런 얘기를 한다고 해서 분석이 필요 없다거나, 세부 사항을 검토하는 것이 불필요하다는 뜻은 전혀 아니다. 그러나 나는 전체를 최소 부분으로 쪼갠 다음 그들을 세밀하게 검토하는 환원주의 방법만으로는 그러한 부분들을 구성요소로 갖는 전체의 구조를 더 이상 적절하게 설명할 수 없다는 사실을 강조하고자 한다. 아울러 이러한 전체의 구조 그 자체가 환원주의 방법을 통해 확인한 부분들의 성격에 직접적인 영향을 주거나 결정하는 힘까지 발휘하기 때문에 바람직한 설명의 원리는 관계 복합체 전체의 조직을 설명 대상으로 삼아야 한다. 요컨대 설명은 목적론적(teleological) 성격을 띠어야 한다. 전체가 부분을 지배하고 지시하는 힘이 바로 목적론의 적절한 의미이기 때문이다. 아울러 전체를 분석해서 확인한 부분은 그 자체로서 잠정적 통일체를 이루면서 그것보다 더욱 복잡하고 더욱 상위 수준에서 통합된 통일체에 참여하고 기여하는 존재로 간주되어야 한다. 이러한 전체론적 사고방식은 인간의 관심과 활동이 관계된 모든 영역의 이론과 실천에서 엄청난 규모의 통렬한 변화를 불러일으키는데, 그런 변화의 결과에 대해서는 다음 장에서 고찰하도록 하겠다.

paradigm
+
thinking

제6장

새로운 패러다임을 찾아서

논리학과 형이상학

앞에서 나는 막스 플랑크와 아인슈타인의 연구 성과를 계기로 발생한 패러다임의 변화를 검토했다. 그러나 콜링우드는 다윈의 진화론이 발표된 19세기 중반부터 이미 패러다임의 변화가 시작되었다고 진단했다. 르네상스의 과학은 우주를 기계로 간주했지만, 기계는 진화론의 등장으로 낡은 것이 되어버렸다는 것, 즉 기계는 진화하지 못한다는 것이 콜링우드의 주장이었다. 그는 진화의 개념을 (허버트 스펜서나 20세기의 베르그송처럼) 철학적으로 해석할 경우 새로운 개념적 도식이 등장한다고 생각했다.

콜링우드가 해석한 진화 개념은 현대의 신다윈주의자가 간직한 진화 개념과 상충할 수도 있는데, 신다윈주의자는 돌연변이와 자연선택을 기계론적으로 이해하는 입장을 고수하기 때문이다. 그러나 내가 볼 때 진화 개념을 기계론적 시각에서 해석하는 것은 적절하지 않고 이치에도 맞지 않는다. 우리가 진화 개념에 전체론(holism)이 어느 정도 함축되었다는 사실을 인정할 수 있다면 콜링우드의 역사적 해석은 충분히 수용할 수 있다. 유기체의 본능에 따라 적응이 상당히 체계적으로 이루어지는 한, 그리고 그러한 적응이 유기체와 환경의 통합을 보여주는 것이라면, 그곳에는 분명히 전체론이 함축되어 있다. 실제로 생물학에서는 20세기 후반부에 유기체적 트렌드가 자명한 것으로 드러났다. 우리는 이런 추세의 흔적을 한스 드리슈의 저작에서도 쉽게 확인할 수 있는데, 그는 살아 있는 세포와 세포돌기의 항상성 및 동등한 잠재 능력을 설명하기 위해 '엔텔레키(entelechy)' 라는 개념을 도입하고, 그것과 유기체의 통일성을 같은 것으로 단정했다.

베르그송은 진화 개념을 우주에 편재된 원리로 파악하고, 물리적 실재를 인간의 지적 산물로 격하시키면서 진화 개념을 철학적 수준으로 격상시켰다. 여기에서 인간의 지적 산물이란 단순한 현상(appearance)을 의미하는데, 그것은 생명체가 어느 순간 자신이 처한 상황에서 적절하게 행동할 수 있도록 도와준다. 베르그송에 따르면 이러한 현상의 이면에 존재하는 실재는 생명력의 '온상(detention)' 으로서, 진화과정을 통해 유기적 존재들을 산출한다. 또 다른 생물학자인 로이드 모건은 유기체의 이질성과 복잡성이 점차 증가함에 따라 발현적 속성(emergent properties)이 새롭게 출현한다고 지적했다. 사무엘 알렉산더는 발현적 속성과 진화 개념을 활용하여 완전히 새로운 존재론을 개발했다. 알렉산더는 비록 완전하게 성공하지는 못했지만 당대의 새로운 물리학적 성취를 자신의 시공간 이론에 과감하게 통합시키고자 했다.

그러나 이런 철학자는 당대의 과학적 패러다임을 다소 불완전하게 해석한 선구자들에 지나지 않았다. 20세기에 들어서면서 생물학보다는 물리학에서 보다 근본적인 변화가 일어났고, 새로운 물리학 이론에 함축된 전체론적 성격은 더욱 분명하게 드러났다. 당대의 새로운 물리학 이론을 형이상학적으로 더욱 정확하게 해석한 인물은 수학자였던 알프레드 노스 화이트헤드였다. 그에 따르면 모든 현실적 존재(actual entity)[1]는 우주 전체의 통일성을 반영하는 창조적 통합과정 중의 사건(event)이다. 개개의 현실적 존재가 여타의 모든 현실적 존재를 파악하는(prehends)[2] 그의 과정철학에서

---

1) '현실적 존재'는 우주를 구성하는 가장 기본적인 존재의 단위라고 할 수 있다. 화이트헤드는 우주를 살아 있는 거대한 유기체로 간주한다. 그런데 살아 있다는 것은 끊임없이 무언가를 경험한다는 얘기인데, 그때 그런 경험의 최소 단위주체를 현실적 존재라고 부른다. 화이트헤드는 경험의 주체로서의 특성을 강조하기 위해서 현실적 존재를 '경험의 방울(drops of experience)'이라고 부르기도 한다. 화이트헤드 철학의 전반적 내용을 우리말로 소개한 사례로는, 문창옥, 『화이트헤드 과정 철학의 이해』(통나무, 1999). 화이트헤드의 난해한 철학 용어를 비교적 쉽게 소개한 책으로는, John B. Cobb, Jr., *Whitehead Word Book: A Glossary with Alphabetical Index to Technical Terms in ⟨Process and Reality⟩* (Claremont, California: P&F Press, 2008) 등이 있다. – 옮긴이.

2) 화이트헤드 철학에서 '파악하다(prehend)'는 '파악(prehension)'의 동사형인데, 이는 영어에서 이해, 판단, 생각, 견해 등을 뜻하는 "apprehension"으로부터 "ap~"를 삭제해서 만든 화이트헤드의 신조어(neologism)이다. 서양 근대 인식론의 중요한 특징 중의 하나는 인간의 지각(perception)을 의식의 활동으로 국한해서 이해했다는 데 있다. 그러나 화이트헤드에 따르면 지각은 의식뿐만 아니라 인간의 신체 전체가 적극적으로 참여하면서 이루어지며, 오히려 후자를 크게 강조하는 입장을 취한다. 화이트헤드는 의식에 국한해서 이루어지는 경험 활동을 뜻하는 "apprehension" 대신 "prehension"을 선택해서 비의식적 지각도 아울러 표현하고자 했다. 그래서 "prehension"은 인간의 지각뿐만 아니라 인간 이외의 존재에서 이루어지는 모든 지각활동까지 포괄하는 매우 일반적인 성격을 띤다. – 옮긴이.

전체의 흔적은 개개의 부분에 내재하고, 개개의 부분은 전체의 형성과정에 대단히 중요하게 기여한다고 말할 수 있다.

현대 물리학이 밝혀낸 보편적 조직 원리에 따라 전체의 질서와 법칙이 결정되는데, 물리학자는 이 원리를 수학방정식으로 정식화했다. 일찍이 하이젠베르크는 이러한 방정식을 예견한 바 있다. 그는 수학방정식의 '고유해(Eigensolutions)'로부터 모든 힘과 입자가 유도된다고 판단했다. 이것을 철학적으로 표현한 것이 바로 구체적 보편자(concrete universal)인데, 이는 체계나 전체의 조직 원리를 의미하며, 이러한 원리에 입각해서 조직된 체계나 조직의 구조는 그것을 구성하는 부분의 본성과 부분의 생성과정을 지배한다. 버나드 보즌켓은 이러한 보편성을 시스템으로 설명하고자 노력했다. 그러나 그것을 성공적으로 설명하기까지는 콜링우드가 『철학적 방법에 관한 에세이』를 출간할 때까지 기다려야만 했다. 이 책에서 콜링우드는 철학적 보편자가, 대립자로 연관된 형식들이 중첩된 위계조직으로, 보편자의 상이한 여러 종으로, 유적 본질(generic essence)의 등급화된 예증사례들의 계열로 규정되어 있어서 전체적인 통합의 정도를 점차 높여간다는 사실을 입증했다. 이것은 동시에 철학적 개념의 본성과 그것의 구체적 실현에 관한 형이상학적 이론을 논리적으로 설명하는 것이기도 하다.

그러나 현재의 철학적 동향을 보면 논리 실증주의 형태로 부활한 경험주의가 사변철학의 발전을 저지하고 방해했음을 알 수 있다. 논리 실증주의는 과거의 패러다임으로 회귀해서 흄의 철학적 입장을 다시 주장하고, 모든 형이상학을 쓸모없는 것으로 폄하했으며, 모든 철학을 논리 및 언어 분석으로 국한시켜버렸다.

그러나 철학의 진정한 본분은 체계의 논리와 현대 과학 등이 주장하는 전체의 형이상학적 본성을 면밀하게 검토하는 쪽에서 찾아야 한다. 우선 이러한 전체는 모두 분화될 수 있다는 사실에 주목해야 한다. 따라서 그것은 차이의 통일체로 존재할 수밖에 없으며, 구조를 결여한 점형태(punctiform)나 공허한 연장(empty extension) 같은 것은 결코 될 수 없다. 사실상 공허한 연장은 실제로 존재할 수 없는데, 연장 그 자체가 위치와 방향의 차이를 필연적으로 수반하기 때문이다. 또한 전체는 반드시 차원을 갖는데, 무차원적 다양체(nil-dimensional manifold)란 상상의 산물(nonentity)에 지나지 않기 때문이다. 그것뿐만이 아니다. 전체가 형성되려면 부분은 반드시 어떤 구성의 원리에 입각해서 통합되어야 하는데, 그렇지 않을 경우 전체는 통일성이나 일관성을 결여한 부분들의 잡다한 집단에 지나지 않기 때문이다. 따라서 분화, 구조, 완결성 등을 결여한 전체는 결코 전체가 될 수 없다. 내적 관계(internality of relations)는 반드시 모든 부분의 조직 원리를 함축하는데, 이 원리에 입각해서 전체의 구조가 결정된다. 따라서 어떤 부분도 여타의 부분과 무관한 채 자족적으로 존재할 수 없으며, 개개의 부분은 그 자체의 본성상 그것이 속한 전체를 항시 가정한다. 따라서 전체의 실재를 보증하는 것은 개개의 부분적 존재다.

개개의 부분은 전체의 본질적 요소이기 때문에 각 부분은 그 자체의 고유한 본성을 지닌다. 또한 각 부분은 여타의 모든 부분과 상보적 관계에 있기 때문에 각자는 그 스스로 잠정적인 전체(provisional whole)가 된다. 각 부분이 잠정적 성격을 띠는 까닭은 그것이 사실상 그 자체로서 존재하기 위해서는 여타 부분과 상보적 관계를 유지해야 하기 때문이다. 따라서 모든 부분적 존재는 그것과 그것이 아닌 것(즉, 그것의 타자) 사이의 긴장을 수반하는데, 이러한 긴장은 그것 내부에서 요동을 일으키고, 타자와 조화를 이루면서 더욱 포괄적인 전체를 이루려는 추진력과 그것을 결합시킨다. 그러나 그런 조화가 이루어진다고 해도 이전의 타자가 완전히 사라지는 것은 아니다. 물론 그것과 타자의 상보성이 이전에 현저했던 양자의 갈등 양상을 상당 부분 해소하기는 했지만 말이다. 이런 과정을 거쳐 새롭게 형성된 전체에서도 각 부분은 여전히 존재한다. 그러나 그들은 전체의 새로운 양상이나 국면으로 변형된 형태로 존재한다. 따라서 부분들의 관계는 변증법적 성격을 띠는데, 바로 그러한 변증법이 전체를 형성하는 동기 내지 추진력이 된다. 이렇게 본다면 전체에 충만한 구성의 원리는 결코 정적인 상태로 존재할 수 없다. 그것은 전체의 활력과 진보를 가능케 하는 역동적 원리이기 때문이다. 요컨대 전체론의 본성 그 자체 속에 이미 진화론이 내재한다.

그렇다면 보편적 조직 원리는 그 자체가 일련의 중첩된 형식으로 구성되었으며, 종합적인 전체성의 일관성과 포괄성에 그들의 적실성의 정도를 점차 증가시킨다. 개개의 형식은 여타의 형식과 대조를 이루고, 어떤 측면에서는 갈등까지 일으키지만, 그러나 그들은 결국 상보적 관계를 유지한다. 전체에 보편적으로 충만한 조직원리는 개개의 잠정적인 단계에 내재한다. 따라서 각 단계는 그 자체의 독특한 방식으로 보편적 조직 원리를 예증한다. 마찬가지로 각 단계는 여타의 단계들과 현저하게 대조를 이룬 상태에 있기 때문에 그들은 서로 대립관계에 있다. 또한 불완전한 상태에 있는 각 단계는 바로 앞의 대립단계와 결합해서 더욱 보완된 전체를 형성하는 경향이 있기 때문에 그들은 정도의 위계조직(scale of degrees)을 형성한다. 따라서 철학적 보편자의 중첩된 단계와 자기 규정성을 형식들의 위계조직(scale of forms)으로 간주하는 콜링우드의 학설을 확증할 수 있다.

지금까지 개관한 내용이 바로 체계의 논리, 또는 전체의 논리이다(모든 체계는 하나의 전체이고, 모든 전체는 하나의 체계이기 때문이다). 또한 이것은 우주의 존재론에 관한 이론이기도 한데, 경험과학은 이러한 논리가 요구하는 것에 상응하는 자연의 구조를 밝히고 있다. 예를 들어보자. 수소 원자의 핵은 어떤 조건에서 이온 상태로 존재한다. 그러나 그것은 원자를 형성하기 위해 반대 전하를 띤 전자와 결합하는 경향성이나 추진력을 갖는다. 다시 그것은 두 번째 원자와 결합해서 분자(H_2)를 형성하는 추진력을 갖는데, 이들은 다른 원자와 화학적 친화력(chemical affinities)을 갖고서 헬륨이나 물(H_2O)과 같은 다른 요소들과 요소들 간의 조합을 형성한다. 이와 동일한 일반원리가 자연의 형식 전 영역에 편재되었으며, 그러한 원리에 따라 자연의 과정이 진행될수록 더욱 복잡한 양상이 출현한다. 따라서 그러한 양상을 통찰하고, 그것을 이론적으로 명확하게 설명하는 일도 점차 어렵게 된다. 예컨대 원생동물에서 후생동물로 진화하는 과정의 이면에 어떤 유사한 관계가 존재한다는 사실이 상당히 분명하게 밝혀지긴 했지만, 원생동물 간의 관계와 후생동물 간의 관계를 유사한 방식으로 설명할 수 없다. 지금까지 검토한 철학적 분석과 과학적 사례를 함께 고려하면 콜링우드가 얘기한 철학적 보편자(philosophical universal)의 구조에 대한 그의 통찰을 충분히 수용할 수 있고, 르네상스 패러다임이 현대의 자연과학적 패러다임으로 대체되는 사실 또한 분명하게 확인할 수 있다.

이제 새로운 과학적 패러다임이 철학에 던지는 함의를 정리해 보기로 하자. 첫째, 논리가 순수하게 외연적(extensional) 성격을 띠는 것이 아니라[다시 말해서 외적(external) 관계로 구성된 집단이나 집합에만 적용할 수 있는 것이 아니라], [내적(internal) 관계로 구성된] 전체를 적절하게 설명할 수 있는 변증법적 성격을 띤다는 점을 꼽을 수 있다. 변증 논리는 외연 논리학을 보완할 수 있다. 사실상 변증 논리학은 (형식 논리학을 적용할 수 있는) 사실들의 집합을 전체 형식의 하위 형식들로 인정함으로써(전체라는 개념 그 자체가 형식들의 위계조직으로 규정되었기 때문이다) 형식(또는 외연) 논리학을 자신의 체계 내에 포섭할 수 있다. 둘째, 단순한 환원주의를 설명의 방식으로 취해서는 안 된다. 즉, 전체를 고립된 부분으로 나누어서 설명하려는 방식을 포기해야 한다. 그 대신 아주 미세한 영역에서 세부적인 차이를 식별하는 작업을 계속하면서도 부분과 그들의 행위는 반드시 전체 구조의 맥락에서 설명해야 한다. 따라서 설명은 목적론적(teleological) 성격을 띠어야 한다. 그렇다고 해서 자연이 어떤 목적을 향해 진화하는 것으로 간주해야 한다는 뜻은 아니다. 하지만 목적을 지향하는 행위는 전체적 완전성을 지향하는 보편적 경향성의 특별한 사례, 즉 상대적으로 높은 수준에서 발생하는 사례로 간주되어야 한다. 셋째, 현대의 존재론은 변증법적인 것으로서, 실재를 중첩되면서 등급화된 형식들의 위계조직으로 그려내는 조직 원리의 규정을 찾아내야 한다. 하지만 이런 형식들은 서로 구별되고 서로 대립하며 서로 보완하면서 (작용인과 목적인 두 측면 모두에서) 모든 것의 궁극적 원인인 동시에 모든 것의 궁극적 설명인 완전하고도 완결적인 전체를 함께 구성하는 데로 나아간다.

자연 세계를 규정하는 형식들의 위계조직은 단순한 생리학적 단계에서 끝나지 않는다. 생리 기능이 어떤 중요한 단계에 다다르면 지각력(sentience)을 수반한다. 이러한 지각력은 대상의 인지에 집중하면서 내적으로 조직되는데, 이때 대상들은 지각세계로 구현된다. 발육 단계가 계속됨에 따라 이러한 의식은 자기성찰과 합리적 자기인식을 할 수 있을 만큼 발전하게 된다. 발육 단계의 결과로서 이른바 인간의 지적 세계(noosphere)가 형성되는데, 이러한 지적 세계는 자연의 전 영역과 분리된 것이 아니라 긴밀하게 연관되어 있다.

더욱이 자의식이 강한 인식은 체계적 전체라는 개념 그 자체에 이미 함축되어 있다. 그러한 전체는 관계들의 복합체이고, 그곳의 관계들은 그 자체로서 인식되는 경우에만 분명하게 파악된다. 어떤 체계가 단지 생리학적 단계나 유기체적 단계에 머물러 있다면 그 체계를 구성하는 요소들 간의 관계는 단지 잠재적 상태로만 존재할 뿐이다. 소립자는 그들의 상호관계가 요구하는 바에 따라 상호작용한다. 그러나 그런 과정을 통해서 소립자가 자신들의 관계를 명시적으로 만드는 것은 아니다(그렇게 되려면 과학자가 표시해주어야만 한다). 마찬가지로 화학적 친화력은 화학적 요소들 간의 특별한 관계의 산물이지만, 화학적 친화력 그 자체가 그러한 관계를 상술하지는 못하며, 오직 화학자만이 그들을 분명하게 보여줄 수 있다. 생물학적 관계에서도 사정은 다르지 않다. 생물학적 관계는 유기체의 생명을 유지하는 데 기여하지만, 어디까지나 무의식적 차원에서 그러할 뿐이며, 유기체 그 자체가 그들의 관계를 직접적으로 인식하거나 생물학자가 탐구하는 경우에만 명시적으로 드러나게 된다. 따라서 관계들의 복합체가 완전히 명시적으로 드러난 상태에서 활동하려면 자기인식의 능력을 갖추어야만 한다. 다시 말해서 관계들의 복합체는 의식적 주체가 지향하는 대상이 되어야 하는데, 그는 관계의 어떤 조건에 구속되는 존재가 아니라 복합체 전체를 초월하는 존재가 되어야 한다. 따라서 양자 물리학자는 양자역학 체계가 항시 잠재적인 상태로 존재하며, 그것의 파라미터를 실험적으로 측정해야만 비로소 현재적인 상태가 된다는 것, 그리고 확률 진폭은 실험자가 관찰할 때만 붕괴한다고 주장했다. 관계들의 복합체가 의식이 있을 때만이 완전히 현재적인 상태가 된다는 사실은 '인간원리에 근거한 우주원리' 의 논리적 기초로서 매우 광범위한 의미를 갖는다. 물리학적 우주론자는 우주가 분리할 수 없는 하나의 전체이고, 완전히 상호 의존된 관계들의 복합체라는 사실을 확립했다. 또한 그러한 전체는 (1)완전할 것이고(그렇지 않을 경우 전체가 될 수 없기 때문이다), (2)의식과 지력을 소유한 어떤 관찰자가 그것을 인식하는 경우에 한해서만 그것은 완전히 현재화될 수 있다는 사실이 이제 분명해졌다. 따라서 물리적 세계에는 반드시 지적 생활이 포함된다.

새로운 패러다임을 예견한 철학자들

20세기의 경험주의가 18세기의 패러다임으로 퇴행하는 모습을 보인 것과 달리, 과거의 사유의 흐름 중에서 당대의 한계를 넘어서서 현대 과학의 발견을 다양한 측면에서 예견한 사례가 있다. 스피노자는 자신의 번득이는 통찰에 따라 사유와 연장(즉, 정신과 물질)이 상호 독립적인 존재가 아니라 기본적으로 동일한 존재일 수밖에 없다는 것, 사유와 연장의 구조는 복잡성의 정도에 따라 위계적으로 구성되었다는 것, 그리고 복잡성이 증가함에 따라 각자 더욱 자립적인 존재로 진화한다는 것 등을 깨닫게 되었다.[3] 그는 '우주 전체의 얼굴'이 하나의 독특한 전체이고, 신의 무한한 사상과 실질적으로 동일하다고 주장했다. 사실상 스피노자 역시 '인간원리에 근거한 우주원리'를 예견했다고도 볼 수 있는데, 그의 주장에 따르면 모든 존재는 정신을 소유한 생명체이며(*animatus*), 인간의 정신은 덜 복잡하게 구성된 조직에 비해 명석하고 판명한(즉, 합리적인) 지각 능력을 더욱 우수하게 수행할 수 있는 복잡하고 자립적인 조직이라는 관념과 다를 바 없다. 마찬가지로 라이프니츠는 상호 연관된 모나드들의 무한 체계를 전제로 물리적 세계를 '근거가 충분한 현상(*phenomena bene fundata*)'으로 간주했다. 그 전제에 따르면 각각의 모나드는 자신의 '지각(perceptions)'을 통해서 우주 전체

---

3) Cf. B. de Spinoza, *Ethics*, Part II, Prop. 13, Schol., Lemma 7, Schol., and Epistle 32 in idem, *Ethics and Selected Letters*, trans. S. Shirley (Indianapolis: Hackett, 1982); E. E. Harris, *Salvation from Despair* (The Hague: Martinus Nijhoff, 1973), chapter 5, 1-3.

를 반영한다. 따라서 이 우주는 예정조화에 따라 상호 내적으로 연관된 체계들을 스스로 반영하는 체계가 된다.[4]

한편, 칸트는 하나의 초월적인 통각(apperception)의 통일체만이 세계를 하나의 전체로 인식할 수 있고, 목적론을 수단으로 전체가 부분을 결정하고 부분은 상호 목적과 수단이 되는 유기적 통일체를 기술할 수 있다는 사실을 깨달았다.[5] 따라서 셸링과 헤겔은 실재가 통일적인 전체의 형태로 존재하며, 그 자체는 변증법적으로 분화해서 형식들의 위계조직을 이루는데, 이를 통해 자연은 의식에 도달하고, 그런 의식은 '절대정신(Geist)'에서 절정을 이룬다는 결론에 도달했다.[6] 이러한 예언자적 통찰은 무엇보다도 코페르니쿠스 패러다임이 부과한 지식의 문제를 해결하기 위해 인식하는 주체의 본성을 성찰하는 과정에서 성취되었다. 이들의 통찰은 코페르니쿠스 패러다임이 제시한 철학적 문제와 그것을 해결할 필요성을 인식함으로써 더욱 심화되었다. 칸트가 분명하게 파악했던 것처럼 인식하는 자아(ego)는 지각 경험의 동시적 종합을 통해 지각 대상을 자신의 초월적 통일체로부터 선험적으로 파생된 조직 원리에 부응하는 구조화된 세계 속에 정돈한다. 그 결과 자아가 경험한 세계는 하나의 정합적인 전체가 될 수밖에 없다. 칸트의 얘기를 직접 들어보자.

---

4) Cf. W. Leibniz, *Monadology*, trans. R. Latta (Oxford: Clarendon Press, 1898).

5) Cf. Immanuel Kant, *Kritik der reinen Vernünft* (Leipzig: Felix Meiner, 1926), A115-130, B130-140; idem, *Kritik der Urteilskraft* (Leipzig: Felix Meiner, 1924), section 75.

6) Cf. E. E. Harris, *The Spirit of Hegel* (Atlantic Highlands, N. J.: Humanities Press, 1993), chapters 7-8, 10-11.

우리에게 통일성을 추구할 것을 요구하는 이성의 법칙이 필연
적으로 존재한다. 그런 법칙이 없다면 우리는 전혀 이성을 소유할
수 없고, 이성이 없다면 오성을 정합적으로 사용할 수
(*zusammenhängenden Verstandesgebrauch*) 없으며, 오성이 부재
할 경우 경험적 진리를 판정할 수 있는 적절한 기준을 마련할 수 없
다. 이러한 마지막 견해를 고려할 경우 우리는 자연의 전 영역에서
존재하는 체계적인 통일성이 객관적으로 타당하고 필연적이라는
사실을 반드시 전제해야 한다. (『순수이성 비판』, A 651, B 679)

그러나 우리가 후대의 발전을 예견한 이전 시대의 통찰 사례를
접하면서 놀랄 필요는 없다. 앞에서 우리는 사모스의 아리스타르코
스가 코페르니쿠스의 태양 중심설을 예견했고, 임페투스 이론을 매
개로 관성 개념이 탄생했다는 사실에 주목한 바 있다. (내가 『과학
의 형이상학적 기초』 13장에서 밝힌 것처럼) 기계론과 목적론은 양
립 가능하며, 모든 기계 장치의 전체론에서 이런 사실을 분명하게
확인해볼 수 있다. 사실상 전체론이 옳다면 그것은 과학과 철학의
역사뿐만 아니라 과학과 철학의 주제 그 자체에도 적용될 수 있어
야 한다. 과학과 철학은 정합성을 추구하며, 전체의 실상은 그것의
독특한 형식 모두에 내재해 있고, 후속 단계가 새로운 형식에서 이
전 단계를 지향하고 보존하는 것처럼, 이전 단계는 후속 단계의 징
조를 보인다. 과학혁명의 변증법적 논리는 단순히 산발적으로 진행
되는 과정이 아니다. 그곳에는 원리적으로 상보적인 대립자를 이어
주는 연속적인 흐름 또한 존재하기 때문이다.[7]

도덕 철학

변증법적 관계는 지적 세계가 작동하는 단계에 다다르면 매우 복잡해진다. 자기반성은 변증법적 관계의 각 단계가 어떤 방식으로든 전체를 반영하고 표현한다는 사실을 분명하게 보여주기 때문이다. 그러나 자기반성 역시 변증법적 과정의 한 단계에 지나지 않는다. 따라서 지각력은 환경으로부터 살아 있는 유기체로 향하는 영향력의 무제약적 흐름을 통해 자연의 전체 모습을 등록하게 된다. 원초적인 지각력은 그 자체가 무차별적 느낌의 총체인데, 이는 관심에 따라 다양한 감각양식으로 분류되는 가운데 지각의 수준까지 다다른다. 지각력이 감각지각으로 조직되면서 통일된 세계, 상식의 세계, 요컨대 후설이 얘기했던 자연적 태도(natural attitude)가 인식에 제공된다. 이 세계는 물리생물학적 세계와 동일한데, 이제 환경으로부터 파생된 모든 영향을 유기체에 등록하는 신체의 느낌을 경유해서 의식에 다다르게 된다. 반성적 사유는 계속해서 과학과 철학뿐만 아니라 예술과 종교도 창조한다. 그리고 이들은 전체(또는 진리)를 비유적으로나 명시적으로 표현한 등급의 정도에 따라 상호 연결되어 있으며, 각자는 그러한 전체를 이해하면서 자체의 장르에 타자를 수용한다. 바로 이러한 형식들의 위계조직 단계에서 인간의 이성이 출현하는데, 그것은 발전의 과정 전체에서 역동적으

---

7) Cf. E. E. Harris, *Hypothesis and Perception* (London: Allen and Unwin, 1970; reprint, Atlantic Highlands, N. J.: Humanities Press, 1993), pp. 242-251.

로 작동하는 조직의 원리이자 통합의 원리라고 할 수 있다. 사회적 행위와 도덕적 행위는 이러한 지적 성취와 연관된 자기 반성적(합리적) 행위의 유형에 속하며, 그런 행동을 통해 지적 성취 과정에서 주관적으로 체험한 것이 객관화된다.

따라서 우리가 인간의 사회와 인간의 행위를 설명하는 방식은 우리가 자연을 전체적으로 이해하는 방식과 긴밀하게 연결되어 있다. 인간의 사회 및 행위 역시 자연의 전체 모습을 구체적으로 담고 있는 형식들의 위계조직의 연속체이기 때문이다. 그러므로 우리가 도덕적으로 의무가 있다고 생각하는 것은 자연의 맥락에서 개인의 행위와 사회적 행위 전체를 완벽하게 완성하는 것이 될 것이며, 따라서 '당위(what ought to be)'는 '존재(what is)'와 분리할 수 없는 것이 될 것이다. 요컨대 윤리적 상대주의는 인식론적으로 더 이상 지지될 수 없으며, 현대 윤리학은 새로운 덕성을 개발해야만 한다.

도덕성은 성숙한 자의식의 산물인데, 사실상 자의식은 인간 이성의 본질에 해당한다. 그것은 지금까지 자연적 형식들의 위계조직 전체에서 작동하는 조직 원리로 머물러 있다가 자의식의 수준까지 격상한 것이다. 이성 그 자체는 질서와 통일의 원천이자 작인이다. 이성이 인간의 삶의 세계에서 사회적 질서의 형태로 등장할 때 도덕성은 사회적 행위의 필연적 양상으로 부상한다.

인간의 행동은 욕구본능(appetitive drive)의 지배를 받는데, 그것이 자의식의 수준에 이르면 욕망이 된다. 그러나 이런 욕망은 종종 자기들끼리 경쟁관계에 있다는 사실을 발견했을 때 개인 내부에서나 인간들 사이에서 서로 충돌하게 된다. 이런 상황에서 단지 특

정 욕망에 국한되지 않고 자아 전체의 욕망을 충분히 충족하려면
이성이 욕망과 충동을 조정하여 어떤 것은 억제하고 다른 것은 권
장해야 한다. 바로 이것이 도덕적 의무의 기초이자 원천이며, 사회
적 차원에서 그런 기초와 원천을 요구할 때 대체로 정치적 의무가
성립한다. 정치적 의무의 궁극 목적은 전체적인 삶의 질서를 유지
하는 것인데, 이것이 함축하는 의미는 지구 전체의 생태계를 보존
하고 세계 평화를 유지하는 것과 같은 현대 세계의 필수적인 공공
이익의 조건을 진지하게 고려할 때, 인류 보편의 공동체와 함께 보
편적인 도덕 원리가 반드시 필요하다는 사실이었다. 특정 집단과
그곳의 문화에 국한된 상대적인 욕망의 충족이란 기껏해야 잠정적
성격을 띨 뿐이며, 올바른 욕망의 충족이 가능하려면 모든 인류에
공통으로 적용되는 보편적 기준에 따라야만 한다는 사실을 확인할
수 있다. 여기에서 이러한 함축을 구체적으로 밝히는 문제는 우리
의 논의의 범위를 넘어선다. 그러나 아래에서 자세하게 고찰할 내
용에 따르면 인류 전체의 공공복리를 추구하는 어떤 세계 공동체만
이 앞으로 인류를 파멸의 묵시록에서 구원할 수 있다는 사실을 분
명하게 말할 수 있다.

　이제 머지않아 인류 문명의 패러다임이 변화할 것이기 때문에
모든 것을 지구적 차원에서 사고하는 것이 필요하다. 개인의 성격
은 그 자체로서 일차적인 중요성을 유지하지만, 그가 속한 공동체
의 생활과 분리해서 이해할 수 없다는 사실도 인정되고 있다. 사회
전체는 개인들로 구성된 공동체이며, 그곳의 개인이 소유한 성격은
개개인이 참여한 문화의 구조를 반영한 사회적 산물이다. 더욱이
우리는 지방의 공동체를 민족(또는 인종) 공동체와 분리해서 이해

할 수 없을 뿐만 아니라, 지구의 생태계에서 삶을 영위하는 인류 전체의 생활과도 분리해서 이해할 수 없다.

문명화된 삶을 영위하기 위해서는 합리적 질서가 유지되는 공동체가 요구되는데, 합리성과 합리적 행위는 자연의 지속적인 진화의 산물이기 때문에 인간과 자연 전체는 긴밀하게 연결되어 있다. 따라서 가치로부터 분리된 사실이란 존재하지 않게 된다. 여기에서 가치는 실제로 합리적 본성을 갖는 정신이 평가하고 판정함으로써 만들어질 뿐만 아니라 사실이 자연적으로 전개되면서 생산되기도 한다. 인간은 욕구와 열정의 본성을 갖는 것과 마찬가지로 합리적 본성 또한 갖는다. 따라서 자연은 인간에게 다음과 같이 명령한다. 즉, 인간은 자신의 자연적 본능과 욕망을 합리적으로 조정하는 경우에 한해서만 만족을 성취할 수 있다. 바로 이것이 도덕적 의무다. 선하고 옳은 것처럼 보이는 것은 인간의 본성에서 유래하고, 인간의 본성은 다시 세계의 본성의 산물이다. 아울러 ('인간원리에 근거한 우주원리'에 따라) 지적 생활이 우주의 질서에 내재해 있고, 지적 생활이 사회의 질서와 정치적 조직을 필연적으로 수반하는 것처럼, 이성과 자연의 법칙은 물리학과 생물학의 법칙을 규정하는 것과 동일하게 도덕의 법칙과 시민의 법칙을 동시에 규정한다.

따라서 윤리학은 이제 새로운 차원에 진입해야 한다. 분명히 데카르트의 사유(*cogito*)를 부정할 수 있는 근거는 아직까지도 보이지 않는다. 그러나 후설이 우리에게 일깨웠던 것, 즉 사유는 사유대상(*cogitatum*), 즉 지향 대상(intentional object)을 필연적으로 수반한다는 사실도 부정할 수 없다. 주체와 객체는 비록 정반대의 존재지만 상보적 성격을 지녔으며, 궁극적으로는 동일한 성격을 지녔다. 자아(ego)는 그 자체가 세계 내 존재(being-in-the-world)라는 사실을 발견하는데, 이는 타자와 함께 존재하는 세계를 말한다. 만일 그곳에 타자가 부재할 경우 특정인의 개체성을 형성하는 사유대상들(cogitata)은 지금의 그것들일 수 없게 될 것이다.

따라서 사회적 교류를 무시하는 개인주의는 사실상 성립할 수 없다. 개인의 개성은 어디까지나 사회의 산물이며, 개인의 이익과 권리는 공동체의 그것과 결코 분리해서 주장될 수 없다. 개인의 이익과 권리는 그가 공공선을 위해 수행한 사회적 기능에 따라 결정되기 때문이다. 물리학에서 관찰자와 관찰대상을 서로 분리할 수 없는 것처럼, 사회학과 정치학에서도 개인과 사회는 상호 의존관계에 있으며, 사회 전체를 모래알 같은 개인이 단순히 모인 집단으로 풀어 헤칠 수는 없다. 요컨대 도덕적 의무 그 자체가 시민 생활의 본질적 구성요소이며, 따라서 도덕적 의무의 정당성을 주장하기 위해 어떤 추상적 계약을 당연시할 필요가 전혀 없다.

플라톤과 아리스토텔레스의 영향력 때문에 과거의 일부 윤리학자는 개인과 공동체 간의 상호 의존성을 자각했지만, 대부분의 윤리학자는 그 관계를 존중하지 않았다. 더욱이 지방의 공동체나 국가의 영역에 한정해서 공공선을 추구해서도 안 된다. 이제는 세계 전체의 모든 인류를 끌어안을 수 있는 공공선을 추구해야 한다. 인류의 복지는 지구의 환경 보존에 크게 의존하는데, 그것을 보존하는 문제는 더 이상 고립된 개인의 통제에 맡겨둘 수 없고, 어느 한 국가에만 책임을 돌릴 수도 없으며, 오직 문명 세계 전체의 협력을 통해서만 해결할 수 있기 때문이다.

따라서 고결한 삶은 고대 그리스인이 항시 마음에 품었던 인생의 궁극적 목적인데, 이제 그것을 영위하려면 당시의 폴리스보다 훨씬 넓은 시각을 견지해야 하며, 인류 전체의 보편적 생존과 복지의 견지에서 그러한 삶을 해석해야 한다. 개인의 권리와 의무는 타자의 고유한 권리뿐만 아니라 다른 종과, 심지어는 환경의 무생물적 요인의 권리까지도 인정하는 경우에 한해서만 보호되고 보장될 수 있다. 이제 자연을 인간의 이익을 위해 언제까지나 개발할 수 있는 단순한 수단이 아니라 목적 그 자체로 간주해야 할 때가 도래했다. 현재 우리는 환경을 보호해야 할 의무를 가졌기 때문에 환경은 그런 의무에 상응하는 존경받을 권리를 지니게 될 것이다.

정치학

윤리학과 정치학의 분리는 결코 정당화될 수 없는데, 공동체 전체의 공공선을 추구하는 것은 윤리적 목적일 뿐만 아니라 정치적 목적이기도 하기 때문이다. 따라서 정치적 의무는 도덕을 바탕으로 정의되는데, 구체적으로 그것은 단순히 계약을 이행해야 할 의무가 아니라 사회 전체의 덕성 및 구성원 상호간의 복리를 신장시켜야 할 보편적 의무를 의미한다. 모든 정치제도는 공동체 전체의 복리를 증진시키기 위해 디자인되었다는 사실을 부정할 사람은 그렇게 많지 않다. 그러나 지금까지 그러한 복리는 공동체 구성원의 공유재산(collective good)으로 해석했던 것이 사실이다. 철학자나 (마가렛 대처와 같은) 정치가는 사회와 같은 것은 현실에서 존재할 수 없으며, 실제로 그것은 개개인의 집단에 불과하다고 주장했다. 물론 공동체 구성원이 그들 상호간의 협력으로부터 파생되는 이익을 향유할 수 없다면 공공복리를 얘기할 필요가 전혀 없다. 그러나 공동체 구성원 그 자체가 사회적 산물이라면, 그리고 그들이 사회에서 수행하는 역할과 긴밀하게 연결되었다면, 개인의 복리를 개인 그 자체에 한정되는 것으로만 이해할 수는 없다. 개개인의 사회적 관계를 도외시할 경우 그러한 복리는 결코 성취될 수 없기 때문이다. 따라서 사회적 기능이 복잡하게 맞물려 있다는 사실이야말로 모든 정치 조직의 존재 이유라고 할 수 있으며, 모든 정치적 사고방식에서 공동체의 행위를 묶어주는 끈끈한 유대(solidarity)가 존재한다는 사실을 분명하게 자각하지 못할 경우 오늘날 우리를 괴롭히는 각종 사회악과 문제들을 쉽게 해결할 수는 없을 것이다.

오랜 유년 시절을 보내야 하는 인간은 부모의 보살핌 속에서 성장하기 마련이다. 인간은 그러한 제약조건 때문에 평소 가족 집단에서 생활하고, 씨족과 부족 집단을 중심으로 결속하는 경향을 보인다. 인간은 합리적 동물이기 때문에 자신의 사회적 관계를 합리적으로 조직하며, 만족스런 생활수준을 유지하기 위해 노동을 분업화하고 기능을 다양화한다. 바로 이러한 사실 때문에 개개의 시민은 그들이 수행하는 어떤 전문화된 서비스에 의존해서 생활하는 여타의 모든 사람에게 책임질 의무가 있다. 문화생활은 공동체 전체의 공공복리의 관점에서 배열된 복잡한 사회적 기능 속에서 영위되며, 구성원 각자의 개성은 그들이 사회적 단체에서 수행하는 특수한 역할에 따라 형성된다. 따라서 도덕적 의무는 곧 타자에 대한 의무를 의미한다. 우리는 결국 타자가 수행한 서비스와 그들이 벌어들인 수입에 의존해서 살아갈 수밖에 없기 때문이다. 이러한 도덕적 의무의 의미는 "대접을 받으려면 먼저 남을 대접하라(do unto others as you would wish them to do unto you)"는 황금률로 요약할 수 있다.

더욱이 노동의 분업이 이루어지려면 상품의 교환이 필요하고, 그런 교환이 이루어지려면 교환의 흐름을 조절할 수 있는 경제 체계가 필요하며, 인간의 조직적 행위를 통해 경제 체계를 운영하려면 행위의 규칙이 필요하다. 경제 행위를 규율하려면 법률을 제정해서 공표하고, 과실행위를 제재해야 한다. 이런 문제를 효과적으로 해결하려면 정치 체계를 만들어야 하는데, 만일 정치 체계가 존재하지 않는다면 고도로 발달한 문명을 유지할 수 없다. 정치사회적 법률과 관습이 문화의 틀을 형성하고, 그러한 문화를 바탕으로 공동체의 도덕성과 개인의 성격이 형성된다. 자연 종교든 계시 종교든 모든 종교가 결국은 인간의 반성적 자의식과 삶의 경험과 그 삶이 영위되는 세계를 해석할 수 있는 인간의 능력에 좌우되는 것이라면, 신법(divine law) 그 자체는 사회적 산물일 수밖에 없다. 또한 신법은 인간사회의 합리적 질서와 그 사회에서 작동하는 교육 체계의 산물이자 원천이기도 하다. 따라서 사회가 존재하지 않는다면 사회의 도덕성 또한 존재할 수 없다. 일찍이 토머스 힐 그린이 선언했던 것처럼 "어떤 인간도 그 자신에게 양심적인 존재가 될 수 없다. 그가 자신에게 양심적인 존재가 되려면 반드시 사회가 필요하다."

따라서 개성은 결국 사회적 산물이며, 사회가 승인하지 않은 개인의 권리 같은 것은 존재할 수 없다. 또한 사회 질서의 조건에 선행해서 개인에 귀속될 선천적인 권리는 그 어떤 경우에도 존재하지 않는다. 생명을 보호할 권리와 '유별나게 잔인한 처벌' 을 받지 않을 권리는 보편적으로 주장할 수 있지만, 그러한 권리가 현실에서 효력을 발휘하려면 정치적 승인을 받아야만 한다. 일반적으로 권리는 기능에 부수된 권리 내지 의무라고 할 수 있다. 따라서 이익의 종류가 어떤 것이 되었든 그것을 받을 자격이 있는 사람은 자신이 속한 사회에서 요구하는 의무를 효과적으로 수행해야 한다.

이렇게 볼 때 개인의 개성과 권리를 결정하는 요인은 사회정치적 공동체 전체라는 것을 알 수 있다. 그리고 이처럼 정치 문제를 전체적인 시각에서 사고함으로써 도달한 결론은 17세기의 개인주의적 사고방식으로부터 도출된 결론과 근본적으로 다르다는 점도 알 수 있다.

조화와 공동체라는 개념이 모든 사람의 행동을 지배한다면 그들이 추구하는 행위의 궁극 목적은 이기주의나 개인의 사적 이익이 결코 될 수 없다. 이럴 경우 정치인의 스캔들이나 정치적 부패는 감히 상상하기 어렵게 될 것이고, 민주주의라는 개념도 전체적으로 변화를 겪게 될 것이다. 의회의 의원이 사회적 요구 대신 단순히 기득권을 대표하는 것도 불가능하게 될 것이다. 따라서 상업적 이익뿐만 아니라 공동체의 서비스를 위한 로비활동조차도 이루어지지 않을 것이다.

그러나 오늘날 공공선 개념은 지역 단체에 한정해서 정의될 수 없다. 지역 단체의 복리는 그 단체 내부의 상업 활동뿐만 아니라 여타 단체들 간의 상업 활동에도 크게 좌우되기 때문이다. 이제 완전히 독립적이고 자족적인 국가는 존재할 수 없게 되었다. 각 국가는 여타의 모든 국가가 취하는 행동과 그들 국가 내부에서 발생하는 사건으로부터 영향을 받기 때문이다. 또한 모든 국가는 예외 없이 환경 파괴의 영향을 받으며, 인류사회 전체는 하나의 공동체가 되었고, 그 공동체의 공공선은 반드시 개개의 모든 인간 및 모든 사회의 복리와 긴밀하게 연결되어 있다. 따라서 현대의 윤리학처럼 현대의 정치학도 지구적 관점에서 사유해야 하며, 이런 사유의 정치적 귀결에 관해서는 경제학에 관한 우리의 사고방식에서 필요한 변화를 먼저 간략하게 검토한 다음 다시 논의하기로 하겠다.

경제학

세계 경제는 단일 공동체의 생산과 분배 문제에 집중했던 '정치경제학'을 이미 인수하기 시작했다. 벤처 사업가가 국경을 넘나들고, 국가 경제가 국제적 차원에서 상호의존 상태에 있을 뿐만 아니라, 생산과 분배의 방법이 규모면에서 세계 전체로 확대되었고, 그런 가운데 지구의 생태 시스템을 크게 교란시켰는데, 이제 그 대가는 무시할 수 없는 수준에 다다랐다. 경제 성장은 에너지와 원료를 공급하는 원천의 지속가능성을 도외시할 경우 더 이상 아무런 탈없이 유지될 수 없게 되었다. 모든 국가의 경제적 번영과 성공은 여타 국가의 경제적 조건에 좌우된다. 따라서 세계 경제체계는 하나의 단일한 체계로 간주하고, 항시 전체적 관점에서 관리해야 한다. 아울러 이익 개념도 개개인의 이익이란 개념에서 사회화된 이익 개념으로 수정할 필요가 있다. 생산과 공급 역시 개인의 이익을 위한 사업 대신 공동체의 번영에 기여할 협동적 사업이란 시각에서 파악해야 한다. 마찬가지로 노동 역시 이익을 얻기 위해 착취해야 할 대상이 아니라, 공공선을 성취하기 위해 자본과 협력해야 할 파트너로 간주해야 한다. 모든 사람이 경제활동에서 파생되는 이익의 최종 수혜자가 되려면 부가 공평하게 분배되어야 한다. 빈곤은 필연적으로 공적 자금을 고갈시키고, 국가의 번영과 활력은 공동체 구성원의 일반적인 복지 수준에 좌우되기 때문이다. 따라서 모든 사회에서 치르는 '복지' 비용은 궁극적으로 소득의 격차에서 유래한다.

앞으로는 부를 측정할 때 생산과 제조 방법이 환경에 끼치는 피해를 무시해서는 안 된다. 제조를 통해 창출된 자본은 자연의 파괴에서 파생된 비용을 차감해서 계산해야 한다. 따라서 경제 성장과 개발 개념은 지속가능성의 견지에서 다시 정의되어야 한다. 어떤 성장도 무한히 지속될 수는 없으며, 현재의 욕구는 미래의 욕구를 충족할 공급을 위협하지 않는 범위 내에서 충족되어야 한다. 경제 성장은 인구 성장과 지구의 생태계에 더 이상 되돌릴 수 없는 (즉, 치료가 불가능한) 충격을 가했을 가능성을 함께 고려할 때만이 제대로 평가할 수 있다. 더욱이 현재 세대의 필요뿐만 아니라 미래 세대의 필요까지도 함께 고려해야만 한다. 앞으로 국가와 세계의 경제 정책은 이러한 요소들을 염두에 두면서 재조정되어야만 한다. 그래서 경제 성장은 환경의 균형을 유지할 수 있고, 자연 자본에 되돌릴 수 없는 충격을 가하지 않는 범위 내에서 이루어져야 한다. 요컨대 인구 및 환경 문제에 관한 한 지구적 관점에 입각해서 고찰해

야 하며, 인간의 경제 활동 전체는 그것의 터전인 지구 전체와 분리
될 수 없는 것으로 이해해야만 한다.

세계 질서

　지금까지 인류는 뉴턴 패러다임이 고취한 목적을 추구하는 가
운데 앞에서 검토한 문제들을 무시함으로써 지구적 차원의 위기에
직면하게 되었는데, 거기서 탈출하는 방법은 문제를 지구 전체의
차원에서 진단하는 길밖에 없다. 하지만 인류는 국가 주권의 독립
성을 맹목적으로 계속 숭배함으로써 지구적 차원의 위기로부터 탈
출하는 과제는 물론, 이른바 국제 사회의 공동체가 세계 평화를 유
지하는 과제를 끊임없이 방기하고 있다. 그러나 따지고 보면 국가
주권이라는 것은 통합된 사회의 공공선을 성취하고자 노력하는 가
운데 탄생한 것이었다. 오늘날 그러한 공공선이 성취되려면 반드시
세계 평화가 유지되고, 핵무기와 여타의 대량 살상 무기가 조장하
는 위협이 제거되어야만 한다. 또한 지구의 생태계가 보존되는 것
도 마찬가지로 중요하다. 우리가 앞장에서 검토했던 여러 가지 이
유 때문에 이러한 목적은 국가가 주권을 소유하고서 독립적으로 존
재하는 한 결코 성취될 수 없다. 실제로 어떤 국가도 여타 국가로부
터 독립해서 존재할 수 없다는 사실은 너무도 명백하다. 또한 국제
협약을 통해 환경을 보전할 수 없다는 사실도 자명하다. 무엇보다
도 주권국가는 자국의 국가이익을 가장 우선시하기 때문이며, 게다
가 조약을 준수하기 위해서는 군사력을 사용하는 것이 불가피하다

고 확신하기 때문인데, 군사력을 사용하면 자연의 생태 균형을 유지하기 위해 체결한 모든 조약의 목적 그 자체를 파괴해버리고 만다. 결국 국가 주권은 그것이 통치하는 주민의 공공선을 위해 복무할 능력을 상실하고 말았으며, 주권의 권력이 소유했던 윤리적 정당성도 이제는 모두 고갈되고 말았다.

이런 현실을 고려할 때 인류 전체의 공공선을 법률적으로 보장할 수 있는 정치체제를 고안하는 것이 필요하다. 그런 체제는 민주주의와 연방주의 형식을 취하는 것이 바람직하다고 본다. 왜냐하면 첫째, 인류 전체의 이익을 진정으로 보장하기 위해서는 어떤 세계 정부도 권위주의 체제가 되어서는 안 되기 때문이다. 둘째, 그 체제가 모든 사람에게 수용 가능한 것이 되려면 어떤 세계 정부도 강제적으로나 제국주의적으로 수립되어서는 안 되기 때문이다. 따라서 세계 정부는 보통 선거를 통해 승인된 민주주의적 성격을 띠어야만 한다. 그러기 위해서는 세계 정부의 중앙 권위를 인류 보편의 관심사와 관련된 법률을 제정하는 것으로 한정해야 하며, 그곳에 소속된 국가 공동체가 자율성을 유지할 권리는 보장해주어야 한다. 따라서 세계 정부는 최종적으로 연방 정부의 형식을 취하는 것이 바람직하다. 그것은 상이한 국가 공동체의 통일체가 될 것이다.

현재 시점에서 통용되는 관습적 사유방식은 뉴턴 패러다임에 입각해서 형성되었기 때문에 세계 연방을 수립하는 문제에 대해 진지하게 고민하는 사람은 지극히 소수다. 그러나 새로운 과학적 패러다임의 전체론에 부응하는 지구적 차원의 사고방식이 널리 확산될 경우 세계 정부를 수립하는 문제는 인류가 즉각적으로 성취해야 할 정치적 목표가 될 것이다. 오직 세계 정부가 수립되어야만 인류가 직면한 지구적 차원의 문제, 그리고 다양한 종들의 생존을 위협하는 바로 그 문제를 효과적으로 해결할 수 있는 지구적 차원의 방책을 법률로 제정할 수 있기 때문이다. 이처럼 포괄적인 행위를 사적 개인이나 국제기구의 개별적 노력만으로 실천할 수 없다는 사실은 자명하다. 그러한 보편적 행위는 인류 전체를 대상으로 강제해야 하는데, 그러기 위해서는 먼저 세계적 차원에서 시행될 법률을 제정하고, 그렇게 제정한 법률의 지배가 세계적 차원에서 관철되어야 한다. 이런 과제를 성공적으로 수행하려면 세계 정부를 수립하는 수밖에 없다.

세계 연방이 수립되면 오늘날 끊임없이 국가를 괴롭히는 국제 사회의 위기와 분규가 더 이상 발생하지 않을 것이다. 예컨대 코소보의 소수 인종과 세르비아의 다수 인종 사이에서 판결을 내릴 수 있도록 적절하게 구성된 세계 법정이 존재한다면 코소보와 관련해서 전개된 충격적인 상황은 결코 발생하지 않았을 것이다. 무력을 사용하거나 인종청소를 수행하려는 어떤 시도도 할 수 없음은 말할 것도 없고, (밀로세비치든 누구든) 그런 짓을 저지르려는 사람은 모두 세계 연방의 경찰이 체포할 수 있고, 세계 연방의 법무부 장관이 기소할 수 있으며, 형사 법정에 세워 법에 따라 수감할 수 있다. 이렇게 되면 군사적 행동을 취할 필요가 없기 때문에 대량 학살이나 대량 추방이 발생하지 않고, 마을이 파괴되지 않으며, 난민도 발생하지 않는다. 또한 인권을 유린하고도 형벌을 받지 않는 일이 발생할 수 없다.

종교

스피노자는 상상력의 매개를 통한 진리의 계시가 예언이라고 주장했고, 콜링우드는 진리를 역설하는 예술적 상상력이 종교라고 주장했다. 또한 헤겔이 볼 때 종교는 표상의 형태를 취하는 절대 관념(absolute Idea)이었다. 반면 신앙인은 종교적 경전과 교리가 대부분 신의 말씀을 문자로 기록한 것이라기보다는 은유와 상징으로 표현한 것이라는 사실을 거의 인정하지 않는다. 속이 뻔히 보이는 거짓말이 아닌 바에야 이런 얘기를 문자 그대로 사실에 대한 진술로 받아들일 수는 없다. 우리는 종교적 경전을 역사적 문건으로 간주하고, 또 그렇게 해석해야 하며, 경전의 저자가 소유한 성격과 신념뿐만 아니라 후대 독자의 해석 방식에 따라 경전의 내용이 채색되었다는 사실을 인정해야 한다. 그러나 어떤 방식으로 종교적 교리를 이해하든 뉴턴 과학은 항시 종교와 심각한 갈등 관계에 있는 것처럼 보였다.

그러나 새로운 과학적 패러다임은 과학과 종교의 관계에 관해서 선조들이 조성했던 상황을 완전히 변형시켰다. 첫째, 새로운 패러다임에서 우주를 하나의 전체로 파악하는 개념과 개개의 부분에 전체가 내재해 있다는 개념은 무한과 유한의 관계를 바라보는 새로운 시각을 열어주고, 신의 개념과 창조주 및 피조물의 관계에 대한 개념에 새로운 통찰을 던져준다. 둘째, 다윈의 진화론과 성경 간의 갈등도 이제는 해결할 수 있다. 새로운 패러다임의 전체론에 착안하면 기존의 자연선택 관념을 수정해서 부적격자를 단순히 도태시킨다는 의미를 넘어서는 새로운 의미를 그것에 부여할 수 있기 때문이다. 다시 말해서 유기체와 생물 군집이 소유한 유기적 전체성에 착안하면 진화 개념을 전적으로 다르게 이해할 수 있다. 자연선택 과정을 거치면 유기체 자체 및 생태계 내부에서 유기적으로 더욱 통합된 존재가 보존된다. 따라서 이제는 생존가(survival value)를 지닌 돌변변이를 순전히 우연의 산물로 간주할 수 없게 되었다. 지구상에서 생명체가 처음 등장한 이후 지금까지 경과한 시간 동안 순수 돌연변이가 발생했을 가능성이 지극히 희박하다는 점은 이미 진화를 계속하는 생명체 중에서 대단히 복잡하고 정교하게 통합된 생명체가 천문학적으로 많다는 사실로부터 확인할 수 있다. 이제는 유전학적 돌연변이를 조정해서 기존의 유기체에 통합시키는 자기 조직의 원리를 인상적으로 보여주는 증거가 다수 존재한다.[8] 따라서 진화 과정은 유기체적 성격을 띠며, 전체론이 진화 과정을 포함하는 것처럼 진화 과정 또한 전체론을 포함한다. 유기체에서 부분의 성격과 행동을 결정하는 것은 전체이며, 그 전체가 결정하는 이러한 방향은 우연적으로나 인위적으로 발생한 돌연변이의 결과를 유기체에 통합시키는 역할도 한다. 이렇게 본다면 자연선택은 변증법적 과정에 어떤 장애도 되지 않는다. 대신 그것은 변증법적 과정의 원천이자 추진력이며, 변증법적 타자뿐만 아니라 환경에 적응하는 유기체에도 중요한 의미를 부여한다. 더욱이 변증법적 과정에

---

8) Cf. Stuart A. Kauffman, *The Origins of Order* (Oxford: Oxford University Press, 1993); E. E. Harris, *The Foundations of Metaphysics in Science* (London: Allen and Unwin, 1965; reprint, Lanham, Md.: University Press of America, 1983; Atlantic Highlands, N.J.: Humanities Press, 1993), pp. 242-251.

함축된 의미가 충분히 실현될 경우 유신론적(theistic) 결론에 도달한다.

이제 자연과학적 이론은 종교적 가르침에 대한 철학적 해석과 최소한 양립할 수 있는 것처럼 보인다. 현대 물리학이 밝혀낸 단일한 전체의 조직 원리인 구체적 보편자(concretely universal)는 분명히 우주의 창조적인 원리다. 그것은 자기 자신을 형식들의 위계조직으로 분화하는 전체의 원리다. 그 전체는 그 자신의 행동에 내재된 통합의 충동에 점차 충실한 가운데 자기 의식적 이성, 즉 합리적 인격으로 나타난다. 그러나 전체는 본질적으로 완전하다. 따라서 유한한 합리적 인격은 우리 자신에게서는 여전히 불완전하기 때문에 마땅히 실재적이어야 할 최종적 완전성을 반영하지 못한다. 왜냐하면 그러한 완전성은 모든 존재의 원리이면서 모두 부분적 형식의 본질을 결정하는 원리이기 때문이다. 전체가 없으면 부분도 있을 수 없다. 그러나 그 원리가 완전히 실현된다는 것은 관계된 복합체 전체를 완전히 인지한다는 것과 다를 바 없다. 이러한 답변은 안셀무스가 제시한 신의 개념('그 이상 큰 것이 생각될 수 없는 존재')과 정확히 일치하며, 바로 그것만이 예배 드릴 가치가 있는 신성한 개념이다. 인간의 정신이 인지활동에서 신체와 모든 시공간적 관계를 초월하고, 인지의 대상이 그 관계항의 어느 하나로 제한될 수 없는 것과 마찬가지로, 신의 정신도 자기 규정성에 대한 자기 의식적 파악에서 모든 유한한 형식은 물론이요 신의 정신이 포괄하는 자연 단계의 전체 영역을 초월한다.

내가 『코스모스와 테오스』(*Cosmos and Theos*)에서 보여주고자 했던 것처럼 (오늘날 물리학이 파악한 것과 같은) 전체가 그것의 고유한 완성도를 나타내는 독특한 형식을 향해 반드시 변증법적으로 전개된다는 사실을 인정한다면, 모든 종류의 전통적인 신의 존재 증명은 현재 통용되는 자연과학적 우주의 개념에 입각해서 재확인하고 복권시킬 수 있다. 이런 사실은 지적 생명체로 구성된 물리적 세계와 밀접하게 연관된 '인간원리에 근거한 우주원리'를 수반하는 형이상학적 세계관으로 귀결된다. 화이트헤드가 보여준 것처럼 지적 생명체는 우주의 합생(合生, concrescence)[9]에서 후기 단계에 출현하는데, 합생의 최종 단계에서 반드시 신성(the divine)의 절대적 완성에 이르게 된다. (성서의 잠언에서 지혜로 표현한 것에 해당하는) 합리적인 자기 성찰적 지성은 (성서에서 주장하는 것처럼) 신의 이미지를 따라 창조된다. 보편적이고 창조적인 질서의 원리를 '로고스'나 (다르게 번역하면) 말씀이라고 할 수 있는데, 이는 논리적으로나 존재론적으로 모든 유한한 존재에 선행한다. 요한복음 서두에서 우리에게 전하는 것처럼 모든 피조물이 탄생하기 이전에 말씀은 신과 함께 존재하는데, 이 말씀이 곧 신이다. 말씀을 통해 우리의 육신과 특히 예수의 육신이 만들어졌다. 모든 종류의 참된 종교가 추구하는 유한자와 무한자의 통합(즉, 속죄)은 인간성과

---

9) '합생' 역시 화이트헤드가 자신의 독창적 사상을 표현하기 위해 만들어낸 신조어다. 합생을 정확하게 이해하려면 복잡한 논의가 필요하지만, 대략 그것의 의미는 현실의 구체적 존재를 새롭게 형성하는 일련의 과정이라고 말할 수 있다. 화이트헤드는 합생의 의미를 다양하게 설명하는데, 그 중에서 쉽게 이해할 수 있는 것 하나를 소개하면 다음과 같다. "합생이란 우주를 구성하는 다수의 사물이 개체적 통일성을 획득하는 과정을 지칭하는 용어인데, 여기에서 '다자(many)'의 각 항목은 새로운 '일자(one)'의 구조에 터를 둔 그것의 종속적 지위에 명확하게 예속된다." Alfred N. Whitehead, *Process and Reality: An Essay in Cosmology* (New York: The Free Press, 1978), p. 211. – 옮긴이.

신성을 통합한 예수의 정체성에서 구현되었다. 비로 이것이 '인간 원리에 근거한 우주원리'를 종교적으로 최종 확인한 것이다.

　　종교적 가르침을 진리의 은유적 표현 내지 상징적 표현으로 간주한다면(사실상 그래야만 한다), 그리고 현대 자연과학 이론의 철학적 함축을 적절히 개발한다면, 종교와 과학은 수렴하며, 따라서 양자 간의 어떠한 갈등도 더 이상 존재하지 않게 된다. 이제 과학자는 뉴턴 패러다임이 지배적이었던 시절과는 달리 종교와 과학이라는 두 개의 양립 불가능한 세계에서 동시에 살아가기 위해 더 이상 긴장을 느낄 필요가 없게 되었다. 신과 종교의 세계에서 살아가는 신앙인이 자연과학적 성취도 모순 없이 받아들일 수 있기 때문이다.

21세기 미래의 전망

　　자연 과학자를 제외한 일반 학자나 정치가, 그리고 일반 대중 사이에서 앞에서 검토한 방식으로 생각하는 사람은 거의 없다. 새로운 과학적 패러다임이 일반 대중의 태도와 생활 방식에 아직까지 거의 스며들지 못했기 때문이다. 아리스토텔레스의 패러다임이 일상생활의 영역에 충분히 스며드는 데 약 300여 년이 걸렸고, 뉴턴 패러다임이 광범위한 영향력을 행사하기까지 최소한 200여 년이 소요되었다는 사실을 감안할 때 현재의 사정은 그렇게 놀랄 만한 일이 아니다. 그러나 현재 인류가 처한 상황은 전례가 없다는 데 문제의 심각성이 있다. 뉴턴의 사고방식으로부터 커다란 영향을 받아

실천되고, 뉴턴의 과학이 만들어낸 기술을 활용하는 인류의 행동은 지구상의 생명을 부양하는 환경 조건을 심각하게 파괴하고 있다. 인류가 이런 추세를 역전시킬 수 없다면 아인슈타인의 자연과학적 패러다임이 사회, 도덕, 경제, 정치 영역의 행동 규범으로 확산되는 자연스런 과정은 전혀 기대할 수 없게 된다.

현재 인류가 직면한 문제는 세계적인 규모로 확대되었기 때문에 새로운 패러다임을 고취하는 것처럼 세계적 차원의 대응을 통해서만 해결할 수 있다. 이러한 세계적 차원의 대응이 시급히 이루어지지 않는다면 생태 환경의 파괴는(설마 어떤 측면에서는 그렇지 않을지 몰라도) 더 이상 돌이킬 수 없게 될 것이다.

이러한 환경파괴의 진행 정도를 가늠할 수 있는 여러 징후가 이미 도처에서 나타나고 있다. 예컨대 고대기층의 오존층은 생명체에 해로울 뿐만 아니라 종종 치명적인 자외선의 투사를 막아주는데, 현재 플루오르화 탄소의 남용으로 크게 파괴되고 있다. 앞으로 이런 파괴과정을 저지시킬 수 없다면 먹이사슬 전체의 토대가 되는 단세포조류(cytoplankton)가 멸종의 위기에 처할 것이고, 식량작물이 파괴되기 직전의 상황에 처할 것이며, 인간은 피부암과 여타의 다양한 질병을 유발하는 방사선에 노출되고 말 것이다.

지구 온난화 현상이 가속화된다는 사실은 이제 과학적으로도 입증되었는데, 그런 현상을 초래한 결정적 주범은 의심할 여지없이 인간의 무책임한 행동이다. 화석 연료를 남용함으로써 온실 가스의 방출이 모든 허용 기준을 넘어서게 만들었고, 대규모 열대우림을 전혀 자제하지 않은 채 계속 파괴함으로써 지구로부터 대기 산소의 주요 원천과 이산화탄소를 흡수할 수 있는 주요 수단 중의 하나를 박탈해버렸으며, 그로 인해 온실효과의 진행을 가속화시키고 있다. 이런 파괴로 인해 수천 종의 생명체를 멸종시켰는데, 그 중 어떤 종은 먹이사슬의 중요한 연결고리였고, 또 어떤 종은 의학적으로 중요한 존재였다. 또한 그런 파괴 때문에 토착 종족이 자신들에게 친숙한 서식지와 환경 친화적인 삶의 방식을 빼앗기고 말았다. 더욱이 농업 용지를 확대하기 위해 산림을 불태움으로써 토질을 고갈시켰는데, 이런 상태가 몇 년간 지속되면 토지는 불모지로 전락할 수밖에 없다. 그런 가운데 방대한 영역에서 증발과 발산이 축소됨으로써 강우량을 축소시키고, 토지의 사막화를 더욱 촉진시킨다.

산업 폐기물 중 어떤 것은 지극히 해로운데, 이러한 폐기물이 공기, 물, 토양 등을 오염시키고, 어류, 새, 농작물, 그리고 인간의 생존을 위협하며, 때때로 이들을 즉각적인 죽음으로 몰고 가기도 한다. 해양 유류 오염과 바다에서 항해하는 유조선의 증가에 따라 플랑크톤의 서식지가 파괴되고, 해양생물과 바닷새가 소멸되며, 광범위한 영역으로 위험이 확산되는데, 이들 중 어떤 것은 아예 무시되고 기록조차 되지 않는 상태에 있다. 폭발적인 인구 증가 때문에 지구상의 자원을 과도하게 소비하고, 토양의 과잉 경작뿐만 아니라 도로 건설과 시가지를 확산시킴으로써 빗물이 토양에 스며드는 것을 방해하는 가운데 환경파괴를 가속화시킨다. 이로 인해 기상 이변시 홍수와 산사태가 점차 증가하고, 지구 온난화는 더욱 빈번하게 발생하면서 더 위험한 상태로 치닫는다. 관광 여행의 증가도 이에 못지않은 악영향을 끼친다. 결국 자연 재해가 점차 빈번하게 발생하면서 파괴의 규모를 확대시킨다.

농작물의 유전자 조작은 수확량을 증가시킴으로써 증가하는 인구의 수요를 좀 더 잘 충족시키려는 의도를 갖고서 시작된 것이다. 그러나 우리가 재배하는 농작물이 새로운 질병이나 예상치 못한 해충으로부터 피해를 입기라도 할 때는 현재 재배하는 농작물을 만들어낸 다양한 천연 종이 멸종될 가능성이 높고, 우리가 새로운 잡종을 만들어낼 때 사용해야 할 수단도 박탈당하고 말 것이다. 더욱이 유전자를 조작한 다양한 종들은 우리가 아직 발견하지 못한 부작용을 지니고 있을 수도 있다.

이처럼 수많은 문제에 더하여 국제정치는 여전히 적대적 진영으로 정렬한 주권국가들 사이의 힘의 균형을 배경으로 작동한다. 소련이 붕괴되고 냉전이 종식되었지만 국제사회의 긴장은 일시적으로 감소되었을 뿐이다. 핵무기가 사라진 것도 아니다. 중국이 새로운 초강대국으로 부상할 가능성이나 새로운 냉전이 조성될 가능성을 방지할 방법도 전혀 존재하지 않는다. 군비경쟁의 주체는 이제 초강대국에서 제3세계로 이동했으며, 억제되지 않고 현실적으로 방지할 수도 없는 핵무기 확산 때문에 인류를 멸망시킬지도 모를 핵전쟁의 공포가 계속되고 있다.

러시아와 우크라이나가 소유한 핵시설의 노쇠한 상태와 경화를 벌어들이기 위해 핵물질과 핵무기 제조방법을 여타 국가에 판매하려는 유혹 때문에 우발적인 핵 재앙의 위험이 증가하고 있다. 이보다 더욱 심각한 문제는 (통상 Y2K 컴퓨터 문제라고 부르는) 컴퓨터 밀레니엄 버그의 공포가 핵무기의 공포를 압도해버렸다는 사실이다. 약 70여 개의 상이한 컴퓨터 언어로 코드화된 수천 개의 자동화 시스템 내부에서 작동하는 백만 개 이상의 컴퓨터가 핵폭탄 속에 있기 때문에, 만일의 경우 우발적인 핵무기 발사나 노심용해

(meltdown)를 방지할 수 있으려면 2000년 1월 이전에 동력 장치가 기능을 멈추어야만 한다. 그러나 그럴 가능성은 거의 없을 것이다.[10]

인류의 행동이 앞에서 예시한 암울한 추세를 저지시킬 적절한 조치를 취하지 못하도록 오히려 방해하는 까닭에 대해서는 이미 충분히 고찰했다. 일반 대중의 사고방식이 20세기 자연과학의 패러다임을 따라잡지 못한다면 21세기의 많은 해를 경과하기도 전에 문명의 종말이 임박할 것이다. 그리고 그런 문명은 서구 문명이나 근대 문명에만 국한되는 것이 아니라 미래에 전개될 모든 문명까지 포함하며, 지구상의 모든 생명체까지는 아니더라도 인류의 멸종까지 초래할 수 있을 것이다.

이제 우리는 세계적 차원에서 생각해야 한다. 따라서 "생각은 세계적으로, 행동은 지역적으로"라는 경구는 매우 좋은 표현이지만, 지역의 행동이 널리 확산되지 않는다면(더욱 정확하게 표현해서 보편적 행동이 되지 않는다면) 아무런 쓸모가 없게 될 것이다. 인류가 처한 위험과 그것을 방지하는 데 필요한 방책을 법률로 제정해서 모든 인간의 행동을 규제하지 않은 채 단지 그런 방책을 이해하는 것만으로는 부족하다. 인류사회는 하나로 통합된 공동체가

---

10) 'Y2K'는 많은 사람의 우려와 달리 큰 문제없이 지나쳤기 때문에 해리스의 예측이 빗나간 것으로 평가할 수도 있을 것이다. 그러나 해리스의 논점은 '예측'이 아니라, 핵무기 시스템이 너무도 복잡하게 설계되어 있기 때문에 시스템상의 사소한 장애만으로도 인류의 참사를 초래할 수 있다는 위험성을 '경고'한 것이며, 그런 경고는 현재에도 여전히 유효하다고 할 수 있다. 해리스가 "만일의 경우 ~"라는 가정법 문장을 사용하여 핵무기 시스템에 잠복된 위험성을 경고한 것에 주목할 필요가 있다. ─ 옮긴이.

되어야 한다. 즉 그런 사회에서는 공적 이익이 지역이나 분파의 이익보다 우선시되며, 지금처럼 국가이익이 세계적 차원의 필요보다 우선시되지 않는다. 아울러 그런 공적 이익은 어떤 세계 기구를 통해 제도화됨으로써 효과적으로 시행될 수 있어야 하고, 국가가 주장하는 주권과 주권에 기반을 둔 국가의 독립된 행동 때문에 봉쇄되어서는 안 된다. 자연의 균형(balance of nature)을 보장하기 위해서는 도덕적 의무가 모든 생명체와 환경에까지 적용되어야 한다. 인류가 생존하기 위해서는 자연의 균형이 유지되어야만 하기 때문이다. 마찬가지로 모든 경제적 고려에서 환경 변수를 포함시키고, 모든 경제 행위와 경제 제도에서 환경을 보호해야 한다. 요컨대 현대 문명이 생존하기 위해서는 더 이상 시간을 낭비하지 말고 패러다임을 교체해야 한다. 이제 우리는 인터넷이나 위성 통신에서 전례 없이 빠른 속도로 정보를 교환하는 미디어 수단을 활용할 수 있으며, 세계 어느 곳이나 우주에서 존재하는 정보에도 거의 순간적으로 접근할 수 있다. 그러나 이러한 인프라와 함께 가장 시급하게 필요한 것은 전체적 안목에서 사유하는 습관과 하나로 통합하려는 의지다. 그런 습관의 형성이 늦어지고, 통합의지가 결여될수록 인류가 앞으로 생존할 전망은 더욱 불투명해질 것이다.

그러나 거의 극복할 수 없을 것처럼 보이는 또 다른 난관이 이처럼 시급한 과제의 해결을 방해하고 있다. 문제의 상황은 단순히 지구나 기후 조건의 측면에서만 위험한 것이 아니라 정신적으로도 완고하게 될 우려가 있다. 문제의 이런 측면은 다음 장에서 고찰하기로 하자.

paradigm
+
thinking

제7장

포스트모던 시대를 어떻게 개척할 것인가 – 인류가 직면한 딜레마

우리가 시급히 해결해야 할 문제는 인류에 편재된 사유의 습관을 뉴턴 패러다임의 묵시적 전제로부터 해방시킨 다음, 그것을 현대 자연과학의 개념적 도식에 부응하도록 재편할 방법을 찾는 것이다. 우리가 르네상스 이후의 시기를 중세시대와 대비해서 '모던(modern)' 이라고 부를 수 있다면, '포스트모던(postmodern)'[1]이

---

1) 여기에서 해리스가 말하는 '포스트모던' 은 우리에게 친숙한 '해체주의적 포스트모더니즘(deconstructive postmodernism)' 을 의미하지 않는다는 사실에 유의할 필요가 있다. 후자는 뉴턴 패러다임을 구성하는 근본적인 전제 중의 하나, 즉 주체(정신, 의식, 언어, 기호, 담론, 사회 등)와 객체(신체, 물질, 자연 등)의 분리를 극단적으로 확장시킨 상태에서 입론된 전형적인 '근대의' 사상이었다. Bruno Latour, *We Have Never Been Modern*, tr. by Catherine Poter (Cambridge, Massachusettes: Harvard University Press, 1993), p. 58. Latour, "Postmodrn? No, Simply Amodern! Steps towards an Anthropology of Science," *Studies in History and Philosophy of Science*

란 용어를 선택해서 아인슈타인 이후의 시대인 현대에 적용해도 큰 무리가 없다고 본다. 일반 대중과 정치인의 의식을 포스트모던 시대에 적합하도록 바꾸어낼 최선의 방법과 가장 효과적인 수단은 무엇인가?

20세기의 자연과학적 패러다임이 세계 전체에 산재한 문명 공동체의 사고방식에 스며든다면, 그리고 그렇게 되기까지 코페르니쿠스 혁명의 메시지가 확산된 기간만큼의 시간이 소요된다면 아마도 23세기[2] 이전까지는 별다른 영향력을 행사하지 못할 것이다. 그러나 그때까지 핵폭탄이 사용되어 모든 국가가 박살이 난다든지 화학 및 생물학적 무기가 사용되어 국가가 하나둘씩 사라지는 상황까지 가지 않았다면, 적어도 환경이 심각하게 파괴되어 지구상의 인간과 여타 생명체를 부양할 수 있는 조건이 더 이상 유지되지 못할

21:1 (1990), p. 169. 이자벨 스땅제가 포스트모더니즘은 사실상 근대성을 극단적으로 추구한 사상이기 때문에 '하이퍼모더니티(hyper-modernity)'로 지칭하는 것이 더욱 적절하다고 평가했던 것도 그 때문이었다. Isabelle Stengers, "Experimenting with Refrains: Subjectivity and the Challenge of Escaping Modern Dualism," *Subjectivity* 22 (2008), p. 41. "… (이현휘): 어떤 학자는 '포스트모더니즘이 모더니즘을 거부한 것이 아니라 모더니즘을 완성했다'고 평가하고, 다른 학자는 '포스트모더니즘이 모더니즘을 진정으로 넘어서지 못했다'고 평가합니다. 선생님의 견해는 어떻습니까? (스땅제): 나는 해체주의적 포스트모더니즘이 사실상 하이퍼모더니즘에 지나지 않는다고 말하고 싶습니다. … 나는 포스트모더니즘이 모더니즘과 함께 뿌리 깊은 식민주의자의 시각을 공유한다는 사실을 강조하고 싶습니다. … (I would say that indeed deconstructive post-modernism is hyper modernism … and I would emphasize it shares with modernism a deeply colonialist stance …)." 스땅제와 이현휘의 인터뷰 (2008년 4월 25일). 해리스 자신도 이 책의 제3장에서 뉴턴 패러다임을 벗어나지 못한 해체주의적 포스트모더니즘을 비판한 바 있다. 그러나 해리스가 제7장에서 논의하는 포스트모던은 뉴턴 패러다임을 근원적으로 대체한 새로운 패러다임 위에서 새롭게 구성된 진정한 의미의 포스트모던 문명을 의미한다. – 옮긴이.

2) 해리스가 제6장에서 언급했던 것처럼 뉴턴 패러다임이 일상의 사유양식으로 확산되는 데 최소한 2세기가 소요되었다는 점을 염두에 둔 계산이다. – 옮긴이.

지경에는 이르게 될 것이다.

과학적 패러다임이 여타의 지적 활동에 행사하는 영향력이 수 세기를 거쳐 대단히 느리게 침투하는 문제뿐만 아니라, 일반 대중이 현대의 과학적 패러다임을 이해하기가 대단히 어렵다는 또 다른 문제가 있다. 일반 대중의 일상적 사고방식으로는 현대 과학자가 사용하는 개념을 상상하는 것이 거의 불가능하기 때문이다. 평균적인 상식을 소유한 시민은 일반 상대성 이론에서 얘기하는 굽은 시공간(curved space-time)의 의미를 이해하는 데 어려움을 겪을 것이며, 4차원의 다양체를 이해하기 어렵다면 그보다 많은 차원을 가진 다양체는 더욱 이해하기 어려울 것이다. 어떻게 4차원이나 그 이상의 차원에서 굽은 초구 공간(curved hyperspherical space)을 쉽게 표현할 수 있단 말인가? 또한 (가장 진보된 초끈이론에서 요구하는) 10차원의 시공간을 양성자 크기의 구체에 말아 넣는 일을 어떻게 상상할 수 있단 말인가? 우리는 우주가 약 150억 년 전에 크기는 거의 제로에 가깝고 밀도는 거의 무한대인 특이점의 상태에서 '빅뱅'이 일어나 팽창한 것으로 알고 있다. 또한 우리는 이러한 폭발을 4개의 시공간 차원이 펼쳐지고 나머지 6개는 스스로 접힌 과정으로 묘사해야 한다. 그러나 우리가 이런 상황을 상상할 수 있다고 하더라도 빅뱅이 시작된 위치를 정하는 문제 앞에서는 여전히 당혹감을 느끼지 않을 수 없다. 그 위치는 틀림없이 팽창이 시작된 우주의 중심일 것이다. 그러나 모든 은하계는 다른 은하계로부터 거리에 비례하는 속도로 멀어지는데, 이로부터 우리는 우주의 중심이 존재하지 않는다는 사실을 확신할 수 있다. 그렇다면 우주의 폭발을 촉발시킨 특이점(singularity)은 어디에 있는가? 만일 우리가 은하계의 운동을 역으로 추적해서 모든 은하계가 하나의 집합체(conglomeration)로 모일 때까지 밀고 나간다면 우주가 진화를 시작한 지점에 도달할 수 있을까? 그러나 그 시기는 우주 전체의 온도가 너무 높아서 물질이 고체의 형태로 존재할 수 없었다. 그렇다면 어떻게 우주의 질량이 그토록 미세한 공간에 집약될 수 있었을까? 공간 그 자체는 복사에너지의 장으로만 존재하면서 그것의 내용물을 밀어내는 에너지와 함께 팽창하기 때문에, 모든 것이 한 점으로 수축된다면 공간 그 자체는 사라지고 말 것이다. 따라서 에딩턴은 측지선(geodesics)이 없는 곳에서 시공간은 점으로 축소된다고 말했다. 또한 밀른이 볼 때 빛의 파동이 확산되면서 공간을 창조하기 때문에 공간을 창조하지 못하는 어둠은 '공간의 학문인 기하학에 해로운 것(inimical to geometry)'이라고 말했다.[3] 그렇다면 특이점의 위치를 묻는 질문이 도대체 어떤 의미를 가질 수 있겠는가? 일반 대중은 이러한 개념과 상상력을 이해하는 데 어려움을 겪게 되면 자연과학적 이론의 본성과 함축을 이해하려는 노력을 포기하고 만다. 따라서 자연과학적 이론이 보통 사람의 사유의 습관에 영향력을 행사하려면 엄청난 시간이 소요되어야만 한다.

더욱이 보통 사람은 철학자가 그들에게 과학적 개념의 논리적 귀결을 식별할 수 있도록 지도해주지 않는다면 현대 과학 이론의 철학적 함축을 이해하지 못할 가능성이 높다. 바로 이것이 콜링우

---

3) Cf. Arthur Eddington, *Space, Time, and Gravitation* (Cambridge: Cambridge University Press, 1935), pp. 157f; and E. A. Milne, *Proceedings of the Royal Society of Edinburgh*, section A, vol. 62 (1943-1944).

드가 형이상학자의 과제로 간주했던 것이다. 그러나 철학자가 모든 종류의 형이상학적 과제를 거부하고, 뉴턴 패러다임에 입각해서 세상을 바라보는 시각을 포기하지 않는 한 사태가 호전될 가능성은 거의 없다고 봐야 한다.

그러나 저명한 물리학자들이 입증한 현대 자연과학적 패러다임의 전체론적 본질을 이해하는 데 그렇게 어렵게 느낄 필요는 없었다. 따라서 어떤 철학자의 선도적 역할은 최소한 격려해주어야만 했다. 20세기 초기에 화이트헤드가 그런 역할을 수행한 것으로 보이는데, 그의 이론에 따르면 전체 우주를 파악하는 합생은 모든 현실적 존재에서 진행된다[4](이런 내용은 전체를 강조한 라이프니츠와 헤겔의 철학과 유사한 측면이 있다). 그러나 화이트헤드가 추구한 학문적 노선은 크게 계승되지 못했으며, 더욱이 20세기 철학에서 부활한 경험주의가 그것을 압도하고 말았다. 화이트헤드 철학의 다소 난해한 성격 때문에 그의 철학을 계승한 학자는 화이트헤드의 학문적 노선을 계속 추구하는 데 어려움을 겪었다. 또한 화이트헤드의 뒤를 따라간 비교적 소수의 철학자는 화이트헤드 철학의 전체론적 특성을 필요한 만큼 강조하지 못했다. 요컨대 화이트헤드나 그의 계승자 모두가 전체론의 논리적 함축을 충분히 개발하지 못했다.

하여튼 20세기 철학에서 논리적 경험주의가 부활하고, 그것이

---

4) 원문은 "~ the concrescence of prehensions of the entire universe in every actual entity"이다. 화이트헤드 철학의 전문적 용어인 합생(concrescence), 파악(prehension), 현실적 존재(actual entity)의 의미에 관해서는 제6장의 옮긴이 주 1, 2, 9를 각각 참조. ─ 옮긴이.

철학의 흐름을 주도하게 됨에 따라 철학사를 전적으로 무시하는 풍조가 자리를 잡았다. 만일 학생들이 철학사에 관심을 기울였다면 화이트헤드 사상에 많은 영감을 불어넣은 것처럼 보이는 라이프니츠 철학의 전체론적 함축에도 주목할 수 있었을 것이다. 더욱이 화이트헤드의 『발상의 모험』(*Adventures of Ideas*)을 읽어보면 화이트헤드 사상과 헤겔의 변증법이 수렴하는 현상을 쉽게 확인할 수 있는데, 사실상 그런 현상이 앞으로 학문이 추구해야 할 방향을 안내하는 길잡이 역할을 해주어야 마땅했다. 그러나 모든 형이상학을 난센스로 간주하는 학문의 풍조 때문에 화이트헤드가 추구한 학문의 정신은 곧바로 소멸되고 말았다. 그러나 철학사를 무시함으로써 초래된 귀결은 콜링우드의 다음과 같은 주장, 즉 "자신의 역사를 무시하는 철학은 자신의 정력을, 철학사에서 오랫동안 반복된 오류를 또다시 반복하는 데 사용할 수 있을 뿐이다"[5]라는 주장을 정확하게 입증하는 것이었다. 그렇게 반복된 오류로는 17세기와 18세기의 영국 경험주의자와 그의 후계자들이 범한 오류를 꼽을 수 있는데, 그들은 모두 인식론적 회의주의 및 윤리적 회의주의에 빠져들었다.

철학은 당대의 통념과 태도를 날카롭게 통찰하면서 광범위한 영향력을 행사해야 한다. 그러나 20세기 후반에 활동한 철학자는 20세기 자연과학 혁명의 철학적 의미를 제대로 파악하지 못했으며, 그들이 일반인의 사고방식에 어떤 영향력을 행사했다면 그것은

---

5) R. G. Collingwood, "Croce's Philosophy of History," *The Hibbert Journal* (1921), reprinted in *Essays in the Philosophy of History*, ed. W. Debbins (Austin: University of Texas Press, 1965), p. 4.

전적으로 반동적 성격을 띤 것이었다. 사실상 현대 경험주의자는 일찍부터 철학이 교육받지 못하고 생각이 모자란 사람에게 길잡이 역할을 할 책임이 없다고 선언했다. 일찍이 알프레드 에이어는 철학자가 도덕이나 종교 문제에 점잔 빼며 말하는 일을 그만둔 지 이미 오래되었고, 정치인에게 조언을 제공할 책임도 없다고 선언했다. 콜링우드가 자신의 『자서전』에서 다음과 같이 한 얘기는 특히 인상적이다.

어린 학생들은 그린 스쿨(Green's school)의 철학부가 자신의 부모 세대에게 가르쳤던 것, 즉 인생을 살아가면서 추구해야 할 이상이나 삶의 지도 원리를 가르쳐줄 철학을 기대했든 기대하지 않았든 상관없이 그런 것을 배우려 하지 않는다. 그리고 (사이비 철학자를 제외한) 어떤 철학자도 그런 것을 가르치려고 하지 않는다는 사실을 안다. 따라서 어떤 학생이 자신을 위해 도출할 결론은 뻔하다. 그들이 인생 문제의 조언을 구하고자 할 때 사상가의 심오한 철학이나 냉철한 분별력, 또는 고고한 이상이나 근본적인 삶의 원리 등을 참조할 리가 없기 때문에 기껏해야 사상가가 아니라 (바보 같은) 사람에게 문의하고, 심사숙고의 과정이 아니라 (열정의 흐름에) 내맡기며, 절제의 원리가 아니라 (쉽고 편한 길을 따라) 행동한다. 만일 현실주의자가 의도적으로 한 세대의 사람들을 도덕과 정치, 그리고 상업이나 종교 분야에서 활동하는 사기꾼이 쉽게 등쳐먹을 수 있는 봉으로 만들고자 한다면, 사람들의 정열에 호소하고, 자신이 결코 구해줄 수 없고 구해줄 의지조차 없으며 구해줄 좋은 방법이 지금까지 발견된 적도 없는 사적 이익을 사람들에게 약속하기만 하

면 된다.[6]

아마도 일반 대중의 사고방식과 현대의 지배적인 자연과학적 패러다임 간의 격차가 이토록 크게 벌어진 까닭은 다른 어떤 원인보다도 철학자들의 반동적 사고방식에서 비롯된 바가 크다고 할 수 있다. 따라서 우리가 당장 해결해야 할 과제는 과거의 형이상학에서 성취한 내용과 현대의 자연과학 사상에 함축된 의미를 철학적으로 성찰하는 자세를 복원시키는 일이다.

인류가 지금까지 범했고, 현재도 계속 범하는 가장 근원적인 오류는 원자론적으로 사유하는 습성이다. 최첨단 과학 이론이 논란의 여지없이 전체론적 성격을 띠는 것은 물론, 모든 개체성과 자족성은 가장 포괄적인 전체의 구성원에 의존한다는 사실, 그리고 전체의 체계적인 조직 구조가 부분의 특성을 결정한다는 사실 등을 인정하는 바로 이 시대에, 원자론과 분리주의의 거푸집에서 주조된 사유의 틀이 사적 생활과 정치적 생활 영역에서 개인주의를 조장하고, 국제정치 세계에서 국가 주권의 독립성을 주장하는데, 이는 완전히 시대착오적인 현상이 아닐 수 없다. 현재 인류가 앓고 있는 질병의 전체는 아니지만 거의 대부분은 이러한 분리주의적 사고방식에서 연유한다고 봐야 한다. 그러나 그러한 사고방식은 과학적으로 이미 낡은 것이 되어버렸으며, 따라서 폐기되어야 마땅하다.

현재 철학자가 완수해야 할 첫 번째 의무는 20세기 자연과학적 패러다임을 철학적으로 해석하는 것, 다시 말해서 콜링우드가 형이

---

6) R. G. Collingwood, *An Autobiography* (Oxford: Oxford University Press, 1940), p. 48.

상학에 부여한 임무(과학의 자명한 전제를 눈에 띄게 드러내는 일)를 수행하고, 그곳에서 성취된 결과를 윤리학, 경제학, 정치학 등에 적용하는 일이 될 것이다. 그리고 그런 과정을 거쳐 형성된 사유의 틀을 각종 미디어, 문학작품, 인터넷 등을 통해 학교와 교육기관으로 확산시켜 일반 대중의 일상적 삶과 정치적 행동 양식에 스며들도록 만들어야 한다.

그러나 이런 의무를 우리가 보통 예상했던 것보다 훨씬 빠른 속도로 완수하지 못한다면 지금과 같은 곤경으로부터 인류를 구출해 내기는 힘들 것이다. 최종 파멸을 방지할 수 있는 구제책을 적기에 발견하려면 인류를 설득하는 과정이 훨씬 더 빠르게 진행될 필요가 있다. 요컨대 필요한 행동은 수십 년 내가 아니라 수 년 내에 취해져야 하며, 그래도 이미 늦었는지도 모른다.

현재 우리가 직면한 현실적 딜레마는 정치인이나 사회 개혁가가 필요한 행동을 취하려고 마음먹기 이전에 그들의 사유 습관이 19세기의 낡은 습관으로부터 20세기의 패러다임에 부응하는 형태로 먼저 전환되어야 한다는 데 있다. 그러나 설득의 과정은 매우 느리게 진행되지만, 행동의 필요성은 매우 급박한 상태에 있다. 우리가 직면한 딜레마를 더욱 복잡하게 만드는 또 다른 문제가 있다. 인류가 생물학적 공동체와 인간의 공동체를 함께 아우르는 매우 보편적인 윤리를 채택한다고 하더라도, 그리고 지속 가능한 경제개발의 필요성을 널리 인정한다고 하더라도, 법률 제정권을 소유하지 못한 사적 개인이나 비정부기구의 단순한 노력만으로는 이러한 계몽사상을 실제 행동으로 구현할 수 없으며, 국가의 정부 역시 세계적 차원의 대책을 효과적으로 수행할 수 없다는 것이다. 앞에서 우리는 국가의 정부가 주권을 보유하는 한 국제사회의 협력을 성취하기는 어렵다는 사실을 확인했다. 따라서 가장 우선적으로 필요한 것은 세계연방정부를 건설하는 것이다. 그러나 뉴턴 패러다임이 영향력을 완전히 상실해서 세계 전역의 대다수 사람들이 지구적 차원의 법치를 효과적으로 유지할 필요성을 피부로 느끼고, 또 그것을 자신들의 정치 지도자에게 적극적으로 요구하지 않는 한 세계연방정부를 수립할 가능성은 거의 없다고 봐야 한다. 현재 시점에서는 지극히 소수의 사람만이 세계연방정부의 절박한 필요성을 인정한다. 마차를 끌어야 할 말이 마부의 뒤에서 한심하게 꾸물거리고 있을 뿐이다.

현재 많은 학자들은 여전히 국가 주권의 독립성의 견지에서 국제정치 문제를 바라보는 뿌리 깊은 습관을 견지한 채 세계연방정부의 아이디어를 유토피아적 이상주의라고 폄하한다. 그러나 유토피아적 이념의 문제점은 그것을 실현 불가능하게 만드는 사실과 조건을 간과한다는 데 있다. 하지만 수많은 연방 공화국이 수세기 동안 존재했다는 역사적 사실을 감안할 때 연방주의가 실현 불가능한 이념이 아닌 것은 분명하다. 연방 공화국은 놀라울 정도의 안정성과 탄력성을 동시에 지니고 있다. 오히려 유토피아적 이상주의자는 지금까지 역사에서 신뢰할 수 없는 것으로 판명된 주권국가의 ‘입법조약’을 계속해서 신뢰하는 사람들이며, 16세기 이후부터 지금까지 실패한 것이 분명하고, 20세기가 끝나가는 현재에도 반복되는 전쟁을 통해 전례 없는 인명과 재산의 파괴를 야기하며, 핵전쟁의 대참사가 일어나 인류가 절멸될지도 모른다고 협박하고, 내전에서 벌어지는 끔찍한 대량살상과 말로 다 할 수 없는 비참함을 부지불

식간 허용하는 외교의 방법을 통해 세계 평화와 국제정치적 정의가
실현될 수 있다는 신념을 여전히 마음속에 품은 바로 그 사람들이
아닐 수 없다.

　대다수의 사람은 낡은 사고방식을 고집스럽게 고수하기 때문에
세계연방정부의 아이디어를 부정적인 시각에서 바라본다. 그들의
사고방식에서는 개인주의 사상이 워낙 강고하게 뿌리내렸기 때문
에 정부의 간섭으로부터 자유로워야 한다는 사상이 계속 활력을 유
지한다. 그러나 자유를 이런 식으로 이해할 때, 진정한 자유란 상호
협력에 바탕을 둔다는 요건, 그리고 타자를 희생시키면서 자신의
이익을 추구하지 말아야 한다는 요건 등을 제대로 이해할 수 없다.
수많은 사람들이 세계연방정부를 반대하는데, 그 까닭은 그런 정부
를 설립할 경우 세계를 통치하는 독재자가 과도한 권력을 남용할지
도 모른다는 잘못된 신념을 가지고 있기 때문이다. 이런 판단은 완
전한 오해가 아닐 수 없다. 현재 상황에서는 어떤 세계연방정부도
정복을 통해서 수립할 수 없는데, 만일 그런 정복이 가능하려면 승
리자가 있을 수 없는 대량살상무기를 동원한 전쟁이 불가피하기 때
문이다. 세계연방정부는 그것을 거부하는 국가에 강제할 수도 없는
노릇이다. 개별 국가는 오직 자유로운 동의에 의해서만 세계연방정
부에 가입할 것이기 때문이다. 세계연방정부가 중앙 행정부와 구성
국가의 권리를 정의한 헌법에 기초해서 공식적으로 수립되지 않는
다면 개별 국가는 가입하지 않을 것이다. 중앙 행정부의 권리는 연
방 전체의 이익과 직접적으로 관련된 이익들, 예컨대 세계 평화와
세계적 차원의 법치를 유지하는 일, 지속 가능한 생산을 유지하고
환경 파괴를 방지하는 일처럼 개별 국가가 (하여튼) 효과적으로 처

리할 수 없는 일에 한정하고, 연방에 참여한 국가의 권리는 지방 및 지역적 관심사와 관련된 문제로 한정하면 될 것이다. 바로 이것이 '보완성(subsidiarity)'이란 용어의 진정한 의미라고 할 수 있다. 이러한 보완성의 원리를 헌법에서 적절하게 구현할 경우 공무원의 타락과 권력 남용을 방지할 수 있는 옴부즈무스 제도(institutional ombudsmus), 그리고 불법적으로 권력을 찬탈하려는 자를 기소할 수 있는 법률 집행 기구 등을 만들 수 있을 것이다. 입법부 의원은 민주적으로 선출하고, 행정부는 입법부에 책임을 져야 할 것이다. 권리장전 역시 헌법에 추가되어야 할 것이다. 이럴 경우 권위주의를 방지할 수 있는 안전장치를 확립할 수 있을 것이다.

많은 사람들이 세계연방정부의 아이디어를 비판하는 또 다른 이유는 그것을 수립했을 경우 민족 정체성이 상실되고 문화적 전통이 쇠퇴할 것이라는 우려 때문이다. 그러나 민족 정체성은 지금까지 민족으로 간주된 집단에 보편적으로 적용할 수 있는 기준이 마련되지 않았기 때문에 사실상 정의할 수 없는 개념이며, 수많은 '민족'이 상이한 문화를 가진 사람으로 구성되었기 때문에 공통의 문화라는 개념도 보편적 기준이 될 수 없기는 마찬가지다. 공통의 자손이라는 개념은 역사적으로 충분히 입증할 수 있는 증거가 존재하지 않기 때문에 실제로는 신화에 지나지 않는다. 대개의 민족 전통을 보면 순수 혈통 전통보다는 혼혈 전통이 훨씬 더 강하다. 민족 전통이란 한마디로 과거의 수많은 문화적 접촉으로부터 형성된 다양한 문화적 특성의 조합이라고 할 수 있다. 가장 진취적이고 성공적인 민족은 항상 이문화 간의 빈번한 접촉의 역사를 가진 민족에서 출현했다. 더욱이 쿠르드족, 유대인, 아르메니아인, 알바니아인과 같은 민족은 하나의 독립된 국가 이상의 여러 나라에 흩어져 살지만 그들의 고유한 문화적 전통을 여전히 보존하고 있다. 반면, (스위스와 같은) 일부 국가에서는 수세기 동안 상이한 민족 집단이 완전한 조화를 이루면서 함께 살고 있다.

쿠르드족이나 유대인처럼 어떤 민족 집단이 정복자의 손아귀에서 박해나 탄압을 받을 때, 그리고 수세기 동안 외국의 지배를 받을 때, 민족의식은 분리주의와 독립을 위한 열망을 추구하기 쉽다. 그러나 유사한 민족 감정이 유럽 공동체를 구성하는 국가들처럼 공동의 문화와 공동의 이익을 공유하는 상이한 민족의 구성원들 사이에서는 대통합을 지향할 수도 있다. 이와 유사한 사례들에서 범아프리카주의와 범슬라브주의 같은 운동이 촉발될 수 있다. 민족성의 정확한 의미에 가장 가까이 접근한 경우는 그 용어가 민족 내부의 하위 집단이 추구하는 이익보다 우선시되는 민족 전체의 이익을 날카롭게 이해하는 사람이나 사람들에게 적용될 때다. 오늘날 가장 중요한 인류 공동의 이익은 생존, 생명을 부양하는 환경의 보존, 핵재앙으로부터의 안전 등을 꼽을 수 있다. 요컨대 그것은 세계적 성격을 띤다.

그렇다 하더라도 연방정부 체계가 민족의 전통을 유린하지도 않는다. 스위스 연방정부 밑에서 이태리어, 프랑스어, 로망어, 독일어를 사용하는 민족이 모여 살지만, 각자의 고유한 민족 전통을 상실하지 않았으며, 영국에서는 잉글랜드인, 웨일스인, 아일랜드인, 스코틀랜드인 등이 오랫동안 영국 공동의 민족성을 주장한 일도 없다. 마찬가지로 연방정부가 권력분립체계를 적절하게 유지한다면 개별 민족의 풍습과 언어를 그대로 보존할 수 있다.

인류 역사를 되돌아볼 때 국가가 연방을 구성하려면 몇 가지 조건이 충족되어야 했다. 첫 번째 조건은 국가가 외부로부터 심각한 위험에 직면했을 때 어떤 형태의 연합체를 구성해야만 안전을 보장할 수 있다고 확신해야 한다. 예컨대 미국이 연방을 구성했던 까닭은 영국으로부터 캐나다에 인접한 영토까지 확대된 위협 때문이었다. 두 번째 조건은 해당 국가가 연방에 참여했을 때 분명한 이익을 얻을 수 있는 경제적 상호의존이 존재해야 한다. 셋째, 국가가 연합(confederation)이나 느슨한 형태의 결합체(union)의 일원이었던 경험이 있으면 연방을 구성하는 데 유리하다. 문화나 종교의 유사성처럼 공동체가 공유하는 언어가 있으면 더욱 좋지만, 기존의 다양한 사례가 예증하는 것처럼 그런 것이 본질적인 조건은 아니다. 아울러 연방국가가 어느 정도 지역적인 자율성을 확보함으로써 완전한 통합의 우려를 떨칠 수 있는 여건이 조성되어야 한다.

1783년 영국의 북아메리카 식민지가 독립을 쟁취했을 때 개별 주들은 처음에 느슨한 형태의 연합에 소속되어 있었다. 그러나 주들 상호간의 시샘 때문에 다투기 시작했고, 그런 와중에 경제 위기가 심화되었다. 개별 주들이 독자적인 통화를 발행하면서 경제적 혼란이 가중되었고, 지폐를 과도하게 발행하자 화폐의 구매력은 저하되었다. 버지니아주 같은 일부 주들은 다른 주들을 무시한 채 독자적인 대외정책을 추구함으로써 인접 주들이 선택한 외국과 사이가 나쁜 외국을 상대로 교류를 시작했다. 대륙의회가 기초한 연합규약은 비준되지도 않았고, 대륙의회에는 합법적인 행정부가 존재하지 않았으며, 의회의 결정을 실행할 수단도 갖추지 못했다.

대륙의회에 참여한 주들은 종종 의회의 법령을 무시하면서 그것을 다른 방향으로 끌고 갔고, 어떤 경우는 회비 납부를 거부하기도 했다. 그들은 인접한 국경선 문제로 분쟁을 거듭했고, 때로는 서로 전쟁을 시작하겠다고 협박하기도 했다. 각 주는 다른 주로부터 수입한 물품에 독자적인 관세를 징수했다. 어떤 주들은 독자적으로 해군을 육성했지만, 외국은 그들을 모두 과소평가했다. 유럽의 구체제는 연합이 허약한 모습을 보이고 연합에 참여한 회원들이 서로 다투며 혼란을 야기하자 그들을 경멸할 수밖에 없었다. 또한 연합의 무정부 상태와 사회적 혼란은 각종 단체의 안전을 크게 위협했다. 바로 이런 맥락에서 미국의 국부는 연방의 필요성을 느끼기 시작했다.

이런 사정은 오늘날 세계 전체가 처한 상황과 대단히 유사하다. 세계의 국가들은 동일한 종류의 느슨한 연합인 UN에 소속되어 있다. 현재 각국은 영국의 북아메리카 식민지가 독립을 쟁취한 후 취했던 행동과 동일한 방식의 행동을 취한다. 즉 국가들은 독자적인 방위 시스템을 구축하고, 국가 간의 수출품에 관세를 부과한다. 또한 국가들 사이에서 항시 긴장이 발생하고, 국가의 생존을 위협하는 분쟁과 갈등이 빈번하게 야기된다. 그럼에도 불구하고 국가들은 국가 전체의 공동의 이익이 있다는 사실을 거의 자각하지 못한다.

앨 고어는 자신의 책, 『위기에 처한 지구』에서 현재 국제사회가 처한 실상을 다음과 같이 간결하게 요약했다.

오늘날 세계는 대체로 약 200년 전 (미국의) 국부가 직면했던 도전과 여러 측면에서 비교할 수 있는 분수령에 도달했다. 13개 식민지 주들이 자신들의 공동의 이익과 정체성을 통합할 수 있는 틀을 마련해야 하는 과제에 직면했던 것처럼, 현재 모든 국가의 국민들은 그들 자신이 공동의 이익과 관심으로 결합된—그 중에서 가장 중요한 것은 우리의 환경을 보존하는 일이다—진정한 세계 시민의 일원이라는 사실을 느끼기 시작했다.[7]

현재 세계가 처한 조건을 보면 독립된 주권 국가들이 연방을 형성해서 결합되어야 할 필요성이 크게 증가했다. 우선 우발적 요인이나 국제사회에서 반복되는 긴장의 증가 때문에 발생할 수 있는 핵무기의 파괴 위험이 객관적 요인으로 편재한다. 여기에 지구 환경 파괴가 초래할 불길한 결과를 추가할 수 있다. 그러나 무엇보다도 지구상의 국가들이 연방을 구성해서 안전을 추구해야 할 충분한 이유가 있는데, 이러한 위험 중 어떤 것도 연방 이외의 방법으로는 해결할 수 없다는 이유가 바로 그것이다.

이제는 세계 국가들이 경제적으로 상호의존 관계에 있다는 사실이 분명해졌다. 극동 지역에서 발생한 문제가 유럽과 미국 경제의 변화를 초래하고, 중국의 노동조건이 미국과 영국의 시장에 영향을 미치며, 유럽 공동 시장의 여파가 호주와 남아프리카에까지 미친다. 다국적 기업이 세계를 무대로 활동하고, 기업의 인수합병 때문에 독일과 미국이 영국의 산업을 지배하고, 그 반대의 경우도 가능하게 되었으며, 일본 또한 서양과 개발도상국의 기업을 지배할 수 있게 되었다. 통화가 원거리 시장의 가격변동에 따라 오르거나

---

7) Al Gore, *Earth in the Balance* (Boston: Houghton Mifflin, 1992), p. 204.

내릴 수 있고, 홍콩과 도쿄에서 이루어지는 주식거래가 월스트리트나 런던의 주가변동에 반응할 수 있다.

지구상에 수없이 다양한 언어와 문화가 존재하는 것이 사실이지만, 서양의 (특히 미국의) 생활양식이 6대륙 전역으로 확산되었고, 영어가 좋든 싫든 상관없이 세계 전체의 공용어가 되어가고 있다. 그러나 연방에서 필수적인 상보성(subsidiarity)의 원리가 제대로만 지켜진다면 언어, 종교, 문화의 통일성이 연방을 성공적으로 구성할 수 있는 본질적 요건은 아니다.

강대국들이 어느 정도 자율성을 유지하려 들 것이라는 지극히 자명하고 일반적인 상식을 고려할 때, 세계정부의 형태가 연방이 되어야 한다는 사실에 의문의 여지가 있을 수 없다. 연방정부는 세계적 문제의 해결에 필요한 적절한 수단을 제공할 유일한 정치조직이기 때문에 세계의 여러 국가가 일반적으로 수용할 수 있는 유일한 입헌정체라고 할 수 있다.

미국의 연방헌법을 제정한 국부들이 연방의 통치가 유지되는 가운데 개별 주의 권리를 보호할 수 있는 방법을 찾아야만 했듯이, 오늘날 국가들도 세계의 평화와 법치가 유지되는 가운데 자국의 자율성을 보장받을 필요가 있다. 연방이 효과적으로 작동하기 위해서는 법률을 위반하는 국가가 있을 경우 과도한 힘을 사용하지 않으면서도 실질적으로 처벌하고 제재를 가할 수 있는 법률 집행 제도를 반드시 갖추어야 한다. 그러나 주권국가는 그러한 처벌과 제재로부터 자유로울 수 있는데, 특히 무책임한 독재자가 주권국가를 통치할 경우는 더욱 그러하다. 일찍이 존 피스크는 연방제도의 장점을 놓고서 미국 식민지에서 벌어진 토론의 내용을 다음과 같이 정리한 바 있다.

어떤 사람이 법률을 위반할 때 당신은 그를 감옥에 가두거나 그의 재산을 강제로 압류할 수 있으며, 그럴 경우 그는 파도의 소용돌이에 휘말린 지푸라기처럼 무력한 존재로 전락한다. 그는 자신을 보호하기 위해 민병을 소집할 수도 없다. 그러나 어떤 주가 법률을 위반할 경우 사정은 완전히 달라진다. 당신은 주를 감옥에 보낼 수 없고, 주의 재산은 더더욱 압류할 수 없다. 당신은 오직 주를 상대로 전쟁을 벌일 수밖에 없으며, 실제로 전쟁을 벌였을 경우 주는 무력하게 되지 않는다는 사실을 발견하게 될 것이다. 주의 독특한 프라이드와 적대감이 고조되어 당신을 겨냥할 것이고, 주의 민병대가 법률을 와해시킬 수 있는 충분한 힘을 소유했다는 사실을 깨닫게 될 것이다.[8]

우리 시대의 강대국들이 이런 경고의 메시지에 주의를 기울여야만 할 시기가 도래했다.

대부분의 보통 사람이 이런 사항을 무시하는 까닭은 그들이 여전히 고립된 국가의 관점에서 사고하기 때문이며, 따라서 우리가 직면한 과제는 이제는 낡은 것이 되어버린 개념 체계로부터 그들을

---

8) 원문이 실린 곳은, John Fiske, *The Critical Period of American History 1783-1789* (Boston and New York: Houghton Mifflin Company, 1888), p. 233. 원문은 "~그의 재산을 강제로 압류할 수 있다. 또한 공동체의 강력한 힘이 그에게 적대적 태도를 취하는데(The immense force of the community is arrayed against him), 그럴 경우 그는 파도의 소용돌이에 휘말린 지푸라기처럼 ~"으로 되어 있는데, 해리스의 인용문에는 밑줄 친 부분이 누락되었다. ─ 옮긴이.

효과적으로 분리시킬 방법을 찾는 것이라고 할 수 있다. 그것도 가급적 빨리 찾아야 하는데, 우리에게 주어진 시간이 지구의 생태계를 보호할 수 있는 기회를 점차 저버리고 있기 때문이다.

어쩌면 문제를 가장 이상적으로 해결하는 방법은 플라톤이 제시한 처방인지도 모른다. 즉, 현재 인류가 처한 비상사태의 원인과 의미를 자각할 수 있는 철학자를 육성해서 정치 지도자로 기용하는 방법이 그것이다. 그러나 이런 방법은 현재 상황에서 대단히 비현실적 성격을 띤다. 무엇보다도 오늘날은 (플라톤이 생각했던 것처럼) 말하자면 학문적 권위를 통해서 정치 지도자를 임명할 수 없기 때문이다. 오늘날 정치 지도자가 다수의 지지를 얻으려면 보통선거를 통해 선출되어야 하며, 일반 대중은 가장 중요한 문제를 고발하는 패러다임을 수용해야 한다. 카리스마를 소유한 어떤 개명된 정치 지도자가 등장해서 철학적 패러다임의 이행을 실천하고, 단일 국가뿐만 아니라 국제사회 전체의 공동체를 포스트모던 시대로 선도하는 일이 매우 필요하다. 그런 정치 지도가 나타날 수 있다면 더 이상 바랄 것이 없지만, 그러나 세상의 일이란 단순히 바라는 것만으로 이루어질 수는 없는 법이다.

그러나 현재 전체론적 사고의 맹아를 보여주는 사례 또한 몇 가지 존재한다. 『다이얼로그와 휴머니즘』이라는 잡지를 발간하면서 상당히 광범위한 회원을 확보한 '보편주의자들의 사회(Society of Universalists)'는 그 어떤 희망을 보여준다. 파리에 본부를 둔 '먼디얼리스트(Mundialists)'는 회원이 천천히 증가하기는 하지만 어느 정도 낙관적인 모습을 보여준다. 또, 이들과 함께 주로 캐나다와 캘리포니아에서 조직된 '세계시민의회(World Citizen's Assembly)'

역시 어떤 희망을 안겨준다. 1천 3백 개 이상의 비정부기구와 4천 만 명 이상의 개인이 회원으로 가입한 ‘세계비준 및 선거네트워크 (Global Ratification and Elections Network, GREN)’ 를 부속기관으로 갖는 ‘세계헌법 및 의회협회(World Constitution and Parliament Association, WCPA)’ 는 세계연방정부로 다가서기 위해 실질적 조치를 취하는 조직 중의 하나이다. 따라서 우리는 우리가 동원할 수 있는 모든 지원을 아끼지 않고 제공할 필요가 있다. 그러면 이런 조직들은 현재 인류가 당면한 문제를 해결할 수 있을 만큼 충분히 빠른 속도로 번창할 것인가? 만일 그들이 매스미디어를 잘 설득해서 자신들이 추구하는 아이디어를 널리 확산시킬 수 있다면 일반 대중의 의견을 새롭게 형성함으로써 많은 것을 성취할 수 있을 것이다. 그러나 다시 강조하건데 매스미디어의 보도 내용이 일반 대중의 취향을 결정하는 것보다 일반 대중의 취향이 매스미디어의 보도 내용을 결정하는 것이 더욱 일반적인 현상이며, 따라서 우리가 집중적으로 고쳐야 할 대상은 매스미디어가 아니라 일반 대중의 태도 그 자체라고 할 수 있다. 현재 일반 대중과 매스미디어는 여전히 뉴턴 패러다임에서 형성된 사유의 습관에 깊이 젖어 있으며, 그들이 그런 사고방식에서 이탈하는 모습을 확인할 수 있는 그 어떤 조짐도 거의 보이지 않고 있다.

‘보편주의자들’ 은 회원을 대부분 소수의 엘리트에서 충원하고, ‘먼디얼리스트’ 는 뱀이 기어가듯 아주 느린 속도로 세력을 확장하고 있으며, ‘세계시민의회’ 는 본업에서 이탈해서 UN 총회의 보조 기구라고 할 수 있는 대중적으로 선출된 자문 기구를 설립하는 데 노력을 경주한다. 그러나 이는 앞에서 설명한 여러 이유 때문에 문제의 핵심을 잘못 짚은 것이며, 따라서 에너지를 낭비하는 행위에 지나지 않는다. 그들이 제안한 의회는 (안전보장이사회의 승인을 받았다 하더라도 그 효력이 매우 의심스러우며) 법률을 제정할 권한도 없고, 국가 간의 협상에 실질적인 영향력을 행사할 수도 없다. WCPA와 GREN은 주로 국제정치적 힘이 미미하고 국내정치도 대단히 불안정한 개발도상국으로부터 지원을 받는다. 따라서 그들이 어떤 실질적인 성과를 거두기까지는 앞으로도 가야 할 길이 까마득하다고 할 수 있다.

그렇기는 하나 세계시민사회가 광범위한 영역에서 등장하고 있는데, 이러 현상은 인류가 세계 공동의 이익이 존재한다는 사실을 점차 인식하고 있음을 말해준다. 이런 국제시민사회는 각종 평화운동 단체들, '엠네스티 인터내셔널', '그린피스', '지구의 벗(Friends of the Earth)', '세계야생생물기금(World Wildlife Fund)', '옥스팜(Oxfam)' 등과 같은 자발적인 기구뿐만 아니라, '스톡홀름 제안(Stockholm Initiative)' 처럼 정치인들의 비공식적 국제단체 활동 등으로 구성되어 있다. 이러한 기구와 활동에 참여하는 사람들은 그들이 주장하는 대의에 인류 보편의 이익을 담고 있으며, 그들이 행동하는 까닭을 살펴봐도 인도주의와 규범적 이유가 대부분이지 특정 국가에 국한된 이익을 추구하는 경우는 전혀 없다.

앞으로 세계통합을 성취하려면 세계시민사회가 먼저 활발하게 활동해야 한다. 그러나 세계는 지금까지 통합된 모습을 별로 보여주지 못했으며, 세계통합에 기여해야 할 세계시민사회의 각종 단체들도 그들이 선택해야 할 최선의 방책을 매번 분명하게 자각하지 못했다. 따라서 개개의 단체는 다른 단체의 입장을 고려하지 않은 채 각자의 특수한 목적을 추구하는 데 전념했을 뿐이다. 많은 사람들이 국제기구가 지금처럼 비효율적으로 운영되는 까닭을 제대로 이해하지 못한다는 사실은 예컨대 '스톡홀름 제안'의 사례를 통해 쉽게 확인해볼 수 있다. 이 단체는 실망스럽게도 시간이 부족하다는 사실을 전혀 고려하지 않은 '글로벌 거버넌스 위원회의 보고서(Report of a Commission on Global Governance)'를 발간했는데, 이런 오류를 범한 까닭은 지난 50여 년 동안 세계평화와 국제사회의 법질서를 유지하는 과제를 전혀 해결하지 못한 국제제도를 계속 모범시하기 때문이다. 주요한 NGO들 중에서 어떤 단체도 세계 전체를 대상으로 법적 지원과 보호가 필요하다는 사실을 충분히 깨닫지 못하고 있으며, 지금처럼 독립적으로 행동하는 개별 국가의 힘만으로는 이런 법적 지원과 보호 문제를 결코 해결할 수 없다. 그런데도 국가는 여전히 자국의 권리와 사정만을 강변한다. 따라서 국제사회에서 활동하는 각종 단체가 비정부기구로 남아 있으려는 입장을 고수하는 한 세계연방정부를 옹호하는 어떤 주장도 회피하기 마련이다.

시민사회는 오직 효과적인 법집행 체제가 관리하는 법치의 보호하에서만 번창할 수 있는데, 바로 이 점이 현대 국제정치 세계에서 결정적으로 결여된 것이다. 현재 우리에게 필요한 것은 앞에서 언급한 NGO 같은 것을 만들어낼 수 있는 광범위한 대중적 기반과 그들의 지지에 기초한 국제사회의 시민운동이다. 다시 말해서 국제사회의 시민운동을 세계통합에 필요한 세계적 안목에 통합시킬 수 있는 접근방식이 필요하다. 그러나 이런 노력은 하나의 포괄적인 목표를 배경으로 조정되고 계획될 필요가 있는데, 거기에는 반드시 효과적으로 운영되는 민주적 세계정부를 옹호하는 선전과 운동이 포함되어야 한다. 왜냐하면 시민단체의 지도자들은 여전히 뉴턴 패러다임의 개념에 입각해서 사고하므로 그들에게 세계적 통일체를 옹호하라고 제안하면 대부분 부정적인 반응을 보이기 때문이다.

그러나 다시 강조하건데 세계시민사회에서 협력과 조정의 행동을 실천하는 국제기구를 활성화시키려면 어떤 방식으로든 그들이 세계적 관점에서 사고하도록 유도해야 하는데, 그것은 단지 각자의 특수한 이익만을 고려하는 것이 아니라, 세계적 차원의 목적과 국제기구 각자의 목적이 상호 의존한다는 사실을 함께 고려하는 것을 의미한다. 그러나 우리는 아직 다음과 같은 질문에 답변하지 않았다. 어떻게 우리는 세계적 관점에서 사고할 수 있는가?

특히 요즘에는 인류를 괴롭히는 문제를 잘 아는 수많은 작가와 사상가가 세계연방정부의 아이디어를 단호하게 반대한다. 그들은 어떤 이유나 주장도 제시하지 않은 채 곧바로 그것을 거부한다. '스톡홀름 제안'의 '글로벌 거버넌스 위원회'가 바로 이 경우에 해당하는데, 그들은 자신들이 발간한 리포트에서 상당히 불합리한 논리로 세계연방정부를 비민주적인 정부로 간주하면서 다음과 같이 비난했다. "세계연방정부 아이디어는 권력에 순응하고, 패권 장악 야욕을 흔쾌히 받아들이며, 인민의 권리보다 국가나 정부의 역할을 더욱 강조한다."[9]

---

9) Cf. Commission on Global Governance, *Our Global Neighbourhood* (Oxford: Oxford University Press, 1995), p. xvi.

앨 고어 역시 자신의 책 『위기에 처한 지구』에서 세계연방정부에 대한 노골적인 적대감을 드러냈다. 그러나 그는 앞에서 인용한 구절에서 세계연방정부의 아이디어를 인정한 바 있다. 리처드 포크 교수한테서도 유사한 태도를 발견할 수 있는데, 그는 세계연방정부의 아이디어가 단순히 학문적 아이디어에 지나지 않는다고 간단히 치부해버리면서 그것은 "비합리적"[10] 아이디어라고 평가했다. 그러나 합리성을 불리한 조건을 초래하는 것으로 간주해야만 하는 까닭은 분명하게 제시하지 않았다. 정치가들이 세계연방정부를 수립할 경우 어떤 중요한 것, 즉 권력을 상실할 것으로 예상하여 세계연방정부와 관련된 모든 아이디어를 단호하게 반대한다면 그것은 쉽게 이해할 만하다. 그러나 그들이 그렇게 생각한다면 잘못 생각한 것이다. 그들의 정당한 권력은 지금처럼 세계연방정부에서도 계속 유지할 수 있기 때문이다. 이들은 모두 고도의 지성을 소유한 사람들이기 때문에 그들이 세계연방정부의 아이디어를 반대하고, 국가주권의 독립성을 계속 고수하는 까닭은 궁극적으로 뉴턴 패러다임에서 형성된 사유의 습관으로부터 벗어나지 못했기 때문이라고 진단해볼 수 있다.

결국 우리는 국제평화유지, 세계연방정부, 지속가능한 생산, 환경보존 등과 같은 엄청난 문제들과 직면한 셈이다. 아울러 우리는 이럴 수도 없고 저럴 수도 없는 진퇴양난에도 빠져 있는데, 한편으로는 천천히 진행되기 마련인 학계의 사고방식과 학교의 여론을 지

---

10) 다음 책을 보라. Richard A. Falk, *Explorations at the Edge of Time* (Philadelphia: Temple University Press, 1992).

도해야 하고, 다른 한편으로는 그처럼 느리게 변하는 대중의 여론을 조만간 전환시켜 인류가 직면한 재앙을 예방할 수 있는 행동을 하루빨리 실천해야 하기 때문이다.

그렇다면 가장 중요한 책임은 철학자와 철학자 겸 학자들(philosopher-scientists)에게 돌아가는데, 이들은 새로운 패러다임의 사회정치적 중요성을 포착하고 평가함으로써 일반 대중의 사고방식을 혁신할 수 있는 모든 수단을 강구하고, 이제는 낡아버린 사유의 범주에 입각해서 계속 사고할 경우 초래될 위험을 정치인 스스로 느낄 수 있도록 도와주어야 한다. 이제 그들은 비할 바 없는 매스커뮤니케이션 수단을 자유롭게 사용할 수 있게 되었는데, 그런 수단을 전통적인 교육 수단과 함께 사용함으로써 젊은이와 성인에게 모든 종류의 원자론과 그것을 활용한 사례는 적극적으로 회피하고, 전체의 시각에서 사유하는 습관은 적극적으로 획득하고 개발되어야 한다는 사실을 계속 교육하고 설득할 수 있어야 한다.

일단 이런 사유의 습관이 광범위한 영역에서 뿌리를 내리면 보통 지성인의 힘만으로도 일반 대중이 이용 가능한 증거로부터 분명한 결론을 끌어내고, 인류의 앞날을 암울하게 만드는 일촉즉발의 위험을 충분히 이해함으로써 그들의 정치 지도자에게 적절한 행동을 취하도록 압력을 행사하게끔 만들 수 있을 것이다. 이런 정치 지도자가 단순히 자국의 경계 내에서 행동하는 것은 어리석은 일이라는 것, 아울러 인류 전체의 이익을 우선시하는 세계적 차원의 조정된 행동이 반드시 필요하다는 것 등을 자각하게 하는 것도 대단히 중요하다.

새천년을 맞이할[11] 준비를 하는 과정에서 동원된 모든 열정 중에서 세계가 직면한 문제를 신속하고 적절하게 해결하려는 노력은 거의 보이지 않는 것 같다. 새천년을 가장 고급스럽게 기념하는 방법은 거대한 기념비와 대규모 돔 건물을 짓는 것이 아니라, 현대 과학의 메시지를 수용한 새로운 철학적 분석으로부터 고취된 사회, 경제, 정치 각 분야의 통합을 지향하는 세계적 운동을 시작하는 것이다. 바로 이것이 가장 중요한 새천년 프로젝트가 되어야 하지만, 현재 그런 종류의 조짐을 보이는 사례는 거의 보이지 않는다.

아마도 위와 같은 운동을 진작시키려면 퍼그워시(Pugwash)처럼 어떤 분야의 권위자와 전문가 회의를 소집해서 현재 세계가 처한 조건과 문제를 해결하고 생존을 진작시키는 데 필요한 행동을 보고할 필요가 있다. 그러나 이런 목적을 달성하기 위해서는 올바른 성격의 리더십이 필요하다는 사실을 다시 한 번 강조하고 싶다. 무엇보다도 필요한 행동에 역점을 두어야 한다. 그러나 과거의 경우에는 자연과학자들의 회의에서 환경파괴의 진행상황을 보고하기는 했지만, 파괴적 과정을 반전시키려면 어떤 방책을 채택해야만 하는가에 관해서는 거의 얘기하지 않았다. 게다가 필요한 행동을 강조하기 시작했다면 실질적으로 법을 제정하고 집행할 수 있는 효과적인 정치 및 법률 수단도 함께 마련해야 할 것이다.

인류와 그 밖의 생명체가 21세기에도 계속 생존할 수 있으려면 전체적 시각에서 사고하는 방법을 배우는 것이 필수적이다. 20세기 자연과학적 패러다임이 반드시 새천년 사고방식의 본질적 요소

---

11) 이 책의 원서는 2000년도에 출간되었다. – 옮긴이.

로 자리를 잡아야 하며, 새천년의 목표는 통일된 세계 조직을 출범시키는 것이 되어야만 한다. 인류의 통합이 새로운 시대의 슬로건이 되어서 우리의 모든 사고와 행동을 북돋아야 한다. 차이 안에서 전체의 통합을, 그리고 차이를 통해서 전체의 통합을 강조하는 것이 본질적인 요소다. 지역에서 이루어지는 모든 행동은 반드시 세계적인 시각을 확고하게 견지해야 한다.

『파멸의 묵시록』과 한국 인문사회과학[*]

이현휘

한국 인문사회과학의 위기를 우려하는 목소리가 10여 년 이상 계속 들려온다. "1996년 11월 제주대학에서 전국 21개 국공립대학 인문대 학장들이 모여 '인문학 제주선언'을 한 적이 있고, 2001년에는 전국 국공립대 인문대학협의회 차원에서 인문학 연구 교육기반 붕괴를 우려하는 '2001년 인문학 선언'을 내놓은 적이 있다."[1] 2006년 9월 15일 고려대학교 문과대학 교수 일동은 '인문학 선언'을 발표하면서 "무차별적 시장 논리와 효율성에 대한 맹신이 팽배한 우리 사회에서 인문학은 그 존립 근거와 토대마저 위협받는 중대한 기로에 서 있다"[2]고 주장했다. 그러자 같은 해 9월 26일 전국

---

[*] 이 글을 읽고 논평을 해주신 경성대학교 권용립 교수님께 감사의 말씀을 드린다.

1) 박경미, "지식인과 염치," 『녹색평론』 91(2006), p. 114.

2) "고려대학교 인문학 선언 전문," 『노컷뉴스』(2006. 9. 15.)

93개 대학 인문대학장단이 이화여대에 모여 '오늘의 인문학을 위한 우리의 제언'을 발표하고, "인간의 삶은 자연과 생명에 대한 경외심을 상실한 채 폭력적인 무한경쟁으로 치닫고 있다. 인종과 이념 및 종교의 갈등과 생태계 파괴도, 그 원인을 따져보면 인문학 경시풍조와 맞물려 있다"[3]고 역설했다. 2009년 8월 20일에는 전국사회과학대학장 협의회가 프레스센터에서 "한국의 사회과학, 이대로 좋은가?"를 주제로 세미나를 개최하고, "작금의 사회과학 위기를 극복하기 위해서는 총체적 점검과 대안을 마련하는 것이 시급하다"[4]고 주장했다.

이들의 선언문을 주의 깊게 읽어보면 반복해서 확인할 수 있는 하나의 전제가 있는데, 한국의 인문사회과학을 '구원'의 대상으로 보는 시각이 바로 그것이다. 다시 말해서 인문사회과학 그 자체는 별로 문제가 없는데, 인문사회과학의 밖에서 존재하는 각종 요인들, 예컨대 신자유주의의 여파와 대학의 상업화,[5] 정부의 빈약한 재정지원,[6] 폐쇄적인 대학운영 시스템,[7] 교수의 안이한 의식 구조,[8] 국내 우수학자를 육성하지 못하는 교육 시스템[9] 등이 인문사회과학의 건전한 발전을 방해한다고 파악한다. 이런 진단은 학문 외적인 요인이 개선될 경우 학문 그 자체의 구원이 가능할 것이라

---

3) "전국 인문대학장단 성명 전문," 『연합뉴스』(2006. 9. 25.)

4) "사회과학의 위기, 총체적 점검과 대안 마련해야," 『오마이뉴스』(2009. 8. 22.)

5) "고려대학교 인문학 선언 전문," 앞의 기사.

6) "전국 인문대학장단 성명 전문," 앞의 기사.

7) "교수들 시대흐름 못 읽고 그들만의 게임하고 있어," 『중앙일보』(2008. 5. 9.)

8) "인문학 위기 탈출은 교수 의식변화로부터," 『조선일보』(2008. 5. 9.)

9) "인문사회과학 위기 원인은 학자 육성하지 못하는 교육시스템," 『동아일보』(2006. 9. 19.)

는 추론을 함축한다. 그런가 하면 인문학 위기의 실상은 인문학 자체의 위기가 아니라, 인문학자의 위기일 뿐이라고 역설하는 시각도 있다.[10] "오랜 인류역사와 함께해온 인문학은 위기를 모르는 학문이다. 위기를 통해 더욱 강해진다. 위기를 겁내지도 않는다."[11] 그러나 어느 시각을 취하든 위기의 원인을 인문사회과학 '밖에서' 찾는다는 점에서는 양자가 다를 게 없다.

하지만 에롤 해리스에 따르면 인문사회과학은 구원의 대상이 아니라 '폐기'의 대상이다. 해리스가 지목하는 인문사회과학은 구체적으로 뉴턴 패러다임[12]에 입각해서 구성된 '근대' 인문사회과학 일반을 의미하는데, 바로 이들이 만들어낸 근대문명이 인류의 미래를 파멸로 강제하는 궁극적 원천이라고 판단하기 때문이다. 뉴턴 패러다임은 20세기 초반의 2차 과학혁명(the second scientific revolution)[13]을 통해서 완전히 붕괴되었다. 그러나 인문사회과학은 그것에 상응하는 '2차 인문사회과학혁명'을 100여 년이 지난 현재까지 제대로 성취하지 못했고, 그러다 보니 낡은 근대문명을 혁신하는 과제를 방기할 수밖에 없었다. 한마디로 인류가 지금처럼

<ol start="10">
<li>이어령 인문주간 기조강연, "인문학은 지팡이 없어 못 걷는 노인학문 아니다," 『중앙일보』(2006. 9. 27.), 김재홍 인터뷰, "인문학, 언제나 위기였지만 결코 위기 아니다." 『오마이뉴스』(2006. 12. 18.), "대중 지식 시대 … 병든 건 학문 아닌 대학 …," 『한국일보』(2007. 1. 1.)</li>
<li>박정신, "인문학 위기? 인문학 교수들의 '밥벌이 위기' 일 뿐," 『신동아』 566(2006), pp. 442-445.</li>
<li>여기에서 패러다임 개념은 토머스 쿤이 아니라 해리스가 정의한 개념을 의미하는데, 그것은 우주론 내지 세계관을 지칭하는 넓은 의미를 갖는다.</li>
<li>Milič Čapek, "The Second Scientific Revolution," Jack R. Sibley et al., eds., *Process Philosophy: Basic Writing* (Washington: University Press of America, 1978), pp. 299-321.</li>
</ol>

위기에 처한 까닭은 궁극적으로 인문사회과학의 지적 지체(intellectual lag)에서 연유한 것이었는데, 그렇다면 누구를 위해 그처럼 낡고 병든 인문사회과학을 구원해야 한단 말인가?

물론 인문사회과학 역시 지난 한 세기 동안 자체의 혁신을 위해 다양한 노력을 경주하지 않은 것은 아니다. 그러나 그런 노력은 대부분 인문사회과학의 심층에 깔린 뉴턴 패러다임을 비판적으로 성찰하는 형이상학적 성찰(metaphysical reflections)을 철저히 수행하지 못한 상태에서 이루어졌으며, 그로 인해 근대 인문사회과학의 '굴레'를 넘어서지 못하는 한계를 보였을 뿐이다(제3장).[14] 일찍이 화이트헤드는 "하나의 학문이 **임시방편** 가설의 메들리(a medley of ad hoc hypotheses)를 반복하지 않도록 만들려면 반드시 철학적 성찰을 수행해서 그 학문의 기초를 철저히 비판해야 한다"[15]고 역설한 바 있다. 여기에서 학문의 기초란 학자들 다수가 무의식적으로 가정하는 근본전제(fundamental assumptions)를 의미한다.

어떤 시대의 철학을 비판하고자 할 때 그 철학의 주창자들이 명백하게 옹호할 필요가 있다고 느끼는 그들의 지적 입장에만 주의를 집중해서는 안 된다. 그 시대에 통용되는 온갖 다양한 학설의 옹호자들 모두가 무의식적으로 가정하는 몇 가지 근본전제가 있는 법이

---

14) 괄호 안의 장과 쪽 표시는 『파멸의 묵시록』의 장과 쪽을 지칭한다. 20세기 인문사회과학의 반형이상학적 전통과 그것이 초래한 지적 지체에 관해서는 다음 자료도 함께 참조. Errol H. Harris, *The Restitution of Metaphysics* (New York: Humanity Books, 2000), pp. xi-xiv, 1-6.

15) Alfred N. Whitehead, *Science and the Modern World* (New York: The Macmillan Co., 1950), p. 25.

다. 그러한 전제들은 지극히 명백한 것처럼 보이고, 또 지금까지 그
것과 다른 전제 위에서 생각해본 적이 거의 없었기 때문에 그들은
자신이 무엇을 전제하는지조차 모르는 경우가 많다. 그런 전제 위
에서 몇 가지 유형의 철학체계가 성립되고, 다시 그런 체계들이 한
데 모여 그 시대의 철학을 형성한다.[16]

그런데 문제는 학문의 근본전제가 학자들의 무의식 세계에서
존재하기 때문에 그것을 분명하게 자각하고 비판하기가 대단히 어
렵다는 데 있다. "매 시대에는 그곳의 다양한 사유의 형식을 총괄
하는 하나의 일반적 형식(a general form of the forms of thought)
이라는 것이 있기 마련이다. 그리고 그러한 일반적 형식은 마치 우
리가 호흡하는 공기처럼 매우 투명하고 광범위한 영역에 퍼져서 지
극히 당연한 것처럼 보이기 때문에 오직 심혈을 기울이는 경우에
한해서만 가까스로 확인할 수 있다."[17] 따라서 근본전제를 비판적
으로 성찰할 수 있으려면 일상의 친숙함을 더 이상 당연시하지 않
는 매우 예리한 시각을 동원해야 한다. "일상의 친숙한 사건들은
여느 때와 같이 발생하기 마련이다. 따라서 인류는 더 이상 그것을
문제시할 필요성을 느끼지 않는다. 바로 그렇기 때문에 우리에게
명백하게 보이는 사실의 분석을 수행할 수 있으려면 대단히 비범한
안목(a very unusual mind)이 필요하다."[18] 지난 한 세기에 걸친 인
문사회과학자의 치열한 노력에도 불구하고 2차 인문사회과학 혁명

---

16) Ibid., p. 71.
17) Ibid., pp. 19-60.
18) Ibid., p. 6.

이 창출되는 대신, 임시방편 가설의 메들리만 반복되었던 것은 그
래서 우연이 아니었다. 그러나 문제는 여기에서 그치지 않는다. 인
문사회과학의 지적 지체를 방치할 경우 인간의 생존 그 자체를 더
이상 보장할 수 없는 문제가 발생하기 때문이다. "당대에 통용되는
추상의 체계를 돌파해 낼 수 없는 문명은 매우 제한된 기간의 진보
만을 이룩한 이후 장기간에 걸쳐 점진적으로 시들어질 운명에 처하
게 된다."[19)

　『파멸의 묵시록』은 화이트헤드의 문제의식을 충실하게 계승한
작품이라고 할 수 있다. 그러나 이 글에서는『파멸의 묵시록』의 내
용을 평면적으로 소개하는 대신,『파멸의 묵시록』의 시각에서 한국
인문사회과학의 현주소를 비판적으로 성찰하는 방식을 취해보고
자 한다. 그랬을 때『파멸의 묵시록』그 자체의 내용과 가치뿐만 아
니라, 한국 인문사회과학의 미래를 위해 우리가 복무해야 할 과제
까지도 선명하게 파악할 수 있을 것이라고 판단하기 때문이다. 한
국 인문사회과학의 위기를 논할 때마다 빠짐없이 등장하는 몇 가지
처방책이 있는데, 예컨대 두 문화(two cultures) 간의 대화, 통섭
(consilience), 복잡계(complexity) 등이 좋은 사례라고 할 수 있다.
하지만 이들은 모두 자체의 근본전제 내지 개념적 도식(conceptual
schemes, 해리스가 선호하는 용어로서 근본전제와 같은 뜻임)이
여전히 뉴턴 패러다임에 머물러 있다는 사실을 분명하게 자각하지
못한 상태에서 제시되었다. 따라서 현재 그곳에서 송출되는 수많은
레토릭은 한국 인문사회과학의 패러다임 위기를 해소할 수 있는

---

19) Ibid., p. 86.

'복음'이 아니라, 공중누각에서 남발하는 무책임한 아우성일 뿐이다. 이들 각각을 대상으로 형이상학적 성찰을 시도하면서 문제의 실상을 구체적으로 파악해보자.

1. 두 문화 간의 대화?

C. P. 스노우는 1959년 캠브리지 대학 리드 강연(the Rede Lecture, 1959)에서 유명한 두 문화(the two cultures) 문제를 제기했다. 그는 서구 지성계가 두 개의 문화, 즉 문학적 지식인의 진영과 물리학자가 대표하는 자연과학자 진영으로 양분되어 양자 간의 소통이 거의 불가능한 지경에 이르렀다고 진단했다.[20] 이처럼 두 문화가 극단적으로 분리됨에 따라 서구 사회는 막대한 손실을 체험했는데, 그중에서도 특히 두 문화가 조우할 때 창출되기 마련인 문화적 창조의 기회를 스스로 포기하게 된 것이 가장 큰 손실이라고 지적했다.[21]

두 문화 문제의 심각성을 인식한 스노우가 그것의 해법으로 제시한 것은 양자 간의 '대화'였다. 오영환이 스노우의 저작을 우리말로 옮기면서 '과학과 인문학의 조화로운 만남을 위하여'라는 부제를 추가한 것도 그 때문이었다. 두 문화 간의 대화를 강조하는 스노우의 테제는 국내외 학계에 강력하게 어필했다. 많은 학자들이

---

20) C. P. 스노우, 오영환 옮김, 『두 문화: 과학과 인문학의 조화로운 만남을 위하여』(사이언스북스, 2001), pp. 14-15.
21) 같은 책, p. 29.

인문사회과학의 위기를 논할 때면 으레 스노우를 인용하면서 두 문화 간의 대화를 역설하기 때문이다.[22] 예컨대 김영식은 "인문학의 위기란 바로 인문학과 과학을 포함한 여러 전문 지식 사이의 분리와 격리 때문에 일어난 것이라고 볼 수 있다. … 오늘날의 인문학의 과제는 과학기술을 반대하고 극복하고 회피하고 격리하거나 과학기술과 경쟁하는 것이 아니라 과학기술을 포용하고 이해하고 사용하고 다루는 것"[23]이라고 지적한다. 홍성욱 역시 과학과 과학학(science studies) 간에 벌어진 과학전쟁(science war)[24]보다는 양자 간의 대화가 더욱 바람직하다고 제안한다. "적어도 상대와 대화를 원하는 과학자나 과학학자라면 서로의 글쓰기 스타일의 차이만이 아니라, 그 속 깊숙한 곳에 숨겨져 있는 과학과 사회에 대한 서로 다른 이미지를 인식해야" 하며, "이기기 위해서 적을 이해하는 것이 아니라, 상대를 대화와 토론 상대로 인정하기 위해서 서로의 세계관을 조금 더 자세히 이해하는 것이 절실"하다.[25]

---

22) 스노우의 문제의식에는 공감하되, 스노우와 다른 방식으로 두 문화 문제의 해결을 시도한 사례로는, Richard E. Lee and Immanuel Wallerstein, eds., *Overcoming the Two Cultures: Science versus the Humanities in the Modern World-System* (Boulder: Paradigm Publishers, 2004). Boavetura de Sousa Santos, ed., *Cognitive Justice in a Global World: Prudent Knowledges for a Decent Life* (Lanham: Lexington Books, 2007).

23) 김영식, 『과학, 인문학 그리고 대학: 과학과 인문학을 아우르는 학문 이야기』(생각의 나무, 2007), pp. 123-124.

24) 이른바 소칼의 날조(Sokal's Hoax)로 정점을 이룬 과학자와 포스트모던 사상가 내지 과학학자 간의 논쟁을 의미한다. 자세한 내용은, 홍성욱, "누가 과학을 두려워하는가: 최근 '과학전쟁'(Science Wars)의 배경과 그 논쟁점에 대한 비판적 고찰," 『한국과학사회학회지』 19:2(1997), pp. 151-179.

25) 홍성욱, "'과학전쟁'이 아닌 '두 문화' 사이의 대화는 얼마나 가능한가?" 홍성욱, 『과학은 얼마나』(서울대학교출판부, 2004), p. 94. 그러나 과학전쟁은 두 문화 진영이 각각 상이한 세계관을 견지했기 때문에 발생한 것이 아니었다. 그것은 두 진영 모두

한국 학계에서 두 문화 간의 대화를 통해 두 문화 문제를 해결하려는 시도는 약 4년여에 걸친 도정일과 최재천의 대화를 통해 절정에 달했다. 이들의 대화를 정리한 『대담: 인문학과 자연과학이 만나다』가 2005년 초판을 발행한 후 2009년 현재 9쇄를 발행했다는 사실은 두 문화의 대화를 역설한 스노우의 테제가 한국사회에 여전히 어필하고 있음을 보여준다. 최재천은 대담을 마친 후 다음과 같은 소감을 피력했다.

도정일 선생님을 만나 대담을 시작한 지 4년이란 시간이 흘렀습니다. … 막상 우리 인문학계를 대표할 만한 선배 학자와 마주 앉아 학문의 경계를 넘나들 생각을 하니 솔직히 걱정이 앞섰습니다. … 하지만 이 같은 걱정들은 대담의 목적이 무엇보다도 배움에 있다는 걸 깨닫고부터는 '눈 녹듯' 사라졌습니다. … 제가 금방 '눈 녹듯'이란 표현을 썼습니다. 어쩌면 '눈 녹이기' 라고 번역해야 할 것 같은 'Melting Snow' 가 바로 대담 내내 제가 붙들고 있던 문제의식이었습니다. 제가 여기서 말하는 'Snow' 는 겨울에 내리는 '눈' 이 아니라 1959년에 과학과 문학을 근본적으로 융화되기 어려운 두 문화로 규정했던 스노 경(Sir C. P. Snow)을 일컫는 말입니다. 대담 내내 저는 인문학과 자연과학 사이에 쌓여 있는 '눈' 을 녹여보려고 끈질기게 군불을 지폈습니다. … 그간의 대담을 통해 거의 반세기

가 '물질과 정신의 분리' 를 요체로 삼는 뉴턴 패러다임을 전제했기 때문에 발생했으며, 그런 한에 있어서는 양자 간의 대화가 원천적으로 불가능했다. 이에 대해서는 아래에서 상술. 뉴턴 패러다임을 대체한 화이트헤드의 우주론에 입각해서 과학전쟁을 창조적으로 지양한 사례로는, Isabelle Stengers, *The Invention of Modern Science*, trans. by Daniel W. Smith (Minneapolis: University of Minnesota Press, 2000).

전 스노가 쌓아놓은 눈을 다 녹였다고는 생각하지 않습니다. 하지만 제가 그렇게도 갈망하는 '학문의 통섭'에 대한 희망만큼은 확실하게 보았습니다. 저는 앞으로 이 소중한 씨앗에 물을 주며 싹 틔우는 일에 제 여생을 바치렵니다.[26]

도정일 역시 인문학과 자연과학이 만나야 하는 이유를 화이트헤드를 예로 들면서 다음과 같이 설명한다.

철학자 화이트헤드가 한 말에 "과학과 기술, 종교와 예술은 삶의 토대다"라는 것이 있어요. 『교육의 목적』이라는 책에서였지요. 사실 그 네 가지 활동영역들은 삶의 토대만이 아니라 인간 문명의 토대를 이룹니다. 그런데 그 가운데 두 개, 즉 종교와 예술은 인문학의 영역이고 두 개는 크게 과학의 영역입니다. 인문학 영역들과 과학기술의 영역들이 함께 문명의 토대를 이룬다면 그 토대들 사이에 접합·교섭·대화가 없을 수 없습니다.[27]

그러자 최재천은 도정일의 주장을 직접 인용하면서 "이제 인문학과 자연과학이 떡처럼 한데 붙어 성찰과 창조를 통해 황폐화된 인성을 함께 구원해야 한다는 점에는 동의한다"고 말했다.[28]

그러나 스노우의 테제는 충분히 따져보지도 않은 채 믿어버린 일종의 '세속종교'와 같은 것이었다. 두 문화 간의 대화는 원칙적

---

26) 도정일·최재천, 『대담: 인문학과 자연과학이 만나다』(휴머니스트, 2005), pp. 600-601.
27) 같은 책, pp. 86-87.
28) 최재천, "우물을 깊게 파려면 우선 넓게 파라," 최재천·주일우 엮음, 『지식의 통섭: 학문의 경계를 넘다』(이음, 2007), pp. 299-300.

으로 불가능하며, 지금까지 그것이 성공적으로 성취된 사례도 없기 때문이다. 화이트헤드가 마치 두 문화 간의 대화를 옹호한 것처럼 얘기하지만, 화이트헤드는 그렇게 얘기한 적이 없으며, 오히려 두 문화 간의 대화는 불가능하다고 말했을 뿐이다. 두 문화 문제는 물질(자연)과 정신(사회)을 완전히 분리시킨 상태에서 구성된 뉴턴 패러다임(p. 53) 그 자체의 성격으로부터 파생된 불가피한 현상이었다. 근대의 자연과학은 물질의 지평에서 구성된 반면, 근대의 인문사회과학은 대체로 정신의 지평에서 구성되었으며, 따라서 양자 간의 대화는 원천적으로 불가능했다. 물질과 정신의 분리라는 개념적 도식은 갈릴레오가 도입한 일차성질과 이차성질을[29] 철학적으로 수용하면서 마련된 것이었는데(p. 52), 다시 일차성질과 이차성질의 궁극적 기원은 자연을 실체와 속성의 분리라는 자연 이분의 이론(theories of the bifurcation of nature)[30]에 입각해서 파악했던 그리스인의 사유양식으로 거슬러 올라갈 만큼 장구한 전통을 갖는다.[31] 따라서 물질과 정신의 분리를 토대로 구축된 근대문명은 정복이 거의 불가능할 만큼(the invincibility of the moderns)[32] 확고하게 구축되었으며, 그럼에도 불구하고 그것의 극복을 시도한 수많은 인문사회과학 이론은 오히려 물질과 정신 간의 강고한 간극

---

29) Alfred N. Whitehead, "The First Physical Synthesis," in Whitehead, *Essays in Science and Philosophy* (New York: Philosophical Library, 1948), pp.173-174.

30) Alfred N. Whitehead, *The Concept of Nature* (London: The Cambridge University Press, 1955), pp. 30-31.

31) Cf. Michael Halewood, "A. N. Whitehead, Information and Social Theory," *Theory, Culture & Society* 22:6 (2005), pp. 73-94.

32) Bruno Latour, *We Have Never Been Modern*, trans by Catherine Porter (Cambridge, Massachusettes: Harvard University Press, 1993), pp. 37-39.

(great divide)을 더욱 확장시키는 결과를 초래했을 뿐이다.[33] 이런
상태에서 두 문화 간의 대화를 시도할 경우 어느 일방에 입각해서
타방을 흡수하는 환원주의가 불가피한데, 이는 두 문화 문제를 해
결한 것이 아니라 더욱 심화시킨 것에 지나지 않았다. 김환석은 이
점을 다음과 같이 적절하게 지적한다.

> 자연/사회라는 이원적 존재론에 머물 때 두 문화를 극복하려는
> 시도는 결코 성공할 수가 없다. 서로 상반된 시도들이지만 좋은 예
> 가 바로 SSK의 사회적 구성주의와 사회생물학자 윌슨의 저서 『통
> 섭』[34]이다. … 전자와 후자 모두 두 문화를 극복하려 하지만, 전자
> 는 사회에 기초하여 후자는 자연에 기초하여 그렇게 하려고 한다는
> 점에서 서로 상반된다. 공통점은 둘 다 환원주의라는 것이다. 둘은
> 서로 거울에 반영된 이미지와 같다. 자연/사회의 이원적 존재론이
> 지속되는 한 두 문화를 극복하려는 시도들은 이렇게 자연 아니면
> 사회로 환원되는 사태를 피할 수 없으며, 결국 그것은 두 문화의 진
> 정한 극복에 실패하고 만다. 따라서 두 문화의 진정한 극복은 자연/
> 사회의 이원적 존재론을 넘어서야 한다.[35]

한편, 20세기 초엽의 2차 과학혁명을 통해 뉴턴 패러다임은 완
전히 붕괴되었다. 그러나 뉴턴 패러다임에 입각해서 구성되었던 근
대 인문사회과학은 대체로 21세기 현재까지 여전히 건재한 '관성'

---

33) Ibid., pp. 55-59.
34) 에드워드 윌슨, 최재천 · 장대익 옮김, 『통섭: 지식의 대통합』(사이언스북스, 2005).
35) 김환석, "두 문화, 과학기술학, 그리고 관계적 존재론," 『문화과학』 57(2009), pp. 54-55.

을 유지하고 있다. 따라서 인문사회과학은 2차 과학혁명을 통해 성취된 자연과학에 비해 약 한 세기 간의 지적 지체를 유지하고 있다. 그렇다면 이들 간의 대화(두 문화의 대화)가 도대체 어떻게 가능할 수 있겠는가? 도정일의 주장과 상충하는 화이트헤드의 얘기를 직접 들어보자.

우리가 17세기부터 현재까지 과학사상이 전개된 일련의 과정을 개관할 경우, 두 가지 기이한 사실을 이내 발견할 수 있다. 첫째는 자연과학이 발전을 거듭하는 동안 저 최초의 상식적 관념이 지녔던 특징을 하나씩 점차 폐기시켰다는 점이다. 이제 그런 관념 중 '우주'를 해석하는 데 도움을 줄 수 있는 중요한 특성을 표현하는 것은 하나도 남아 있지 않다. 명백한 것처럼 보였던 상식적 관념은 모든 해석의 기초로 작용하는 기능에 관한 한 완전히 폐기되었다. 모든 항목이 차례로 당초의 지위를 박탈당했다.

17세기 이래의 과학사상에서 확인할 수 있는 또 하나의 두드러진 특징이 있다. 그러한 상식적 관념이 인류의 일상생활에서는 여전히 최고의 영향력을 행사한다는 사실이 바로 그것이다. 그것은 시장에서, 운동장에서, 법정에서, 그리고 사실상 인류의 사회적 교류 일반에서 여전히 지배적인 권세를 부리고 있다. 그것은 각종 문헌을 압도하고 있으며, 모든 인문학의 전제로 수용되고 있다. 따라서 자연과학은 인문학의 근본전제와 상충한다. 그러다 보니 양자를 화해시키려는 시도는 종종 어떤 종류의 신비주의를 전제하곤 한다. **그러나 일반적으로 양자 간의 화해란 불가능한 것이다.**[36]

그러나 인문사회과학의 지적 지체는 단순히 학문 영역에 국한된 문제로 끝나지 않는다. 해리스에 따르면 인문사회과학을 토대로 형성된 근대문명의 관성이 인류를 끊임없이 위기로 몰아넣는 원천으로 기능하기 때문이다. "(근대 인문사회과학에 입각해서) 형성된 사고방식과 행동양식의 관성은 너무도 강력한 나머지 20세기 초반 새로운 과학혁명이 발생했는데도 불구하고 아직까지도 여전히 건재한 상태에 있다. 나는 현재 인류가 직면한 곤경의 원천이 바로 여기에 있다고 믿는다"(p. 16). 그렇다면 인류의 과제는 '불가능한' 두 문화 간의 대화를 추구하는 데 있지 않다. 대신 인류의 파멸을 조장하는 낡은 인문사회과학을 우선적으로 폐기하고, 2차 과학혁명에 상응하는 '2차 인문사회과학 혁명'을 성취하는 한편, 그것을 바탕으로 인류의 공존과 공영을 기약하는 새로운 문명을 창출하는 데에서 찾아야만 할 것이다(제7장).

2차 인문사회과학 혁명은 2차 과학혁명에서 성취된 자연과학의 논리를 인문사회과학의 영역에 곧바로 적용하는 형태로는 성취되지 않는다. 해리스가 제시한 해법에 따르면 "현재 철학자가 완수해야 할 첫 번째 의무는 20세기 자연과학적 패러다임을 철학적으로 해석하는 것, 다시 말해서 콜링우드가 형이상학에 부여한 임무(과학의 자명한 전제를 눈에 띄게 드러내는 일)를 수행하고, 그곳에서 성취된 결과를 윤리학, 경제학, 정치학 등에 적용"(pp. 212-213)해야 한다. 지금으로부터 약 80여 년 전 화이트헤드는 17세기 및 20세기의 자연과학 성취를 형이상학적으로 성찰한 후,[37] 뉴턴 패러다임

---

36) Alfred N. Whitehead, *Modes of Thought* (New York: Cambridge University Press, 1956), pp. 177-178. 강조는 이현휘.

을 대체할 새로운 패러다임을 『과정과 실재』(*Process and Reality*)
라는 저서를 통해 제시한 바 있다.[38] 그는 자신이 서술적 일반화
(descriptive generalization)라고 지칭한 철학적 방법을 통해 작업을
수행했는데, 그것의 요체는 다양한 분과학문의 근본전제를 비판적
으로 성찰한 다음, 철학적 상상력을 발휘해서 그곳에서 상충하는
전제들을 화해시킬 수 있는 더욱 일반적 원리를 구성하는 것이었
다.[39] 화이트헤드는 『과정과 실재』에서 뉴턴 패러다임의 다양한 난
점을 해소했는데, 그중에서도 특히 자연 이분의 이론에 기초한 두
문화 문제를 해소하는 데 역점을 두었다.[40] 현재 세계 학계의 많은
학자들은 화이트헤드의 철학을 창조적으로 참조하면서 두 문화 문
제를 해소한 일련의 연구 성과를 제시하고 있는데, 예컨대 이자벨
스땅제(Isabelle Stengers),[41] 브루노 라투르(Bruno Latour),[42] 다나

---

37) Whitehead, *Science and the Modern World*.

38) Alfred N. Whitehead, *Process and Reality: An Essay in Cosmology* (New York: The
Macmillan Co, 1929). 이 책은 자연과학뿐만 아니라 세계 종교 및 서구 근대 인식론
을 형이상학적으로 성찰한 성과까지 창조적으로 수용하면서 구성되었다. 자세한 내
용은 다음 저서를 각각 참조. Alfred N. Whitehead, *Religion in the Making* (New
York: The Macmillan Co., 1926), Whitehead, *Symbolism: Its Meaning and Effect*
(New York: The Macmillan Co., 1927).

39) 많은 학자가 화이트헤드의 철학을 이해하는 데 어려움을 겪는 결정적 이유 중의 하
나는 서술적 일반화를 피상적으로 이해한 상태에서 화이트헤드의 저서를 접하기 때
문이라고 할 수 있다. 서술적 일반화를 정확하게 이해하려면 다음 자료를 참조.
Creighton Peden, "Whitehead's Philosophy: An Exposition," in Charles Hartshorne
and Creighton Peden, *Whitehead's View of Reality* (New York: The Pilgrim Press,
1981), pp. 37-64. A. H. Johnson, *Whitehead's Theory of Reality* (Boston: The
Beacon Press, 1952), pp. 7-11. A. H. Johnson, *Whitehead and His Philosophy*
(New York: University Press of America, 1983), pp. 151-189.

40) 이자벨 스땅제의 해석이다. 자세한 내용은, Isabelle Stengers, "A Constructivist
Reading of Process and Reality," *Theory, Culture & Society* 25:4 (2008), pp. 98-99.
Bruno Latour, "What Is Given in Experience?" *boundary* 2 32:1 (2005), p. 227.

해러웨이(Donna Haraway),[43] 마이클 헤일우드(Michael Halewood)[44] 등이 좋은 사례라고 할 수 있다. 이들은 두 문화 문제가 해결되어야 한다는 '선언'을 더 이상 반복하지 않는다. 대신 그것을 해소한 성과를 구체적으로 제시하면서 2차 인문사회과학 혁명을 선도하고 있는데, 이런 모습은 한국 인문사회과학자와 좋은 대조를 이룬다고 할 수 있다.

해리스는 화이트헤드의 철학을 비판적으로 수용했지만,[45] 해리스의 학문적 역정을 전반적으로 검토해보면 화이트헤드 및 그의 계승자들과 유사한 노선을 걸었다는 사실을 확인할 수 있다. 그 역시 2차 과학혁명의 성취를 형이상학적으로 성찰한 다음, 2차 인문사회과학의 혁명을 가능케 하는 개념적 도식을 독자적으로 설계했으며,[46] 그런 작업이 앞으로도 계속 지속되어야 한다고 역설했기 때문이다.[47] 해리스가 90세에 집필한 『파멸의 묵시록』은 그의 학문적

---

41) Bruno Latour, "Foreword: Stengers's Shibboleth," in Isabelle Stengers, *Power and Invention*, trans by Paul Bains (Minneapolis: University of Minnesota Press, 1997), p. xi.

42) Miriam Fraser, "The Ethics of Reality and Virtual Reality: Latour, Facts and Values," *History of the Human Sciences* 19:2 (2006), p. 48. Graham Harman, *Prince of Networks: Bruno Latour and Metaphysics* (Melbourne: Re.Press, 2009), p. 6.

43) 다나 J. 해러웨이, 민경숙 옮김, 『겸손한_목격자@제2의_천년. 여성인간©_앙코마우스™를_만나다』(갈무리, 2006), pp. 296-297. Cristina Palli Monguilod, "Difference that Matter: On Love in the Kennel of Life," *Athenea Digital* 10 (2006), p. 252. Miriam Fraser, Sarah Kember and Celia Lury, "Inventive Life: Approaches to the New Vitalism," *Theory, Culture & Society* 22:1 (2005), p. 4.

44) Michael Halewood, "Subjectivity and Matter in the work of A. N. Whitehead and G. Deleuze: Developing a Non-essentialist Ontology for Social Theory," Ph. D. thesis, Goldsmith's College, University of London, 2003.

45) 해리스가 화이트헤드의 철학을 전반적으로 검토한 내용으로는, Errol E. Harris, *Nature, Mind and Modern Science* (London: Routledge, 2002), Chap. XIX The Philosophy of Organism.

역정을 간결하게 종합한 책이라고 할 수 있는데, 제5장은 2차 과학 혁명의 성취를 형이상학적으로 성찰한 내용과 2차 인문사회과학 혁명을 가능케 하는 개념적 도식의 핵심을 압축해서 제시하고 있다. 따라서 해리스는 제5장에서 두 문화 문제를 해소할 수 있는 또 하나의 대안을 제시한 셈이다. 제6장은 제5장에서 마련한 개념적 도식을 바탕으로 2차 인문사회과학 혁명을 성취하고자 했을 때, 개별 분과학문이 갖추어야 할 조건을 조목조목 짚어주고 있다. 따라서 『파멸의 묵시록』은 우리가 두 문화 문제를 해결하고자 할 때 의미 있게 참조할 수 있는 하나의 크리티컬 레퍼런스라고 할 수 있다.

2. 통섭인가, 잡박인가

인문사회연구회가 2004년에 발간한 『인문정책연구총서』는 한국 인문사회과학의 위기를 해소할 수 있는 해법 중의 하나로 학문 간의 벽을 허물 것을 제안한 바 있다. "연구진들은 자연과학·인문과학·사회과학으로 구분 짓는 이른바 '과학의 3분리 모델'의 극

---

46) Errol E. Harris, *The Foundations of Metaphysics in Science* (London: Allen and Unwin, 1965). 해리스 역시 2차 과학혁명뿐만 아니라 세계 종교 및 서구 근대 인식론을 형이상학적으로 성찰하면서 자신의 개념적 도식을 설계하고자 했다. 자세한 내용은 각각 다음 저서를 참조. Harris, *Cosmos and Theos: Ethical and Theological Implications of the Anthropic Cosmological Principle* (New Jersey: Humanities Press, 1992). Harris, *Atheism and Theism* (New Jersey: Humanities Press, 1992). Harris, *Hypothesis and Perception: The Roots of Scientific Method* (London: Allen & Unwin, 1970).

47) Errol E. Harris, "The New Physics and the Need for a New Metaphysics," in Harris, *The Restitution of Metaphysics* (New York: Humanity Books, 2000), pp. 96-104.

복을 주장한다. 19세기에 굳어진 3분리 모델은 21세기 인문학 위기의 핵심이다. … 연구진들은 횡단적 이성을 대안으로 제시한다. 인문·자연·사회과학은 물론 때로 정책과 기술적 합리성의 영역까지 넘나들자는 것이다."[48] 분과 학문 간의 소통을 포기한 채 진행되는 지식의 전문화가 학문의 위기를 초래한다는 진단은 옳다고 평가할 수 있다. 화이트헤드 역시 지식의 전문화가 자족적으로 전개될 때 틀에 박힌 정신(mind in a groove)을 낳게 되고, 그런 정신은 다양한 정신적 탐험을 방해하며, 그럴 경우 사물의 전모를 통관할 수 있는 균형 감각이 실종될 위험이 있다고 경고한 바 있다.[49] "세부사항에 편중된 진보가 이루어질 경우 전체를 조정하는 기능이 약화되는 데서 파생되는 위험만을 증가시킬 뿐이다."[50]

한국 학계에서 학문 간의 장벽을 허물어야 한다는 주장은 최재천이 제시한 '통섭'을 통해 절정에 달했다.

나는 이제 우리가 진리의 행보를 따라 과감히 그리고 자유롭게 학문의 국경을 넘나들 때가 되었다고 생각한다. 학문의 국경을 넘을 때마다 여권을 검사하는 불편한 과정을 생략할 때가 되었다. 진정한 세계화는 진리를 추구하는 학문의 영역들에서 먼저 일어나야 한다. … 그동안 우리는 이른바 학제적(interdisciplinary) 연구라는 걸 한답시고 적지 않은 시도들을 해왔다. 하지만 우리의 노력의 대

---

48) "인문학도 살아나리라: 벽을 허물라 … 학제를 바꾸라 … 제대로 평가하라," 『한겨레』 (2005. 2. 11.)

49) Whitehead, *Science and the Modern World*, pp. 282-283.

50) Ibid., p. 283.

부분은 단순한 여러 학문 분야의 연구자들이 제가끔 자기 영역의 목소리만 전체에 보태는 다학문적(multidisciplinary) 유희에 지나지 않았다. 이제는 진정 학문의 경계를 허물고 일관된 이론의 실로 모두를 꿰는 범학문적(transdisciplinary) 접근을 해야 할 때가 되었다. 이것이 바로 통섭의 시대를 맞이하는 길이다.[51]

이어서 말하기를,

만일 인간도 결국 자연계의 지배를 받는 동물의 한 종임을 인정한다면 인간의 모든 행위는 궁극적으로 자연과학으로 설명될 수 있어야 한다. 왜냐하면 인과관계란 모름지기 자연과학의 영역이기 때문이다. 물론 이 논리는 물리적 세계에 대한 우리의 이해가 완벽하거나 적어도 충분해야 한다는 걸 전제로 한다. 그래서 지금 당장은 모든 문제에 대한 통섭적인 해답을 찾을 수 없을지 모르지만, 물리적 세계에 대한 우리의 이해가 커질수록 통섭은 점점 더 가능해질 것이고 궁극적으로는 성취될 목표라고 생각한다.[52]

최재천이 역설한 통섭은 한국 사회에서 광범위한 반향을 불러일으켰다. 이제 통섭이라는 신조어는 한국인의 일상에서 빈번하게 사용될 만큼 친숙한 용어가 되었기 때문이다. 그런 가운데 다양한 비판 또한 제기되었는데, 예컨대 박이문은 최재천의 통섭 개념에 내재된 자연과학적 환원주의를 비판하면서 인문학 중심의 통섭을

---

51) 최재천, "옮긴이 서문: 설명한다, 그러므로 나는 존재한다," 윌슨, 『통섭』, pp. 20-21.
52) 최재천, "우물을 깊게 파려면 우선 넓게 파라," p. 307.

대안으로 제시했다.

    윌슨의 '통섭' 은 자연과학과 인문학의 '융합' 이 아니라 '환원' 적 통일을 뜻하며, 이때의 환원은 전자에 의한 후자의 흡수, 인문학의 자연과학화를 뜻한다. 이러한 환원주의는 지각적으로 서로 다른 현상들이 근본적으로는 변하지 않은 동일한 실재의 다양한 합성물에 지나지 않다는 결정론적 유물론의 형이상학에 바탕을 둔다. 그럼에도 불구하고 나는 윌슨의 사유 밑바닥에 깔려 있는 기계적 유물론적 형이상학과 그것에 기초한 그의 자연우주 세계관 및 인식론에 문제가 있다고 생각한다. 그리고 윌슨이 주장하는 학문의 환원적 흡수통일 즉 통섭이 꼭 필요하다면 그러한 통일은 그가 주장하는 바와는 반대로 자연과학으로 인문학이 흡수되는 것이 아니라 인문학에 의한 자연과학의 흡수로만 가능할 것이며 … 과학적 이론이 서술하는 자연이나 철학자, 종교인들이 말하는 세계는 시인, 예술가들이 그리는 세계나 인문학자들이 말하는 사건과 정도의 차이는 있지만 근본적으로는 모두 인간의 주관이 반영되어 있다. 왜냐하면 그것은 인간의 주관에 의해서 자각되고 구성된 것이기 때문이다. 이와 같이 볼 때 과학적 지식, 과학적 이론은 한결같이 넓은 의미에서 '인문학' 에 속한다. 과학이 그것이 어떤 종류이든 모든 의식, 인식, 신념, 설명, 이론 즉 학문은 다 같이 인문학적이다. 인문학을 대표하는 학문이 철학이라면 윌슨이 주장하는 것과는 달리 철학을 과학으로 환원해서 볼 것이 아니라 과학을 보다 더 철학적으로 생각해야 한다.[53]

박이문이 윌슨의 통섭 개념에 깔린 자연과학적 환원주의를 비판한 것은 타당한 비판이다. 환원주의 문제는 이미 오래전부터 국내외 많은 학자가 지적한 바 있다. '인간도 결국 동물이기 때문에 자연과학적 설명의 대상이 되어야 한다'는 최재천의 "설명한다, 그러므로 나는 존재한다"(Enarro, Ergo Sum)는[54] 슬로건은 자연과학적 환원주의를 단적으로 천명한 것이었다. 박이문이 지적한 '결정론적 유물론'의 문제도 타당한 지적이라고 할 수 있다. 해외의 많은 학자 역시 이 문제를 지적한 바 있는데, 예컨대 매커스 포드는 윌슨이 철학적 유물론(philosophical materialism)을 신봉하는 현대 사회의 대표주자라고 평가했다. "윌슨에 따르면 수많은 별의 탄생부터 온갖 사회적 제도의 작동에 이르는 모든 가시적 현상은 아무리 오랜 시간의 힘든 과정을 거치더라도 결국은 물리학의 법칙으로 환원할 수 있는 물질적 과정에 기초를 두기 때문이다."[55]

자연과학적 환원주의와 철학적 유물론이란 자연 이분 이론이 만들어낸 물질과 정신의 분리를 전제한 후, 정신의 지평에서 성립한 온갖 인문사회과학적 성취를 물질의 지평에서 성립한 자연과학적 성취로 '환원해서' 설명할 수 있다는 신념을 의미하며, 따라서 그것은 궁극적으로 뉴턴 패러다임에 전형적으로 귀속되는 것이었다(cf. p. 53). 윌슨의 『통섭』 전편에서 문화, 사회과학, 예술, 윤리, 종교 등을 대단히 비판적으로(적대적으로!) 서술하고 있는 까닭은

---

53) 박이문, 『통합의 인문학: 둥지 철학을 향하여』(지와 사랑, 2009), pp. 216-218.

54) 최재천, "설명한다, 그러므로 나는 존재한다," p. 19.

55) Marcus Peter Ford, *Beyond the Modern University: Toward a Constructive Postmodern University* (Westport, Connecticut: Praeger, 2002), pp. 62-63.

그래서 우연이 아니었다. 요컨대 두 문화 문제를 해결하기 위해 제시된 윌슨의 『통섭』은 두 문화 문제를 또다시 반복한 임시방편 가설의 전형에 지나지 않았다. 스땅제가 윌슨이 대표하는 사회생물학 및 진화심리학이 자연 이분의 오류를 부지불식간 반복했다고 지적하고,[56] 라투르가 윌슨은 물질과 정신 간의 강고한 간극(great divide) 사이에서 양자를 매개한 것이 아니라 철저히 전자에 포진한 자연과학주의(naturalization)의[57] 사도였다고 평가한 것도 그 때문이었다. 물론 이런 평가가 윌슨이 성취한 유전자 연구까지 폄하하는 것은 아니다. 그러나 그런 연구를 바탕으로 인문사회과학 전체를 통섭할 수 있다는 주장은 자연과학적 제국주의(scientific imperialism)를 강매하는 지극히 비학문적 주장일 뿐이었다.[58]

그러나 '자연과학 역시 인간 정신의 산물로 파악해야 한다' 는 박이문의 주장은 반쪽자리 진리(half truth)를 담고 있다. 인간 정신의 중요성을 강조한 그의 견해는 사실상 데카르트가 근대철학에 도입한 주관주의적 편견(subjectivist bias)을 반영하고 있다. "데카르트는 의식적 경험을 향유하는 주체를 실체(substances)로 간주하고, 그런 실체가 철학에 원초적인 데이터를 제공한다는 원리를 제시했는데, 이 때 그 데이터란 의식적 경험을 향유하는 주체 그 자신을 의미한다. 데카르트가 근대철학에 도입한 유명한 주관주의적 편

---

56) Isabelle Stengers, "Whitehead and Science: From Philosophy of Nature to Speculative Cosmology," http://www.mcgill.ca/files/hpsc/Whitmontreal.pdf (검색일: 2010. 1. 1.)

57) Latour, *We Have Never Been Modern*, pp. 5, 59-60.

58) Steven Shaviro, "Cosmopolitics," in The Pinocchio Theory, http://www.shaviro.com/Blog/?p=401 (검색일: 2010. 1. 1.)

견이란 바로 이 원리를 말한다. 그가 이 학설을 제시함으로써 플라톤과 아리스토텔레스 시대 이후 가장 위대한 철학적 발견을 성취했다는 사실은 의심할 여지가 없다."[59] 그러나 주지하듯 데카르트는 인간의 정신을 물질로부터 '분리'된 것으로 파악함으로써 이른바 뉴턴 패러다임의 '물심이원론'을 정초했다. 따라서 박이문이 '자연과학 역시 인간 정신의 산물로 파악해야 한다'고 말했을 때, 자연과학 역시 인간의 순수한 정신이 주관적으로 '구성'했다는 것을 의미했다. 이런 해석의 타당성은 박이문의 다음과 같은 인식론을 참조할 때 더욱 분명하게 확인할 수 있다.

"존재하는 것은 지각된 것이다"라는 버클리의 명제나, "사실은 존재하지 않고 해석만이 존재한다"는 니체의 명제나 "텍스트 바깥에는 아무것도 없다"는 데리다의 명제는 모두, "지식이란 사물이나 사실이 아니라 그러한 사물이나 사실의 인식주체에 의한 참된 관념"이라는 지식에 대한 나의 정의의 다른 표현에 불과하고, 나의 정의가 자명한 진리라면, 세 철학자들의 명제들도 똑같이 옳은 말이다.[60]

박이문의 인식론을 참작할 때, 그가 윌슨과 최재천의 자연과학적 환원주의를 비판하고 인문학 중심의 통섭을 역설한 까닭을 쉽게

---

59) Alfred N. Whitehead, *Process and Reality: An Essay in Cosmology*, corrected edition, ed. by David Ray Griffin and Donald W. Sherburne (New York: The Free Press, 1978), p. 159. 이하 『과정과 실재』는 1978년 교정본을 의미한다.

60) 박이문, 『통합의 인문학』, p. 206.

이해할 수 있다. 그러나 박이문의 주장 역시 뉴턴 패러다임의 물심
이원론을 전제했다는 점에서 인문학적 환원주의에 빠질 수밖에 없
었다. 따라서 박이문은 스노우의 두 문화 문제를 해결하기 위해 인
문학 중심의 통섭을 제시했지만,[61] 그의 기대와는 달리 두 문화 문
제를 또 다시 반복하는 임시방편 가설을 제시하고 말았다. 요컨대
최재천과 박이문 간의 논박은 물심이원론을 전제했다는 바로 그 이
유 때문에 앞에서 김환석이 지적한 오류를 정확하게 되풀이했을 뿐
이다. 그러나 문제는 여기에서 그치지 않는다. 박이문은 철학이 인
문학을 대표한다고 말하지만, 그래서 철학 중심의 통섭을 역설하지
만, 해리스에 따르면 20세기 철학은 전반적으로 2차 과학혁명의 성
취를 도외시한 채 18세기의 낡은 철학으로 회귀하는 반동적인 태
도를 취했으며(pp. 43, 85-86, 210-211), 따라서 인류 지성사의 전개
과정에서 지적 지체를 가장 극심하게 보여준 학문이었다(p. 83). 그
렇다면 철학 자체가 가장 우선적인 혁신대상이 되어야만 했는데,
어떻게 그처럼 낡고 병든 철학이 만학(萬學)을 아우르는 통섭의 중
추가 될 수 있다는 말인가?

　한편, 심광현은 최재천이 역설한 통섭이 자연과학 중심의 환원
주의적 통섭(統攝)이라고 비판하고, 예술을 매개로 인문학, 사회과
학, 기술과학 등이 수평적으로 만나는 비환원적 통섭(通攝)을 대안
으로 제시했다.[62] 심광현이 통섭의 이론적 근거를 마련하기 위해
착안한 인물은 비트겐슈타인이었다. 비트겐슈타인은 자신의 후기

---

61) 같은 책, p. 210.
62) 심광현, 『유비쿼터스 시대의 지식생산과 문화정치: 예술-학문-사회의 수평적 통섭을
　　위하여』(문화과학사, 2009), p. 11.

철학에서 '언어는 어떤 공통의 특성이 아니라 서로 겹치고 교차하는 유사성들의 복잡한 그물(a network of similarities)을 갖고 있을 뿐'이라는 이른바 가족 유사성(family resemblance)을 제시한 바 있다. "나는 이러한 유사성들을 가족 유사성이란 낱말에 의해서 말고는 더 잘 특징지을 수 없다. 왜냐하면 몸집, 용모, 눈, 색깔, 걸음걸이, 기질 등등 한 가족의 구성원들 사이에 존재하는 다양한 유사성들은 그렇게 겹치고 교차하기 때문이다."[63] 심광현은 자신의 통섭 개념이 이런 가족 유사성을 전제했기 때문에[64] 비환원적 통섭이 현실적으로 가능하다고 주장했다.

심광현 교수는 "'통섭'이라는 개념은 어원상 '함께 도약하기'(consilience=jumping together)를 뜻한다"며 "수많은 지식들이 양팔을 벌려 손을 잡고 함께 도약하면 다양한 유형의 지식들 간의 결합(학제 간, 복합, 융합, 통합 등) 방식이 나타날 수 있다"고 설명했다. 그는 "이런 유형의 도약의 귀결은 미리 결정될 수 없지만, 반복되다 보면 마치 여러 실들이 꼬이듯 여러 지식들이 중첩적으로 연결되어 수많은 지식들 간에 '가족적 유사성'이 형성될 수 있다"며 "이렇게 얻어지는 가족적 유사성은 결국 전체 지식들 사이의 소통을 강화하고 확산하게 될 것"이라고 밝혔다. 심 교수는 "이렇게 지

---

63) 루트비히 비트겐슈타인, 이영철 옮김, 『철학적 탐구』(책세상, 2006), p. 71. 가족 유사성 개념을 쉽게 설명한 사례로는, 박영식, 『서양철학사의 이해: 탈레스의 아르케에서 비트겐슈타인의 언어까지』(철학과 현실사, 2000), pp. 379-380.
64) "이 책에서 필자가 자주 사용하는 '통섭'(con-silience=jumping together)의 개념도 이 '가족 유사성' 개념을 전제로 구성한 것이다." 심광현, 『유비쿼터스 시대의 지식 생산과 문화정치』, p. 70.

식들 사이의 소통이 강화되면, 이제까지 서로 격리되어 있던 예술-
인문학-사회과학-과학기술-사회적 실천들 간의 중첩된 연결망의
전체 지도에 근접해 갈 수 있다”며 …[65]

이어서 말하기를,

지금 진행 중인 통섭은 철저히 기술공학 중심의 환원주의적 통
섭이다. 더구나 단기적으로 성과를 낼만 한 것에만 치중돼 있다. 카
이스트의 통섭 대학원은 놔두면서 한예종(한국예술종합학교)의 통
섭 교육을 없애는 것이 단적인 예다. 인문학, 사회과학, 자연과학이
균형적으로 융합되고 발전하기 위해서는 정부의 낡은 생각부터 바
꿔야 한다.[66]

심광현의 주장은 디지털 기술이 만들어낸 유비쿼터스 기반 인
프라 위에 예술적 상상력을 동원해서 각종 분과학문을 집합시킬 경
우 가족 유사성에 입각해서 비환원적 통섭이 자연스럽게 창발
(emergence)[67]될 것이라는 내용으로 요약할 수 있다. 그러나 가족
유사성은 비환원적 통섭의 이론적 기초가 될 수 없다. 해리스는 비
트겐슈타인의 전기 철학이 뉴턴 패러다임의 원자론을 전제한 상태

---

65) “학문 간의 벽을 깨라. 연결하고 도약하라: (통섭을 말하다 ②) 함께 도약하기,” 『프
    레시안』 (2009. 7. 30.) 자세한 내용은, 심광현, 『유비쿼터스 시대의 지식생산과 문화
    정치』, pp. 202-213.
66) “모든 지식에 수평적 가치 부여하는 통섭이 중요, 작금의 통섭은 단기성과 위주 기
    술공학에 치중,” 『한국일보』 (2009. 8. 11.)
67) 창발 개념의 문제점에 관해서는 제3절 참조.

에서 구성되었으며, 따라서 언어들 간의 관계는 서로 영향을 전혀 주고받지 않는 외적 관계(external relation)로만 정의된다고 지적했다(pp. 86-87). 통상 비트겐슈타인의 후기 철학은 전기 철학을 크게 수정한 것으로 평가되지만, 전기 철학에서 전제한 원자론은 후기 철학에서도 그대로 관철되었다.[68] 따라서 후기 철학에서도 언어들 간의 관계는 외적 관계로만 정의될 뿐이었다. 가족 유사성에서 정의하는 언어들 간의 관계가 대단히 자의적이고 우연적인 성격을 띨 뿐만 아니라,[69] 가족의 범위를 획정할 수도 없는 것은 그래서 우연이 아니었다. 그렇다면 가족 유사성을 바탕으로 집결한 각종 분과 학문은 외적 관계를 유지한 상태에서 단순히 병치(conjunction)될 수는 있을지언정, 비환원적 통섭으로 함께 도약하는 일은 결코 있을 수 없다. 특히 뉴턴 패러다임 내에서 두 문화 간의 대화가 불가능했고, 20세기의 인문사회과학이 한 세기 가까이 지적 지체를 보였다는 사실을 감안할 때, 그들을 유비쿼터스 환경으로 옮겨놨다고 해서 통섭이 이루어질 리는 만무하다. 심광현은 기술공학 중심의 통섭을 비판하지만, 기술공학 세계는 '디지털'이라는 공통의 언어가 있기 때문에 융복합이 가능한 것이었으며, 인문사회과학은 그것에 상응하는 언어를 아직까지 마련하지 못한 상태에 있다. 따라서 심광현의 통섭은 뉴턴 패러다임 내의 대부분의 인문사회과학이 당대의 물리학적 성취를 선망하면서(physics envy) 구성되었던 것처럼(제2장, 제3장, 제4장), 유비쿼더스를 피상적으로 선망하면서

---

68) Errol E. Harris, "The End of the Phase," in Harris, *The Restitution of Metaphysics*, pp. 63-64.

69) Cf. Ibid., p. 55.

(ubiquitous envy) 제시된 임시방편 가설의 일종일 뿐이다.

심광현이 화이트헤드 철학을 진지하게 검토했음에도 불구하고 통섭의 이론적 기초를 비트겐슈타인에서 찾은 것은 이해하기 어렵다. 그는 화이트헤드의 철학이 유비쿼터스 환경에서는 더 이상 적합하지 않다고 비판한다.

그렇다고 반세기 이전의 화이트헤드의 사상을 현재 그대로 적용할 수 있는 것은 아니다. 20세기 후반에 등장한 거대과학·기술 체계와 디지털 테크놀로지의 발전에 의해 과학적 합리성의 지반 자체가 크게 변동하고 있고, 유비쿼터스 컴퓨팅 기술의 확산에 의해 인간의 주체적 형식 역시 크게 변화하고 있기 때문이다. 이런 점에서 화이트헤드가 가정했던 모든 경험의 주-객 이중구조의 합생이라는 개념 역시 이제 돌이킬 수 없게 사회생활과 일상 속으로 스며든 미디어테크놀로지와의 합생이라는 새로운 과정을 설명할 수 있는 형태로 조정되어야 할 필요가 있다.

화이트헤드는 물리적 극과 정신적 극을 가진 합생의 과정을 최초의 순응적 느낌(파악, prehension)에서 개념적 느낌을 거쳐 단순한 비교적 느낌을 경과하여 복잡한 비교적 느낌 또는 지성적 느낌에 이르는 4단계 과정으로 설명했지만 경험의 미시적 차원을 설명하는 이렇게 미세한 개념으로는 우리가 일상적으로 지각하는 거시적 환경과 과학·기술, 그리고 신체와 두뇌와 마음의 복잡한 관계를 연결하여 설명하기는 매우 어렵다. 그의 우주론이 엄밀한 의미에서는 분명 과학과 과학의 비판자 모두에게 공통의 기초를 제공할 수 있는 장점을 가졌음에도 불구하고 아직까지도 널리 공유되지 못하고 있는 이유도 이런 점에서 기인한다. 이런 난점을 넘어서기 위해서는 화이트헤드의 사상을 오늘의 시대적 환경에 맞게 일상적으로 이해 가능한 언어와 체계로 번역하는 작업이 필요하다고 본다.[70]

그러나 심광현은 근본전제의 논리적 정합성 및 경험적 적실성을 추구하는 화이트헤드의 철학과[71] 근본전제 위에서 구성되는 각종 이론 간의 상이한 차원을 구분하지 못하고 있다. 심광현이 주목한 유비쿼터스 컴퓨팅 기술문제는 근본전제의 차원이 아니라, 과학 및 기술의 '이론' 차원에서 제기되는 문제이기 때문이다. 화이트헤드는 뉴턴 패러다임의 논리적 비정합성과 경험적 비적실성을 간파하고,[72] 그것을 대체할 새로운 패러다임을 제시하고자 했으며, 그런 플랜을 집대성한 책이 바로 『과정과 실재』였다. 현재 세계 학계의 많은 학자는 80여 년 전에 출현한 화이트헤드 철학이 오늘의 시대에서도 여전히 적실성을 갖는다고 평가한다. 예컨대 유럽에서 화이트헤드 연구를 선도하는 스땅제는 "화이트헤드 철학이 현재까지도 적실성을 유지한다"고 강조하고,[73] "화이트헤드는 대부분의 철학자가 회피한 난제를 정면으로 다루었기 때문에 여전히 우리 시대

---

70) 심광현, 『유비쿼터스 시대의 지식생산과 문화정치』, pp. 97-98. 합생, 파악 등 화이트헤드 철학의 전문용어에 관해서는 『파멸의 묵시록』, p. 169, 옮긴이 주 1과 2, p. 197, 옮긴이 주 9를 각각 참조.

71) Whitehead, *Process and Reality*, p. 3.

72) Ibid., p. xi.

73) Isabelle Stengers, "Unity through Divergence: Whitehead's Answer to the Fallacy of Misplaced Concreteness," in M. Dibben and T. Kelly, eds. *Applied Process Thought I: Initial Explorations in Theory and Research* (Frankfurt: Ontos Verlag, 2008), p. 123.

의 철학자(a philosopher for our time)"라고 평가한다.[74] 심광현은
화이트헤드를 비판한 후 라투르의 『자연의 정치』(*Politics of
Nature*)를[75] 대안으로 제시했지만,[76] 『자연의 정치』를 포함한 라투
르의 대부분의 과학사회학적 이론은 화이트헤드 철학을 근본전제
로 수용한 상태에서 구성된 것이었다.[77] "… 분명히 화이트헤드는
라투르의 가장 중요한 철학적 사표다"(… Whitehead, who is
surely Latour' s closest philosophical ancestor).[78] 또한 '사이보그
선언'(A Cyborg Manifesto)[79]으로 유명한 해러웨이가 사이버네틱
스(cybernetics)와 유기체(organism)를 유기적으로 결합시킨 사이
보그 이론은 물론, 인간과 동물, 유기체와 기계, 물질과 비물질 등
을 결합시키면서 전통적인 두 문화 문제를 성공적으로 해소한 이론
을 제시할 수 있었던 중요한 이유 중의 하나는, 화이트헤드가 뉴턴
패러다임의 물심이원론의 대안으로 제시한 파악(prehension)을 근
본전제로 수용했기 때문이다.[80]

심광현이 '화이트헤드 철학은 미시적 경험을 설명하는 데는 적
합하지만, 거시적 경험을 설명하는 데는 더 이상 적합하지 않다'고

---

74) Stengers, "Whitehead and Science,"

75) Bruno Latour, *Politics of Nature: How to Bring the Sciences into Democracy*, trans
   by Catherine Porter (Cambridge, Massachusetts: Harvard University Press, 2004).

76) 심광현, 『유비쿼터스 시대의 지식생산과 문화정치』, pp. 107-111.

77) 각주 42 참조.

78) Harman, *Prince of Networks*, p. 101.

79) Donna Haraway, "A Cyborg Manifesto: Science, Technology, and Socialist-
   Feminism in the Late Twentieth Century," in Haraway, *Simians, Cyborgs and
   Women: The Reinvention of Nature* (New York: Routledge, 1991), pp. 149-181.

80) Cf. Donna Haraway, *The Companion Species Manifesto: Dogs, People, and
   Significant Otherness* (Chicago: Prickly Paradigm Press, 2003), pp. 6-10.

주장한 내용도 수용하기 어렵다. 화이트헤드는 자신이 추구하는 사변철학(speculative philosophy)의 목표를 다음과 같이 말했다. "사변철학이란 우리가 체험하는 경험의 모든 요소를 해석할 수 있는 일반적 관념의 정합적, 논리적, 필연적 체계를 구축하려는 시도를 의미한다."[81] 즉 화이트헤드 철학은 미시적 차원뿐만 아니라 거시적 차원까지 적절하게 해석할 수 있는 근본전제를 제시하고자 했으며, 화이트헤드가 세계 학계에서 우리 시대의 철학자로 평가받는 까닭은 그런 전제의 적실성 때문이었다. 현재 화이트헤드 철학을 바탕으로 정치학, 경제학, 생태학 등 거시적 영역에서 제기되는 문제를 성찰한 연구가 꾸준히 축적되는 사실을 감안할 때,[82] 심광현의 주장은 재고될 필요가 있다.

화이트헤드 철학이 국내외 학계에서 널리 공유되지 못한 까닭 역시 다르게 해석할 필요가 있다. 물론 화이트헤드 철학이 대단히 난해한 성격을 띠었다는 점도 중요한 이유 중의 하나로 꼽을 수 있다. 그러나 더욱 근본적 이유는 뉴턴 패러다임의 반형이상학적 전통을 계승한 '낡은' 철학이 2차 과학혁명에도 불구하고 20세기 철학계에서 여전히 지배적인 지위를 점했기 때문이었다(pp. 43, 85-86, 170, 210-211). 그러나 그런 풍조는 최근 세계 학계에서 점차 극

---

81) Whitehead, *Process and Reality*, p. 3.
82) 화이트헤드 철학을 거시적 문제에 응용한 사례는 무수히 많다. 몇 가지 사례만 예시하면, Douglas Sturm, *Solidarity and Suffering: Toward a Politics of Relationality* (Albany: State University of New York Press, 1998). Herman E. Daly and John B. Cobb, Jr. *For the Common Good: Redirecting the Economy toward Community, the Environment, and a Sustainable Future* (Boston: Beacon Press, 1989). Joseph Grange, *Nature: An Environmental Cosmology* (Albany: State University of New York Press, 1997).

복되고 있다. 특히 유럽 학계는 스땅제를 중심으로 베르그송, 화이트헤드 등이 2차 과학혁명의 성취를 철학적으로 수용했다는 사실에 주목하고, 들뢰즈 등을 통해 그들의 연구가 창조적으로 계승되었다는 사실을 재발견했으며,[83] 이런 성과는 최근 미국 학계에도 전달되고 있다.[84] 한국 학계에서 화이트헤드 철학 연구가 활성화되지 못한 까닭 역시 그의 철학 자체의 문제라기보다는 연구자의 '불완전한' 이해에서 연유하는 것이었다.[85]

최재천, 박이문, 심광현이 공유하는 문제점은 그들 모두가 통섭의 플랜만 얘기했을 뿐, 통섭을 실현한 구체적 성과를 제시하지 못했다는 데 있다. 하지만 세계 어느 학자도 성과를 기약할 수 없는 플랜만을 발표하는 경우는 없다. "이상적인 조건을 상정하고 그 조건 하에서 자연과학과 인문학의 통섭을 논의하는 것은 크게 의미가 없다. 우리는 통섭이 가능한 '그날' 에 무엇을 할 것인가를 생각하기 전에, '그날' 이 오기까지 무엇을 할 수 있으며, 또 어떻게 통섭을 위한 조건들을 만들어나갈 것인가를 생각해야 하기 때문이다."[86] 학문(a)과 학문(b) 간의 통섭이 이루어지지 않는 까닭은 두 학문을 연구하는 학자들이 상호 배타적인 태도를 취하기 때문이 아니다. 그

---

83) Keith Robinson, ed., *Deleuze, Whitehead, Bergson: Rhizomatic Connections* (New York: Palgrave, 2009). André Cloots & Keith A. Robinson, eds., *Deleuze, Whitehead and the Transformations of Metaphysics* (Belgium: KVAV, 2005). "Special Section on A. N. Whitehead," *Theory, Culture & Society* 25: (2008).

84) "Special Focus Section: Isabelle Stengers' 'Thinking with' Whitehead," *Process Studies* 37:2 (2008).

85) 이현휘, "화이트헤드의 '통찰' 로 돌아가라," 『화이트헤드연구』 15(2007), pp. 109-145.

86) 홍성욱, "21세기 한국의 자연과학과 인문학," 최재천·주일우 엮음, 『지식의 통섭』, p. 292.

것은 학문(a)의 근본전제(a)와 학문(b)의 근본전제(b)가 상충하기 때문이다. 따라서 그렇게 상충하는 근본전제가 그대로 존재하는 한 학문 간의 여권 검사를 폐지하고, 가족 유사성에 입각해서 그들을 물리적 공간에 집합시킨다손 치더라도 통섭은 결코 이루어질 수 없는 일이었다. 그럼에도 불구하고 그런 학문을 대상으로 통섭을 강제할 경우 우리가 손에 쥘 수 있는 것은 통섭 내지 통섭의 단초가 아니라 잡박(雜駁)에 불과할 뿐이다.

최재천이 2006년 9월 2일 이화여자대학교 통섭원(統攝苑) 개원을 기념하기 위해 개최한 심포지엄에서 발표된 다양한 주제의 논문들이 좋은 사례라고 할 수 있다. 최재천은 그곳에서 발표된 논문을 묶어 책으로 펴낸 후 다음과 같은 소회를 피력했다. "이 책에 수록된 글들은 내용면에서만 의견의 일치를 보는 데 실패한 것이 아니라 용어의 통일에서도 성공하지 못했음을 인정한다. 통섭의 길이 이처럼 멀고도 험하다는 뜻이라고 생각할 수도 있지만 달리 보면 다름이 있어야 그들의 이음도 가능한 법이니만큼 학문의 건강함을 나타내는 것이라고 보아도 될 것이다."[87] 그러나 최재천은 잡박이라는 현실을 통섭이라는 추상과 혼동하는 오류(the fallacy of misplaced concreteness)를 범하고 있을 뿐이다. 그런데 문제는 잡박이 단순히 학문의 문제로만 끝나지 않는다는 데 있다. 일찍이 화이트헤드는 '단지 잡박한 지식만 소유한 인간은 이 세상에서 가장 쓸모없는 인간이다'[88]라고 혹평한 바 있다. 통섭이란 이념으로부

---

87) 최재천, "우물을 깊게 파려면 우선 넓게 파라," p. 306.

88) Alfred N. Whitehead, *The Aims of Education and Other Essays* (London: Williams and Norgate Limited, 1950), p. 1.

터 직간접적으로 영향을 받아 시행된 대학 자유전공학부 제도가[89]
시행 1년 만에 '잃어버린 1년' 이란 불평을 사고,[90] 학부제 도입 10
년 만에 학과제로 다시 퇴행하는 대학이 속출하는[91] 까닭은 결코
우연이 아니었다. 대학 교양교육을 개혁한답시고 아무런 내적 연관
도 없는 온갖 종류의 잡박한 지식을 뒤섞어 놓고 학제적 교육이라
강변하는 것 역시 우연이 아니었다. 바로 이런 모습이 해리스가 경
고한 한국 대학교육의 '파멸의 묵시록' 이었기 때문이다. 그렇다면
천문학적 대학 등록금의 부담을 안고 불투명한 자신의 미래 앞에서
방황하는 우리 아이들을 어찌할 것인가?

근본전제(a) 위에 서 있는 학문(a)과 근본전제(b) 위에 서 있는
학문(b)을 '진정으로'[92] 통섭시키려면 근본전제(a)와 근본전제(b)
가 화해하면서 공존할 수 있는 새로운 근본전제(c)를 우선적으로
마련해야 한다. 그런 다음 근본전제(c)가 안내하는 상상력을 참조
하면서 새로운 학문(c)을 창조적으로 구성해내야 한다. 이처럼 우
리의 탐구의 상상력을 일정 방향으로 안내하는 것이 바로 근본전제
의 역할이기 때문이다(no less influential in guiding the
imagination).[93] 예컨대 권용립이 근대 자유주의, 고대 공화주의, 캘
빈주의 각각의 상충하는 근본전제를 '보수적 아메리카니즘'
(conservative Americanism)이라는 더욱 일반적인 근본전제 위에서

---

89) "자유전공학부 지원, 무엇을 고려해야 할까,"『프라임경제』(2008. 11. 19.)
90) "자유전공학부 '잃어버린 1년': 학문 경계 허물기 취지는 실종, 커리큘럼 법·행
    정·경제에 치중, 일부 로스쿨·고시 준비반 전락,"『한국일보』(2009. 11. 19.)
91) "통섭 3가지 논란,"『주간조선』(2009. 7. 27.)
92) 여기에서 '진정으로' 라는 수식어는 최재천, 박이문, 심광현이 각각 제시한 통섭과
    다르다는 의미다. 이하 통섭이란 표현은 '진정한 통섭' 을 의미한다.
93) Whitehead, *Process and Reality*, p. xiv.

화해시킴으로써(통섭시킴으로써!) 미국의 정치와 외교를 새로운 시각에서 조망한 경우가 좋은 사례라고 할 수 있다.[94] 그런데 근본 전제(a)와 근본전제(b)가 공존할 수 있는 근본전제(c)를 새롭게 마련하는 작업은 당대 최고의 스칼라십을 동원해도 성공을 기약할 수 없을 만큼 지극히 어려운 작업이다. 미국에서 국제정치학과 역사학의 정체성 위기를 느낀 일급 학자들이 모여 두 학문을 통섭함으로써 위기를 돌파하려는 노력을 진지하게 경주했지만 이렇다 할 성과를 거두지 못한 채 끝난 바 있다.[95] 1800년대 초반 이론경제학을 추구한 오스트리아의 칼 멩거와 역사경제학을 추구한 구스타프 본 슈몰러 사이에서 촉발된 유명한 방법론 논쟁(Methodenstreit)이 약 10여 년간 지속되었지만 역시 생산적인 결과를 초래하지는 못했다. 이 논쟁이 창조적으로 종합되기 위해서는 막스 베버가 1900년대 전후에 '방법론 논문' 으로 알려진 일련의 논문을 발표할 때까지 기다려야만 했다.

베버가 방법론 논쟁을 창조적으로 종합할 수 있었던 까닭은 이론경제학과 역사경제학의 상이한 전제가 화해할 수 있는 더욱 일반적인 근본전제를 먼저 마련하고, 그것을 토대로 두 학문을 통섭

---

94) 권용립, 『미국 - 보수적 정치문명의 사상과 역사』(역사비평사, 1991). 이 책의 의미를 화이트헤드의 '서술적 일반화' 시각에서 해석한 사례로는, 이현휘, "미국 정치문명의 자각적 상대화: 조건과 방법," 『담론201』 3:2(2000), pp. 113-137. 권용립의 저서는 약 10여 년 후 수정보완을 거쳐 다시 출간되었다. 권용립, 『미국의 정치문명』 (삼인, 2003). 이 책의 의미를 화이트헤드의 '상징이론' 에 입각해서 해석한 사례로는, 이현휘, "문명으로서의 미국 읽기," 『당대비평』 21(2003 봄), pp. 424-434.

95) Colin Elman and Miriam Fendius Elman, eds., *Bridges and Boundaries: Historians, Political Scientists, and the Study of International Relations* (Cambridge, Massachusetts: The MIT Press, 2001).

한 사회학을 새롭게 구성했기 때문이었다.[96] 베버가 새롭게 마련한 근본전제의 전모는 방법론 논문을 모아놓은 그의 『과학논집』[97]에 담겨 있는데, 이 책의 내용은 베버 자신조차도 힘들어했을 만큼 엄청나게 어려운 성격을 띠고 있다. 따라서 많은 학자는 대체로 『과학논집』을 읽지 않은 상태에서 베버의 사회학적 저작을 단편적으로 섭렵하는 태도를 취하는데, 그럴 경우 베버의 사회학은 우리에게 단어 하나, 문장 하나조차도 정확한 이해를 허용해주지 않는다. 단어와 문장의 의미는 근본전제와 긴밀하게 연결시키는 경우에 한해서만 명확하게 확정할 수 있기 때문이다. "요컨대 모든 명제는 어느 정도 일반적이고 체계적이며 형이상학적 성격을 띠는 우주를 지시한다. 따라서 이런 배경을 떠난다면 명제를 구성하는 개별적 단위들과 명제 그 자체는 확정된 의미를 갖지 못한다" (without determinate character).[98] 베버가 오리엔탈리스트라는 등, 서구 자본주의만을 옹호했다는 등, 프로테스탄트 윤리와 자본주의 정신 간의 인과관계가 모호하다는 등, 아예 베버 사회학은 인과관계를 추구하지 않았다는 등, 베버의 주장과 달리 유교 자본주의도 가능하다는 등, 한자도 모르는 주제에 중국을 제멋대로 폄하했다는 등, 마르크스의 유물론과 대비되는 관념론의 입장에 서 있다는 등, 베버의 지적 배경이 신칸트학파라는 등, 현실과 유리된 가치중립의 학문을 역설했다는 등, 베버가 제시한 이념형과 모델

---

96) 프리드리히 텐부룩, 차성환 편역, 『막스 베버의 사회과학 방법론』(문학과 지성사, 1990). 김덕영, 『논쟁의 역사를 통해 본 사회학: 자연과학 · 정신과학 논쟁에서 하버마스 · 루만 논쟁까지』(한울, 2003), pp. 80-116.

97) Max Weber, *Gesamelte Aufsätze zur Wissenschaftslehre* (Tübinggen, 1973).

98) Whitehead, *Process and Reality*, p. 11.

이 같은 것이라는 등, 베버가 방법론 논쟁을 제대로 해결하지 못했다는 등 등, 베버와 전적으로 무관한 온갖 기이(岐貳)한 해석이 난무하는 까닭은 베버의 사회학이 그런 해석을 역설하는 학자들에게 생소한 새로운 근본전제 위에 서 있기 때문이었다.[99] 바로 이것이 통섭의 운명이다. 다시 말해서 새로운 근본전제를 통해서 당대의 통념을 돌파했기 때문에 치른 대가라는 말이다. 따라서 통섭의 길은 고독한 학자만이 걸어갈 수 있는 길이지,[100] 시대의 갈채 속에서 다수가 참여하는 '운동'으로 걸어갈 수 있는 길은 결코 아니었다.

앞에서 화이트헤드는 '예리한 시각을 동원해서 오직 심혈을 기울이는 경우에 한해서만 근본전제를 가까스로 확인할 수 있다'고 말한 바 있다. 분과학문 간의 상충하는 근본전제가 화해하면서 공존할 수 있는 더욱 일반적인 근본전제를 마련하고, 그것을 바탕으로 새로운 학문을 창출하는 통섭의 과제가 그토록 어려웠던 이유가 여기에 있었다. 통섭을 시도하려면 일차적으로 개별 학문의 근본전제를 비판적으로 성찰하는 과제에 착수해야 하는데, 이런 과제를 전담하는 학문 분야가 바로 형이상학이다. 그런데 작금의 인문사회과학은 대체로 뉴턴 패러다임의 반형이상학적 전통을 계승하면서 구성된 것이었다. 따라서 인문사회과학은 자체의 근본전제를 비판적으로 성찰할 수 있는 안목을 스스로 포기한 꼴이 되었다. 인문사회과학의 지적 지체가 지난 한 세기 가까이 지속된 결정적

---

99) Cf. 텐부룩, "막스 베버의 저작: 방법론과 사회과학," 『사회과학 방법론』, pp. 117-155.
100) 베버가 걸어간 길에 관해서는, 김덕영, 『막스 베버, 이 사람을 보라』(인물과 사상사, 2008).

이유가 여기에 있었으며, 현 단계 한국 인문사회과학의 형이상학
적 성찰이 요구되는 까닭도 바로 여기에 있다. 이런 사정을 감안할
때, 화이트헤드가 제시한 우주론을 바탕으로 인문사회과학의 혁신
과 통섭을 추구하는 스땅제, 라투르, 해러웨이 등의 연구는 우리에
게 좋은 참고가 될 것이다.[101] 특히 『파멸의 묵시록』은 앞에서 검토
한 모든 문제를 종합적으로 해결한 결정판이다. 이들의 연구를 진
지하게 검토하면서 한국 인문사회과학의 혁신과 통섭의 길을 개척
하는 것이 우리가 직면한 학문적, 교육적, 그리고 시대적 과제라고
할 수 있을 것이다.

3. 복잡계, 새옷 같은 헌옷?

사회과학이 지금처럼 위기에 처한 까닭은 그것을 성립시킨 뉴
턴 패러다임의 붕괴에서 연유한다고 정확하게 진단하고, 뉴턴 패러
다임을 대체한 새로운 패러다임 위에서 사회과학을 혁신하려는 일
군의 학자가 있는데, 그중 대표주자로는 이매뉴얼 월러스틴을 꼽을
수 있다. 월러스틴은 뉴턴 패러다임에 기초한 사회과학은 이미 생
명을 다했으며,[102] 따라서 우리는 그런 사회과학으로부터 탈피해야

---

101) 이현휘는 화이트헤드 철학을 바탕으로 국제정치학을 새롭게 조명하는 실험을 시
    도하고 있다. "미국 혁명의 종교적 기원(I): 화이트헤드와 탈근대 역사학의 새로운
    지평," 『화이트헤드연구』 11(2005), 9-40. "미국 혁명의 종교적 기원(II): 자유주의,
    공화주의, 그리고 캘빈주의," 『화이트헤드연구』 12(2006), pp. 75-113. "소명으로
    서의 전쟁: 미국 대외정책 정신과 신의 눈물," 『현대사회와 정치평론』 창간호
    (2007), 7-59. "미국 대외정책의 관습과 21세기 미중관계의 전망," 『미국사연구』
    29(2009), 157-198.

하고,[103] 새로운 패러다임 위에서 새로운 사회과학을 구성하는 노력을 경주해야 한다고 역설한다.[104] 월러스틴이 사회과학 혁신을 가능케 하는 새로운 패러다임 중의 하나로 주목하는 것은 복잡계(complexity)다.

> 과학자들은 고집스럽게 회의주의의 미덕("당신이 안다고 주장하는 것을 당신은 어떻게 아는가?")과 현재 지식의 한계("모든 지식은 잠정적인 것이다")를 천명하면서도 확실성이 본질적으로 가능하며, 따라서 모든 것에 대한 모든 것이 알려질 날이 언젠가는 도래하리라고 주장했다. 이것은 이른바 근대과학에 그토록 핵심적이었던 결정주의적 세계상(世界像)이다. … 우리 모두는 과거 100년간, 특히 지난 30년간 과학의 이런 뉴튼적 모델이 자신이 태어난 바로 그곳, 즉 물리학과 수학 자체로부터 끈질기고 격렬한 도전을 받아왔음을 알고 있다. 여기서 그 도전의 구체적인 양상을 적시하지는 않을 것이다. 다만 이런 도전이 내세우는 대항 슬로건은 명시할 필요가 있겠다. 즉 확실성이 아니라 확률을, 결정주의가 아니라 결정주의적 혼돈을, 선형성이 아니라 평형에서 멀리 벗어나 분기점을 향하는 경향을, 정수 차원 대신 프랙털(fractals)을, 가역성 대신 시간의 화살을 제시한 것이다. …

---

102) 이매뉴얼 월러스틴, 백승욱 옮김, 『우리가 아는 세계의 종언: 21세기를 위한 사회과학』(창작과 비평사, 2001).

103) 이매뉴얼 월러스틴, 성백용 옮김, 『사회과학으로부터의 탈피: 19세기 패러다임의 한계』(창작과 비평사, 1994).

104) 이매뉴얼 월러스틴 외, 이수훈 옮김, 『사회과학의 개방: 사회과학 재구조화에 관한 굴벤키안위원회 보고서』(당대, 1996).

과학 내부에서 나오는 뉴튼과학에 대한 이런 도전이 사회과학에 끼친 영향을 살펴보자. … 사회과학은 19세기 후반 뉴튼과학의 문화적 지배 하에서 제도화되었다. … 1945년 이후 모든 사회과학, 특히 법칙정립적인 세 분과학문(경제학, 정치학, 사회학)은 줄곧 계량화되었고, 결정주의적인 사회적 우주라는 전제를 매우 강력하게 내세웠다. 그들은 거듭 주장하기를, 사회과학의 목표는 물리학이 진술할 수 있다고 믿은 법칙과 유사한 보편적 포괄법칙을 알아내는 것이라고 했다. 그들이 직면한 주요 문제는, 그들이 실제로는 사람들의 갈채에 값할 정도로 충분히 정확하다고 판명된 단기적 예측조차 할 수 없다는 데 있었다.[105] 다그침을 받자, 사회과학자들은 그런 실패를 자신들이 진지한 과학으로서 집단적으로 성숙하지 못한 탓으로 돌렸다. 간단히 말해서, 그들은 이론화 방식이 아니라 자신들의 능력이 모자란 탓을 한 것이다.

뉴튼역학에 대한 공격 덕분에 사회과학자들의 집단심리에서 열린 것은, 자신들의 예측이 형편없었던 것은 경험적 연구자들로서 자신들이 가진 결함 때문이 아니라 뉴튼역학에서 물려받은 방법과 이론상의 가정 때문일 수도 있다는 가능성이다. 간단히 말해서 사회과학자들은 이제 처음으로 자신들이 그토록 완고하게 거부했던 상식적인 명제를 심각하게 고려할 수 있게 되었다. … 여기서 내가 탐구하고자 하는 것은, 이제는 프리고진이나 그 밖의 많은 사람들이 하나의 과학적 전제로서 주장하는 이 상식적인 명제를 우리의

---

105) 도정일과 최재천이 혹평한 사회과학은 이처럼 뉴턴 패러다임에 입각해서 구성된 '낡은' 사회과학이었다. 도정일 · 최재천, 『대담』, pp. 307-309. 그러나 그들 역시 뉴턴 패러다임을 근본전제로 수용했다는 사실은 자각하지 못했다. 제1절 참조.

사회과학 작업의 토대로서 받아들인다면 사회과학에 어떤 일이 일어날 것인가 하는 점이다.[106]

월러스틴과 그의 동료들은 복잡계가 뉴턴 패러다임을 대체할 유력한 대안 중의 하나가 될 수 있다고 판단하고, 복잡계의 논리 및 아이디어를 사회과학에 적용할 경우 두 문화 문제를 해소한 사회과학 혁신을 성취할 것으로 기대하고 있다.[107] 최근 한국에서도 복잡계의 '복잡한' 개념을 쉽게 소개하고,[108] 복잡계를 사회과학에 적용하면서[109] 두 문화 문제의 해소 가능성을 탐색하는 노력을 꾸준히 전개하고 있다.[110] 한국에서 이런 노력이 경주되는 까닭 역시 복잡계가 뉴턴 패러다임을 대체할 자격이 충분하다고 판단하기 때문이다. 예컨대 민병원은 그런 기대를 다음과 같이 피력한다.

---

106) 이매뉴얼 월러스틴, 유희석 옮김, 『지식의 불확실성: 새로운 지식 패러다임을 찾아서』(창비, 2007), pp. 47-49.

107) Richard Lee and Immanuel Wallerstein, "Introduction: The Two Cultures," in Lee and Wallerstein, eds., *Overcoming the Two Cultures*, pp. 1-5. Richard Lee, "Complex Studies," in Lee and Wallerstein, eds., *Overcoming the Two Cultures*, pp. 107-117. Richard Lee, "Science Wars: Whither the Two Cultures," in Boaventura de Sousa Santos, ed., *Cognitive Justice in a Global World*, pp. 71-86. Richard E. Lee, "Complexity and the Social Sciences," *Review* XXIX:1 (2006), Fernand Braudel Center, pp. 115-134. 복잡계 관련 방대한 문헌을 상세히 소개한 사례로는, Richard Lee, "Readings in the 'New Science': A Selected Annotated Bibliography," *Review* XV:1 (1992), Fernand Braudel Center, pp. 113-171.

108) 윤영수 · 채승병, 『복잡계 개론』(삼성경제연구소, 2005).

109) 민병원 · 김창욱 공편, 『복잡계 워크샵: 복잡계 이론의 사회과학적 적용』(삼성경제연구소, 2006).

110) 복잡계 네트워크 주최, "제3회 복잡계 컨퍼런스: 복잡계와 인문학/사회과학의 만남," 2008년 11월 29일. 연세대학교 새천년관.

복잡계이론의 … 관념은 철학자들의 사유를 통해서만 만들어진 것이 아니다. 자연과 사회 속에 실재하는 수많은 현상들, 뉴턴의 지배과학만으로는 설명하지 못하는 현상들에 대한 관찰과 이론화를 통해 이런 관념이 구축되어온 것이다. … 복잡계이론은 하나의 새로운 과학관, 새로운 인식론으로 자리 잡고 있지만, 이것이 뉴턴식 패러다임을 완전하게 대체하기 위한 대안으로 여겨지기에는 아직 이르다는 점에 유의해야 한다. 복잡계이론의 패러다임은 뉴턴식, 연역적, 수학적 논리체계가 작동하는 영역은 그대로 인정하면서, 그것들이 미처 다루지 못한 영역들에 도전하고 있다는 점에서 오히려 보완적인 성격이 더욱 강하다. 또한 복잡계이론과 관련된 많은 관찰과 이론화들이 통합된 형태로 제시되지 못하고 있기 때문에 대부분의 학문 영역에서 아직도 변방의 위치에 있는 것이 사실이다. 그럼에도 불구하고 기존의 패러다임이 제대로 설명하지 못하는 현상들을 이해하는 데 큰 도움을 주고 있다는 점에서 토마스 쿤(Thomas Kuhn)이 말한 새로운 '패러다임'으로서의 자격은 충분히 갖추고 있다 하겠다.[111]

민병원이 유보적인 입장을 취하고는 있지만, 많은 학자들이 복잡계를 주목하는 까닭은 월러스틴처럼 그곳에서 뉴턴 패러다임을 대체할 가능성을 보았기 때문이다. 화이트헤드와 들뢰즈를 전공한 케이스 로빈슨 같은 경우는 복잡계의 근본전제를 화이트헤드와 들뢰즈의 철학이 형이상학적으로 지지한다고 평가하기까지 한다.[112]

---

111) 민병원, 『복잡계로 풀어내는 국제정치』(삼성경제연구소, 2005), pp. 17-24.

이런 사정을 감안할 때 복잡계가 뉴턴 패러다임을 대체하는 새로운 패러다임을 제시할 가능성은 큰 것처럼 보인다. 그러나 이런 기대는 아직 충분히 검토되지 않았다.

일찍이 화이트헤드는 뉴턴 패러다임의 성격을 다음과 같이 간명하게 기술한 바 있다.

> (아리스토텔레스)의 철학은 중세 기독교 시대를 거치는 동안 목적인(final causes)의 개념이 무모하게 강조되는 방향으로 인도되었고, 근대 과학의 시대에선 그에 대한 반동으로 작용인(efficient causes)의 개념이 지나치게 강조되는 방향으로 인도되었다. 건전한 형이상학이 해결해야 할 하나의 과제는 목적인과 작용인을 그들 상호간의 적절한 관계 속에서 해명하는 일이다.[113]

작용인은 보통 타자원인(他者原因)이라 부르고, 목적인은 자기원인(自己原因)이라 부른다. 예컨대 인간의 행위를 적절하게 이해하려면 인간 외부 환경의 제약과 함께 인간 내면의 궁극적 지향을 추가로 고려해야 하는데, 이 때 전자를 설명하는 원인이 작용인이고, 후자를 설명하는 원인이 목적인이다. 그런데 뉴턴 패러다임은 화이트헤드의 지적처럼 목적인을 완전히 제거하면서 출범한 것이었다. 갈릴레오를 필두로 채택하기 시작한 작용인 일방의 인과율(causality)은 근대 과학이론의 존재론적 지위를 규정했고, 자연과

---

112) Keith Robinson, "Towards a Metaphysics of Complexity," *Interchange* 36:1-2 (2005), pp. 159-177.

113) Whitehead, *Process and Reality*, p. 84.

인간의 운동을 과학적으로 설명할 수 있는 새로운 길을 열어주었
다.[114] 이 얘기는 인간의 행동을 설명할 때 인간 내면의 주체적 결
단의 차원을 완전히 배제하고, 철저히 인간 외부의 물리적 제약만
을 고려하면서 설명해야 하며, 바로 그런 설명만이 과학의 요건을
충족할 수 있다는 뜻이었다. 그러나 근대 우주론이 파산한 결정적
이유는 바로 목적인을 누락시켰다는 데 있었다.[115] 이 얘기는 인간
내면의 주체적 결단 차원을 배제할 때, 인간 행동을 제대로 설명할
수 없다는 뜻이기도 하다. 화이트헤드가 "건전한 형이상학이 해결
해야 할 하나의 과제는 목적인과 작용인을 그들 상호간의 적절한
관계 속에서 해명하는 일이다"라고 말했던 이유가 바로 여기에 있
었다. 그리고 화이트헤드가 『과정과 실재』에서 제시한 우주론은 기
본적으로 작용인과 목적인을 유기적으로 결합한 상태에서 구성된
것이었다. 좀 더 구체적으로 얘기하면 화이트헤드 철학에서 중시하
는 과정(process)은 기본적으로 이행(transition)과 합생
(concrescence)을 유기적으로 반복하면서 전개되는데, 이 때 이행
은 작용인의 차원에서, 합생은 목적인의 차원에서 각각 구성된 것
이었다.[116]

---

114) Alexandre Koyré, "Galileo and the Scientific Revolution of the Seventeenth
Century," in Koyré, *Metaphysics and Measurement* (Pennsylvania: Gordon and
Breach Science Publishers, 1992), pp. 1-15. Edwin Arthur Burtt, *The Metaphysical
Foundations of Modern Physical Science* (London: Routledge & Kegan Paul,
1980), pp. 98-104.
115) Alexandre Koyré, "The Significance of the Newtonian Synthesis," in Koyré,
Newtonian Studies (London: Chapman & Hall, 1965), pp. 23-24. Malcolm D.
Evans, *Whitehead and Philosophy of Education* (Amsterdam: Rodopi, 1998), pp.
17-20. Daly and Cobb, Jr., *For the Common Good*, pp. 85-96.

그러나 복잡계는 여전히 목적인을 배제했다는 점에서 전형적인 근대과학에 귀속되며, 근대과학에 귀속된다는 바로 그 이유 때문에 두 문화 문제의 해법을 제시할 수 없었다.[117) 뉴턴 패러다임이 목적인을 제거시킨 상태에서 출범했다는 사실은 목적인의 설명 대상인 정신(사회)을 작용인의 설명 대상인 물질(자연)로부터 분리시켰다는 뜻이었다. 바로 여기에서 정신과 물질의 분리라는 이른바 심신이원론의 문제, 자연 이분의 문제 등이 필연적으로 파생될 수밖에 없었다. 그런데 하등동물에서 고등동물인 인간으로 올수록 정신의 비중이 점차 커지는데, 이는 목적인으로 설명해야 할 영역이 그만큼 넓어진다는 것을 의미했다. 이 얘기는 인간의 주체적(주관적, 의식적, 정신적!) 결단이 투영된 행동 내지 문화를 설명 대상으로 삼는 인문학 및 사회과학에서 목적인의 역할이 필수적으로 요청된다는 사실을 의미했다. 그러나 복잡계는 목적

---

116) 자세한 내용은, Randall C. Morris, "Freedom and Causality in Whitehead's Philosophy," in Morris, *Process Philosophy and Political Ideology: The Social and Political Thought of Alfred North Whitehead and Charles Hartshorne* (Albany: State University of New York, 1991), pp. 23-34.

117) 프리고진과 함께 복잡계를 선도했던 이자벨 스땅제 역시 복잡계는 두 문화 문제의 해법을 제시할 수 없다고 평가한다. 이현휘: 복잡계 이론에는 목적인이 존재하지 않습니까? 만일 그렇다면 복잡계는 결국 '근대과학'으로 평가해야 되는 건가요? 또 그렇다면 복잡계는 두 문화 문제의 해법을 제시할 수 없는 것인가요? 이런 나의 추론은 타당한가요? 스땅제: 그렇습니다. 나는 당신의 질문에 동의합니다(Yes, I agree with your question). 이자벨 스땅제와 인터뷰 (2008. 7. 22.) 이현휘: 선생님께서 나의 질문에 동의하신다고 말씀하신 내용을 구체적으로 이해하고 싶습니다. 나의 세 가지 질문 모두에 동의하신다는 말씀이신가요? 즉 1) 복잡계 이론은 목적인을 배제했다. 2) 복잡계는 근대과학이다. 3) 복잡계는 두 문화 문제를 해결할 열쇠(key)를 제시할 수 없다. 스땅제: 첫 번째와 두 번째 질문에 대해서는 당연히 그렇다고 얘기할 수 있습니다. 세 번째 질문에 대해서도 바로 그 열쇠라는 단어 때문에 동일하게 답변할 수 있습니다(Definitely yes for 1 and 2 - also for 3 because of the word key). 이자벨 스땅제와 인터뷰 (2008. 7. 23.)

인이 부재한 이론이었고, 그 때문에 인문학과 사회과학의 핵심 영역을 원천적으로 설명할 수 없었으며, 다시 그 때문에 두 문화 문제를 해결할 수 없었다. 복잡계가 제시할 수 있는 유일한 해결책은 인문학과 사회과학을 작용인 일방에 기초한 자연과학으로 환원해서 설명하는 것뿐이었는데, 이는 진정한 해결책이 아니었다.[118]

복잡계가 목적인을 추방함으로써 직면하게 된 난점은 여기에서 그치지 않는다. 복잡계가 간판으로 내세우는 창발(emergence) 개념도 심각한 난점을 안고 있기 때문이다. 흔히 창발성은 '전체는 부분의 합 이상이다' 라고 정의된다. "복잡계이론은 '창발성' 이라는 개념을 핵심 주제어로 내놓고 있다. … 창발성을 존재론적으로 받아들이는 입장에서는, 창발현상이 그 자체의 존재성을 가지기 때문에 더 낮은 수준으로 환원되지 않는다고 본다. … 이러한 입장은 창발현상이 실재하는 것이라는 철학적 실재론으로 분류된다. 따라서 존재론적 창발론을 받아들이게 되면, '전체는 부분의 합 이상이다' 라는 명제는 실제 세계의 특성을 기술하는 것이 된다."[119] 그런

---

118) 이자벨 스땅제 역시 복잡계가 제시하는 두 문화 문제의 해법은 자연과학적 환원주의로 전락할 수밖에 없다고 지적한다. 이현휘: 선생님이 보시기에 복잡계가 문제가 되는 것은 자연 이분의 이론과 같은 낡은 세계관을 전제했기 때문입니까? 스땅제: 그렇습니다. 복잡계 및 그와 관련된 모든 이론은 과학적 서술방식의 가능성에 관한 우리의 생각을 복잡하게 만들어준다는 점에서 흥미가 있을지 모르지만, 그러나 복잡계는 정신과 물질로 분리된 자연의 '매개자' (halfway house) 역할을 수행할 수는 없습니다. 그렇다면 복잡계는 흔히 미국학자가 지칭하는 물리학주의처럼 정신의 영역을 자연과학적으로 환원하는 수단이 될 수 있을 뿐입니다(Then they are turned into tools for naturalization, as the Americans call it, i.e. a physicalization, of the 'other side'). 이자벨 스땅제와 인터뷰 (2008. 6. 6.)

119) 민병원·나정민, "창발성의 철학적 개념과 사회과학 방법론," 제1회 복잡계 컨퍼런스 - 복잡계 이론과 현실, 생산적 적용의 모색 (2006. 12.), pp. 1-2.

데 문제는 복잡계에서 창발의 내적 과정을 '합리적' 으로 설명하지 못하고 있다는 사실이다. 화이트헤드에 따르면 이런 개념은 철학적 합리성의 요건을 충족하지 못한 '비합리적' 개념에 지나지 않는다.[120] 따라서 복잡계는 창발 개념 그 자체를 합리적으로 설명해내야하는 과제를 안고 있다. 이런 과제를 해결하지 못한 채 '실제 세계는 창발되었다. 그래서 복잡하다' 라고 말한다면, 그것은 합리적 설명이 아니라 비합리적 설명에 머물 수밖에 없는데, '비합리적 설명' 이란 표현은 모순어법(oxymoron)이기 때문에 결국은 실제 세계의 특성을 설명하지 못한 것이나 마찬가지다.

일찍이 화이트헤드는 하버드대학교 강의에서 창발 개념의 문제점을 다음과 같이 비판한 바 있다.

구리를 황산에 떨어뜨리면 질량과 에너지는 동일한 상태를 유지하지만 색깔은 변한다. 창발적 진화 이론은 그렇게 새로운 속성이 단순히 창발한다고 말한다. 그러나 화이트헤드는 묻는다. 도대체 무엇으로부터 그들이 창발했다는 말인가? 만일 아무것도 없는 상태에서 그들이 창발했다면 '창발' 이라는 개념은 단순히 우리의 무식함을 은폐하고 있을 뿐이며, 아무것도 설명하지 못하면서도 마치 설명하는 것처럼 현상을 기술하고 있을 뿐이다. 창발의 출발점에는 반드시 무언가가 사전에 존재해야만 한다고 화이트헤드는 말했다. **새로운 성질은 본질의 세계로부터 창발된다. 본질의 세계(가능태, 영원한 존재)라는 곳이 있다. 그곳은 예컨대 명제처럼 보편자**

---

120) Cf. Whitehead, *Process and Reality*, pp. 3-4.

라고 부를 수 있는 모든 것을 포괄한다(The new qualities emerge from the world of essences. There is a world of essence[possibles, eternal entities]. It contains all that can be called universals, e.g., propositions).[121]

요컨대 화이트헤드는 "다수가 관여하는 데서 창발적 진화는 결코 있을 수 없다"(There is no emergent evolution concerned with multiplicity)[122]고 단언한다. 위 인용문에서 강조한 부분은 화이트헤드 철학의 합생 개념을 간략하게 서술한 내용인데, 여기에서 합생을 자세히 설명할 수는 없다.[123] 다만, 우리의 논의에서는 앞에서 얘기한 것처럼 합생은 기본적으로 '목적인'을 축으로 구성된 것이며, 화이트헤드가 창발 개념을 비판한 배경에는 작용인 일방에 기초한 뉴턴의 인과율의 문제점 때문이었다는 사실을[124] 지적하는 것으로 충분하다. 즉 화이트헤드는 창발이라는 새로운 현상이 작용인의 차원이 아니라 목적인 차원에서 출현한다는 사실을 강조했던 것이다. 좀 더 구체적으로 말하면 현실 세계의 새로움이란 본질 세계의 추상적 가능태(목적인의 차원)가 물리적 현실(작용인의 차원)에서 구현되면서 창출된다는 것이었다. 합생이 전자에 해당한다면,

---

121) Dwight C. Stewart, ed., "Whitehead's Harvard Lectures, 1926-27, compiled by George Bosworth Burch," *Process Studies* 4:3(1974), p. 200. 강조는 이현휘.

122) Whitehead, *Process and Reality*, p. 30.

123) 합생 개념을 비교적 쉽게 소개한 사례로는, 문창옥, 『화이트헤드 과정철학의 이해』(통나무, 1999), pp. 55-83. Johnson, *Whitehead's Theory of Reality*, pp. 16-36. Thomas E. Hosinski, *Stubborn Fact and Creative Advance: An Introduction to Metaphysics of Alfred North Whitehead* (Lanham, Maryland: Rowman & Littlefield, 1993), chap. 3, 4, 5.

124) Stewart, ed., "Whitehead's Harvard Lectures, 1926-27," pp. 199-200.

이행은 후자에 해당한다. 이처럼 화이트헤드는 이행과 합생을 유기적으로 결합하는 가운데 현실 세계의 창조적 전진(creative advance)을 합리적으로 설명해냈다.

그러나 목적인이 부재한 복잡계는 화이트헤드 용어로 얘기하면 합생 차원을 결여했고, 따라서 새로움이 창출되는 창발과정을 합리적으로 설명할 수 없었다. 이런 사정을 감안할 때, 알리와 짐머, 그리고 엘스톱이 창발 개념은 심신이원론의 문제에 연루되어 있다고 말한 것은 적절한 지적이라고 할 수 있다.[125] 스땅제가 '우리는 복잡계라는 개념과 창발이라는 개념을 너무도 위험스럽게 연결시키고 있다. 창발 개념은 새로움이 **물리적**으로 창출된다(a *physical* genesis of the new)는 의미를 함축하는 반면, 복잡계 개념은 **개념적**으로 창출되는 것(a *conceptual* genesis)이며, 따라서 양자는 완전히 다른 것이다'[126]라고 지적한 것도 화이트헤드의 진단과 같은 맥락에서 이해해볼 수 있다. 요컨대 복잡계는 컴퓨터 시뮬레이션과 복잡한 수식 등으로 첨단의 외양을 갖췄지만, 그것의 철학적 기초는 전혀 새로울 것이 없는[127] '새옷 같은 헌옷'에 지나지 않았다. "내(스땅제)가 볼 때 복잡계의 주제가 '홍미'를 끌 만한 것이라면 … 그것이 '새로운 과학'(new science)의 특성을 보여주기 때문이 아니라, 더 이상 의심할 여지가 없는 이른바 '근대과학'(modern science)의 가장 원초적인 측면을 다시 불러내 조명

---

125) S. M. Ali, R. M. Zimmer and C. M. Elstob, "The Question Concering Emergence: Implications for Artificiality," http://mcs.open.ac.uk/sma78/belgium.pdf

126) Stengers, "Complexity: A Fad?" in Stengers, *Power and Invention*, p. 12.

127) Isabelle Stengers, "English Summary: The 'New Science': Models or a Challenge?" *Review* XV:1 (1992), Fernand Braudel Center, pp. 109-112.

했기 때문이다." [128)

그렇다면 복잡계 연구는 불필요하고, 그것을 사회과학 및 인문학에 응용할 방법은 전혀 없는 것인가? 그렇지는 않다. 복잡계 연구는 그 자체로서 필요하고, 연구에 헌신하는 학자들의 노력도 존중해야 한다. 다만 복잡계의 논리를 인문학 및 사회과학의 영역에 곧바로 적용하는 것은 앞에서 검토한 이유 때문에 문제가 있다. [129) 복잡계 연구 결과를 인문학 및 사회과학에 활용하는 방법을 탐색하고자 할 때, 해리스는 우리에게 좋은 안내를 제시한다. 해리스는 『파멸의 묵시록』 제5장에서 복잡계의 연구 성과를 충실하게 검토한다. 그런 다음 그것을 인문학 및 사회과학에 곧바로 적용하는 대신, 복잡계의 메시지를 '철학적'으로 반영한 개념적 도식(근본전제)을 제6장에서 마련한다. 그리고 그렇게 마련한 개념적 도식에 입각해서 근대 인문사회과학을 대체할 새로운 인문사회과학을 역시 제6장에서 설계하고 있다. 화이트헤드가 2차 과학혁명의 성취를 흡수한 방법도 해리스의 방법과 동일하다. 즉 화이트헤드는 자신의 철학 방법인 서술적 일반화 방법을 활용해서 2차 과학혁명의 성취를 철학적으로 흡수하는 가운데 새로운 우주론을 구축했다. 그러자 수많은 후학들이 화이트헤드의 우주론에 입각해서 새로운 인문사회과학을 구성하려는 노력을 다양하게 경주하고 있다. 그러나 해리스와 화이트헤드는 각자의 개념적 도식과 우주론을 구축할 때, 20세

---

128) Stengers, "Complexity: A Fad?" in Stengers, *Power and Invention*, p. 5.

129) Cf. Isabelle Stengers, "The Challenge of Complexity: Unfolding the Ethics of Science, In Memoriam Ilya Prigogine," *E:CO*, Special Double Issue 6:1-2 (2004), pp. 92-99.

기의 자연과학적 성취만을 철학적으로 흡수한 것은 아니다. 두 사람은 모두 세계 종교 및 서구 근대 인식론 등의 근본전제까지도 비판적으로 성찰한 다음, 그것을 합리적으로 조율한 상태에서 각자의 개념적 도식과 우주론에 각각 반영했다. 해리스가 목적인이 부재한 복잡계의 성취를 철학적으로 흡수했는데도 불구하고, 그가 구성한 개념적 도식에서는 목적인을 중요하게 자리매김한 이유가 여기에 있다. 요컨대 복잡계의 연구 성과는 대단히 일반적인 성격을 띠는 개념적 도식 내지 우주론을 구성하는 '하나의' 요소로서 참여하고 있는 것이다. 바로 이 점이 해리스와 화이트헤드가 복잡계의 연구 성과를 인문사회과학에 적용하려는 학자들에게 던지는 메시지다. 프리고진과 함께 복잡계 연구를 선도한 스땅제가 이후 화이트헤드를 연구하면서 자신의 독자적인 길을 개척한 사례는[130] 복잡계 연구자에게 좋은 시사점을 제공해준다고 본다.

이제 마무리를 하자. 앞에서 우리는 화이트헤드의 다음과 같은 경구를 인용한 바 있다. "하나의 학문이 **임시방편** 가설의 메들리를 반복하지 않도록 만들려면 반드시 철학적 성찰을 수행해서 그 학문의 기초를 철저히 비판해야 한다." 우리는 두 문화 간의 대화, 통섭, 복잡계 등을 검토하면서 이들 모두가 자체의 근본전제를 철학적으로 성찰하는 과제를 철저히 수행하지 못함으로써 임시방편 가설의 메들리를 반복했다는 사실을 확인하는 한편, 그런 오류를 더 이상 반복하지 않기 위해서 우리가 선택할 수 있는 대안을 나름대로 제시했다. 주요 내용을 여기에서 다시 반복하지는 않겠다. 다만, 인류

---

130) Latour, "Stengers's Shibboleth," pp. x-xi.

지성사에서 학문이 어떤 종류의 '선언'을 통해서 발전한 경우는 전무하다는 것, 학문의 소명에 충실한 학자라면 선언이 아니라 '성과'로 말해야 한다는 것, 그러기 위해서는 각자의 자리로 돌아가서 한국 인문사회과학이 직면한 문제를 정면으로 다루는 자세가 필요하다는 것만은 다시 한 번 강조하고 싶다.

오늘날 진실로 결정적이며 유용한 업적은 항상 전문적 업적입니다. 그러므로 일단 눈가리개를 하고서, 어느 고대 필사본의 한 구절을 옳게 판독해 내는 것에 자기 영혼의 운명이 달려 있다는 생각에 침잠할 능력이 없는 사람은 누구든 학문을 단념하십시오. … 존경하는 청중 여러분! 학문영역에서는 **순수하게 자신의 주제**에 헌신하는 사람만이 〈개성〉을 가지고 있습니다. … 자신이 헌신해야 할 과업의 흥행주로서 무대에 함께 나타나는 사람, 체험을 통해 자신을 정당화하려는 사람, 어떻게 하면 나는 형식이나 내용 면에서 다른 어느 누구도 말하지 않은 그런 방식으로 무언가를 말할 수 있을까 라고 묻는 사람, 이런 사람들은 〈개성〉을 가진 사람들이 아닙니다. 이런 태도는 오늘날 광범위하게 나타나는 현상인데, 이는 어디에서나 천한 인상을 주며, 또 그렇게 묻는 사람의 가치를 떨어뜨리고 있습니다. 이와 달리 오직 과업에만 내적으로 몰두하는 자는, 이를 통해 그 자신이 헌신하는 과업의 정점에 오르고, 또 이 과업의 진가(眞價)를 보여주게 됩니다.[131]

---

131) 막스 베버, "직업으로서의 학문," 베버, 전성우 옮김, 『'탈주술화' 과정과 근대: 학문, 종교. 정치』(나남, 2002), pp. 39-43.

세계 학계의 많은 학자는 우리의 고민을 뒤로 한 채 우리가 동경하는 길을 이미 걸어가고 있었다. 그들이 걸어가는 길을 비판적으로 참조하고, 우리가 서 있는 지반을 비판적으로 성찰하는 노력을 게을리 하지 않을 때, 한국 인문사회과학의 독자적인 길 또한 충분히 개척할 수 있다고 믿는다. 우리가 그런 길을 진지하게 걸어가고자 했을 때, 『파멸의 묵시록』은 우리에게 『구원의 묵시록』 또한 제시해줄 것이다.

★ ★ ★

『파멸의 묵시록』의 번역과 이 글을 준비하는 데 도움을 주신 분들에게 간략하게나마 감사의 말씀을 전하고 싶다. 먼저 경성대학교 정치외교학과의 권용립 교수님에게 감사드린다. 벌써 10년 가까이 되었다. 교보문고의 한 구석에서 발견한 교수님의 빛바랜 낡은 책이 인연의 시작이었다. 그때부터 지금까지 교수님께서는 수없이 많은 나의 질문에 답해주셨고, 내가 쓴 모든 글을 읽고 조언을 해주셨다. 이 정도나마 책을 번역하고 글을 쓸 수 있게 된 것은 교수님과의 인연 덕분이다. 연세대학교 철학과의 문창옥 교수님에게도 감사드린다. 1997년 화이트헤드를 피상적으로 다룬 석사논문을 쓰고 연세대학교 철학과에 건너가 화이트헤드를 본격적으로 공부하면서 알게 되었으니, 교수님과의 인연도 벌써 10년이 넘었다. 화이트헤드에 관한 수많은 질문에 답변해주시고, 화이트헤드와 관련된 수많은 자료를 소개해주셨다. 내가 화이트헤드 철학에 관해서 조금이나마 눈을 뜰 수 있었다면 순전히 교수님 덕분이다. 『파멸의 묵시록』의 철학 관련 부분에서 번역이 막히는 곳도 해결해주셨다. 동국대학교 교양교육원의 이관수 교수님(과학사 전공)에게 감사드린다. 항시 천진난만하게 웃으면서 사시는 교수님은 『파멸의 묵시록』의 자연과학 부분을 번역하면서 헤맬 때 크게 도와주셨다. 벨기에 브뤼셀 자유대학교(Université Libre de Bruxelles) 철학 및 문학부에서 철학을 강의하시는 이자벨 스땅제 교수님에게도 감사드린다. 작년 봄부터 알게 된 교수님과 진지한 대화를 나누면서 화이트헤드를 새로운 시각에서 이해하게 되었다. 특히 이 글에 서술한 복잡계 관련 부분은 물론, 두 문화 문제, 통섭을 바라보는 시각은 교수님과의 집중적인 대화, 그리고 교수님께서 보내주신 수많은 논문으로부터 결정적인 도움을 받았다. 케이스 로빈슨, 다나 해러웨이, 마이클 헤일우드, 리처드 리 등도 나의 질문에 답해주었고, 나한테 필요한 자료를 우편이나 메일을 통해 보내주었다. 이들의 도움이 없었다면 이 글을 쓸 수 없었다. 이들 모두에게 감사드린다.

　나한테 학문적으로 숨 쉴 수 있는 공간을 제공해준 한국정치평론학회의 모든 친구들, 특히 경희대학교의 김홍우 교수님, 장명학 교수님, 이병택 교수님에게 감사드린다. 김홍우 교수님의 강의를 들으면서, 또 교수님과 대화를 나누면서, 학문 세계에서 언어가 차지하는 중요성, 학문적 대화의 분위기, 정치평론의 의미와 과제 등에 대해서 새롭게 눈을 뜨게 되었다. 장명학 교수님에게 감사의 말씀을 전하려니 갑자기 말문이 막힌다. 뭐랄까. 미국사를 공부할 때마다 존 윈스럽이 타고 있던 대서양 상의 아르벨라호가 생각난다. 그렇다. 우리 둘은 그 배를 타고 있다. 화이트헤드의 『과정과 실재』를 보면 흄을 비판하는 내용이 많이 나온다. 그런데 어느 날 갑자기

흄을 전공한 이병택 교수님이 나타나 나를 쳐다보면서 화이트헤드를 막 비판했다. 그러면 내가 어떻게 대꾸했을까? 그러나 이제는 아르벨라호를 함께 타고 가는 친구가 되었다. 경희대학교 비폭력연구소의 허우성 교수님께도 감사드린다. 지금 이 글을 쓰고 있는 곳은 교수님께서 마련하신 연구소 공간이다. 수많은 자료를 잔뜩 늘어놓고 온갖 기기를 맘껏 쓸 수 있는 바로 그 공간 말이다. 교수님의 따뜻한 배려 덕분에 번역 작업과 이 글을 편안하게 쓸 수 있게 되었다. 끝으로 산지니의 강수걸 사장님과 권경옥 선생님께 감사드린다. 이런저런 사정으로 마음의 빚이 많은데, 이제 세상에 나가는 『파멸의 묵시록』이 조금이나마 위안이 되어주었으면 한다.

참고문헌

Alexander, S. Space, Time and Deity. London: Macmillan, 1920.

Aristotle. Metaphysics. Trans. H. Tredennick. Cambridge: Harvard University Press, 1957.

__________. Physics. Trans. F. M. Cornford and P. H. Wicksteed. Cambridge: Harvard University Press, 1935.

Austin, J. Lectures on Jurisprudence. London: Murray, 1913.

Ayer, A. J. The Foundations of Empirical Knowledge. London: Macmillan, 1951.

__________. Language, Truth and Logic. London: Macmillan, 1946.

__________. The Problem of Knowledge. Harmondsworth, England: Penguin, 1956.

Baier, K. The Moral Point of View. Ithaca, N. Y.: Cornell University Press, 1958.

Barker, E. Principles of Social and Political Philosophy. Oxford: Clarendon Press, 1951.

Barrow, J. D., and F. J. Tipler, The Anthropic Cosmological Principle. Oxford: Oxford University Press, 1988.

Bates, M. The Forest and the Sea. New York: Random House, 1960.

Bergson, H. Creative Evolution. London: Macmillan, 1911.

__________. L' Evolution Creatrice. Paris: Librairie Felix Alcan, 1918.

Berkeley, G. A New Theory of Vision: Principles of Human Knowledge; Three Dialogues between Hylas and Philonous. London: Scribner, 1929.

Blackstone, W. Commentaries on the Laws of England. London: Butterworth. 1825.

Bohm, D. Wholeness and the Implicate Order. London: Routledge and

Kegan Paul, 1980.

Born, M. *Einstein's Theory of Relativity*. New York: Dover, 1965.

Bosanquet, B. *The Philosophical Theory of the State*. London: Macmillan, 1925.

__________. *The Principle of Individuality and Value*. London: Macmillan, 1927.

Bricker, P., and R. I. G. Hughes. *Philosophical Perspectives on Newtonian Science*. Cambridge, Mass.: MIT Press, 1990.

Capra, F. *The Tao of Physics*. London: Fontana, 1985.

Collingwood, R. G. *An Autobiography*. Oxford: Oxford University Press, 1940.

__________. *An Essay on Metaphysics*. Oxford: Clarendon Press, 1940.

__________. *An Essay on Philosophical Method*. Oxford: Clarendon Press, 1933, 1950.

__________. *Essays in the Philosophy of History*. Ed. W. Debbins. Austin: University of Texas Press, 1965.

__________. *The Idea of Nature*. Oxford: Clarendon Press, 1945.

__________. *Speculum Mentis*. Oxford: Clarendon Press, 1924.

Commission on Global Governance. *Our Global Neighbourhood*. Oxford: Oxford University Press, 1995.

Cornford, F. M. *From Religion to Philosophy: A Study of the Origins of Western Speculation*. New York: Harper Torchbooks, 1957.

Curry, W. B. *The Case for Federal Union*. Harmondsworth, England: Penguin, 1939.

Curtis, L. *World War, Its Cause ad Cure*. London: Oxford University Press, 1945.

Darwin, C. *The Origin of Species*. London: Watts, 1929.

Davies, P. *God and the New Physics*. London: Dent, 1984, 1986.

de Broglie, L. *The Revolution in Physics*. Trans. R. W. Wiemeyer. London: Routledge and Kegan Paul, 1954.

de Santillana, G. *The Origins of Scientific Thought*. New York: Mentor, 1961.

Descartes, R. *The Philosophical Works of Descartes*, vol. 1. Ed. E. S. Haldane and G. R. T. Ross. Cambridge: Cambridge University Press, 1931.

Dennet, D. *Consciousness Explained.* Boston: Back Bay, 1991.

__________. *Darwin's Dangerous Idea: Evolution and the Meanings of Life.* New York: Simon and Schuster, 1995.

Eddington, A. *The Expanding Universe.* Cambridge: Cambridge University Press, 1933.

__________. *The Nature of the Physical World.* Cambridge: Cambridge University Press, 1928-1948.

__________. *The Philosophy of Physical Science.* Cambridge: Cambridge University Press, 1939.

__________. *Space, Time and Gravitation.* Cambridge: Cambridge University Press, 1935.

Einstein, A. *Relativity: The Special and General Theory.* New York: Crown, 1961.

Einstein, A., and L. Infeld. *The Evolution of Modern Physics.* New York: Simon and Schuster, 1954.

Falk, R. *Explorations at the Edge of Time.* Philadelphia: Temple University Press, 1992.

Flew, A. *God and Philosophy.* London: Hutchinson, 1961.

Flew, A., and A. MacIntyre. *New Essays in Philosophical Theology.* New York: Macmillan, 1955.

Foucault, M. *The Archeology of Knowledge.* London: Tavistock, 1972-1986.

Freud, S. *Civilization and Its Discontents.* Trans. J. Trachey. London: Hogarth Press, 1963.

__________. *Totem and Taboo.* Trans. J. S. Trachey. London: Hogarth Press, 1950.

Gleick, J. *Chaos.* New York: Viking, 1987.

Gore, A. *Earth in the Balance.* Boston: Houghton Mifflin, 1992.

Hamilton, A., J. Jay, and J. Madison. *The Federalist.* New York: Random

House, 1940.

Hammond, A., ed. *Environmental Almanac.* World Resources Institute. Boston: Houghton Mifflin, 1992.

Harris, E. E. *Atheism and Theism.* Atlantic Highlands, N. J.: Humanities Press, 1993.

__________. *Cosmos and Anthropos.* Atlantic Highlands, N. J.: Humanities Press, 1991.

__________. *Cosmos and Theos.* Atlantic Highlands, N. J.: Humanities Press, 1992.

__________. "Darwinism and God." *The International Philosophical Quarterly* 34, no. 3 (September 1999).

__________. *Formal, Transcendental and Dialectical Thinking.* Albany: State University of New York Press, 1987.

__________. *The Foundations of Metaphysics in Science.* London: Allen and Unwin, 1965. Reprint, Lanham, Md.: University Press of America, 1983; Atlantic Highlands, N. J.: Humanities Press, 1993.

__________. *Hypothesis and Perception.* London: Allen and Unwin, 1970. Reprint, Atlantic Highlands, N. J.: Humanities Press, 1996.

__________. "Natural Law and Naturalism" (Suarez lecture). *The International Philosophical Quarterly* 23, no. 2 (June 1983).

__________. *One World or None.* Atlantic Highlands, N. J.: Humanities Press, 1993.

__________. *The Spirit of Hegel.* Atlantic Highlands, N. J.: Humanities Press, 1993.

__________. *The Substance of Spinoza.* Atlantic Highlands, N. J.: Humanities Press, 1995.

__________. *The Survival of Political Man.* Johannesburg: Witwatersrand University Press, 1950.

Harris, E. E., and J. Yunker, eds., *Toward Genuine Global Governance: Critical Reactions to "Our Global Neighborhood."* Westport, Conn.: Praeger, 1999.

Harris, J. M. *World Agriculture and the Environment.* New York:

Garland, 1990.

Harris, J. M., and Anne-Marie Codur. *Macro-Economics and the Environment*. Medford, Mass.: Tufts University Press, 1998.

Hawking, S. *A Brief History of Time: From the Big Bang to Black Holes*. New York: Bantam, 1988.

Hegel, G. W. F. *Hegel's Phenomenology of Spirit*. Trans. A. V. Miller. Oxford: Clarendon Press, 1977.

__________. *Hegel's Philosophy of Right*. Trans. T. M. Knox. Oxford: Clarendon Press, 1953.

__________. *Hegel's Science of Logic*. Trans. A. V. Miller. New York: Humanities Press, 1969.

__________. *Werke*. 20 vols. Frankfurt-am-Main: Suhrkamp Verlag, 1971.

Heisenberg, W. *Philosophic Problems of Nuclear Science*. London: Faber and Faber, 1934.

__________. *Physics and Philosophy*. New York: Harper, 1958, 1962.

Hobbes, T. *Leviathan*. Oxford: Clarendon Press, 1943.

Hume, D. *Enquiry Concerning the Human Understanding*. Ed. L. A. Selby-Bigge. Oxford: Clarendon Press, 1902, 1955.

__________. *A Treatise of Human Nature*. Ed. L. A. Selby-Bigge. Oxford: Clarendon Press, 1888.

Husserl, E. *The Crisis of European Sciences*. Trans. D. Carr. Evanston, Ill.: Northwestern University Press, 1970.

Kaku, M., and J. Trainer. *Beyond Einstein: The Cosmic Quest for the Theory of the Universe*. New York: Bantam, 1987.

Kant, I. *Kritik der praktischen Vernünft*. Leipzig: Felix Meiner, 1920.

__________. *Kritik der reinen Vernünft*. Leipzig: Felix Meiner, 1926.

__________. *Kritik der Urteilskraft*. Leipzig: Felix Meiner, 1924.

Kauffman, S. A. *The Origins of Order*. Oxford: Oxford University Press, 1993.

Keeton, G. *National Sovereignty and International Order*. London: Stevens, Peace Book, 1939.

Kitchener, R., ed. *The World View of Contemporary Physics: Does It*

Need a New Metaphysics? Albany: State University of New York Press, 1988.

Kuhn, T. S. *The Structure of Scientific Revolutions.* Chicago: University of Chicago Press, 1962-1964.

Latta, R. *Leibniz: The Monadology.* Oxford: Clarendon Press, 1898.

Lauterpacht, H. *The Function of Law in the International Community.* Oxford: Clarendon Press, 1933.

Locke, J. *An Essay Concerning Human Understanding.* Ed. A. C. Fraser. Oxford: Clarendon Press, 1894.

__________. *Of Civil Government: Two Treaties.* London: Dent, 1924.

MacIntyre, A. *After Virtue.* Notre Dame, Ind.: Notre Dame University Press, 1981.

Marx, K. *Capital.* Trans. G. D. H. Cole. London: Dent, 1933.

__________. *Selected Works*, 2 vols. Ed. V. Adoratsky. London: Lawrence and Wishart, 1942-1945.

Mill, J. S. *Theism.* New York: Bobbs-Merrill, 1957.

__________. *Three Essays on Religion*, Theism. London: Longman, 1875.

__________. *Utilitarianism, Liberty, Representative Government.* London: Dent, 1910-1922.

Montesquieu, C. L. *L'esprit de lois.* Paris, 1927.

Moore, G. E. *Principia Ethica*, Cambridge: Cambridge University Press, 1903.

Newton, I. *Principia Mathematica.* Trans. A. Motte. Berkeley and Los Angeles: University of California Press, 1966.

Nietzsche, F. *Beyond Good and Evil.* Trans. R. J. Hollingdale. Harmondsworth, England: Penguin, 1973-1974.

__________. *Thus Spake Zarathustra.* Trans. R. J. Hollingdale. Harmondsworth, England: Penguin, 1961-1974.

__________. *Twilight of the Idols: The Anti-Christ.* Trans. R. J. Hollingdale. Harmondsworth, England: Penguine, 1972.

Nozick, R. *Anarchy, State and Utopia.* New York: Basic Books, 1974.

Planck, M. *The Universe in the Light of Modern Physics.* London: Allen and Unwin, 1937.

_________. *Where is Science Going?* London: Allen and Unwin, 1933.

Plato. *Republic*. Trans. A. Bloom. New York: Basic Books, 1968.

_________. *Timaeus*. Trans. F. M. Cornford. In *Plato's Cosmology*. London: Routledge and Kegan Paul, 1948.

Prigogine, I., and G. Nicolis. *Self-Organization in Non-Equilibrium Systems*. New York: Wiley, 1977.

Rawls, J. *A Theory of Justice*. Cambridge: Harvard University Press, 1971.

Reichenbach, H. *Experience and Prediction*. Chicago: University of Chicago Press, 1938.

_________. *The Rise of Scientific Philosophy*. Berkeley and Los Angeles: University of California Press, 1951.

Ross, W. D. *Foundations of Ethics*. Oxford: Clarendon Press, 1939.

Rousseau, J. J. *Du contrat social*. Leipzig: Gerhard Fleischer, 1818.

_________. *Social Contract*. London: Oxford University Press, 1945.

Russell, B. *Has Man a Future?* Harmondsworth, England: Penguine, 1961.

_________. *Human Knowledge*. London: Allen and Unwin, 1948.

_________. *The Problems of Philosophy*. London: Oxford University Press, 1950.

Sartre, J. *Being and Nothingness*. Trans. H. E. Barnes. New York: Washington Square Press, 1966, 1969.

Schilpp, P. A. ed. *Einstein: Philosopher-Scientist*. New York: Harper Torchbooks, 1959.

_________. *The Philosophy of Bertrand Russell*. Evanston, Ill.: Open Court, 1946.

Schwartzenberger, G. *Power Politics*. London: Stevens & Sons, 1951.

Sciama, D. W. *The Unity of the Universe*. New York: Doubleday Anchor, 1961.

Smith, A. *The Wealth of Nations*. New York: Random House, 1937.

Snell, B. *The Discovery of the Mind*. New York: Harper Torchbooks,

1960.

Spencer, H. *Man vs. the State*. London: William and Norgate, 1897.

Spinoza, B. de *Collected Works*. Trans. and ed. E. Curley. Princeron, N. J.: Princeton University Press, 1985.

__________. *The Ethics and Selected Letters*. Trans. S. Shirley. Indianapolis: Hackett, 1982.

__________. *Opera*, in *Auftrag der Heidelberger Akademie der Wissenschaften*(Publications of the Heidelberg Academy of Sciences). Ed. Karl Gebhardt. Heidelberg: Winter, 1925, 1972.

Stonier, T. *Nuclear Disaster*. Harmondsworth, England: Penguin, 1963-1964.

Streit, C. *Union Now*. New York: Harper, 1939.

Teilhard de Chardin, P. *The Phenomenon of Man*. Trans. B. Wall. New York: Harper and Row. 1959.

Thomas, L. *The Lives of a Cell*. New York: Viking, 1974.

Weare, K. C. *Federal Government*. London, New York: Oxford University Press, 1946.

Whitehead, A. N. *Adventures of Ideas*. Cambridge: Cambridge University Press, 1942.

__________. *Process and Reality*. Cambridge: Cambridge University Press, 1929.

__________. *Science and the Modern World*. Cambridge: Cambridge UniversityPress, 1930.

Wittgenstein, L. *Philosophical Investigation*. Trans. G. E. M. Anscombe. Oxford: Blackwell, 1968.

__________. *Tractatus logico-philosophicus*. London: Routledge and Kegan Paul, 1922, 1947.

Worldwatch. *State of the World – 1922*. London: W. W. Norton, 1992 – 1997.

찾아보기